名师名校名校长

凝聚名师共识
围绕名师关怀
打造名师品牌
培育名师群体

程明远题

高中数学
微专题

袁小幼　张晓华　孙淑清 ◎ 主编

陕西师范大学 出版总社　西安

图书代号　JY24N1707

图书在版编目（CIP）数据

高中数学微专题 / 袁小幼，张晓华，孙淑清主编.

西安 : 陕西师范大学出版总社有限公司，2024. 8.

ISBN 978-7-5695-4629-3

Ⅰ. G633.602

中国国家版本馆CIP数据核字第2024WM0948号

高中数学微专题

GAOZHONG SHUXUE WEIZHUANTI

袁小幼　张晓华　孙淑清　主编

出　版　人	刘东风
出版统筹	杨　沁
特约编辑	李卉丹
责任编辑	刘　丽　董江江　秦　云
责任校对	刘锋利
封面设计	言之凿
出版发行	陕西师范大学出版总社有限公司
	（西安市长安南路199号　　邮编 710062）
网　　　址	http://www.snupg.com
印　　　刷	北京政采印刷服务有限公司
开　　　本	710 mm×1000 mm　　1/16
印　　　张	16.5
字　　　数	270千
版　　　次	2025年 3 月第 1 版
印　　　次	2025年 3 月第 1 次印刷
书　　　号	ISBN 978-7-5695-4629-3
定　　　价	58.00元

读者使用时若发现印装质量问题，请与本社联系、调换。

电话：（029）85308697

编委会

序 言

在教育改革日益深入的今天，高中数学的教学面临着新的机遇与挑战。为进一步提升学生的数学核心素养和思维能力，人大附中深圳学校的数学教师们倾注多年心血，精心编写了这本《高中数学微专题》。作为深圳市双新示范学科基地，我们始终秉持创新与实践的理念，努力推动数学教育的不断发展。

本书遴选了 42 个微专题，涵盖了高一、高二的核心知识点和关键技能，旨在为教师们提供切实可行的授课参考。这些微专题不仅包括了对基础概念与理论的深入剖析，更注重培养学生的实际运用能力与解题思维，帮助他们在面对新高考时能够从容应对，灵活应用所学知识。

我们相信，每一个微专题的设计都是对课堂教学的深入思考，是对学生学习路径的积极引导。希望通过本书的阅读与实践，教师们能够为学生提供更高效、更有趣的学习体验，让每一名学生在数学学习的旅程中，都能发现自我、超越自我。

教育的希望在于每一位教师的努力与坚持，在于每一名学生的成长与蜕变。愿《高中数学微专题》能够成为教师授课的得力助手，成为学生理解与掌握数学的重要桥梁。

人大附中深圳学校数学教研组

目 录

第❶讲　集合中的易错问题

一、常用结论与方法

（一）集合与元素

（1）集合元素的三个特性：确定性、互异性、无序性.

（2）元素与集合的关系：属于或不属于，用符号 $\in$ 或 $\notin$ 表示.

（3）集合的表示法：列举法、描述法、图示法.

（4）常见数集的记法与关系图.

表1

集合	自然数集	正整数集	整数集	有理数集	实数集
符号	**N**	**N***（或 **N**₊）	**Z**	**Q**	**R**

（二）集合间的基本关系

表2

关系＼表示		文字语言	符号语言	图形语言
基本关系	子集	集合 A 的所有元素都是集合 B 的元素（ $x \in A$ ，则 $x \in B$ ）	$A \subseteq B$ 或 $B \supseteq A$	或 $B(A)$
	真子集	集合 A 是集合 B 的子集，且集合 B 中至少有一个元素不属于 A	$A \subsetneqq B$ 或 $B \supsetneqq A$	
	相等	集合 A，B 的元素完全相同	$A = B$	$A(B)$
空集		不含任何元素的集合.空集是任何集合的子集	$\varnothing$	—

（三）集合的基本运算

1. 集合交并补运算的表示

表3

运算	集合的并集	集合的交集	集合的补集
图形语言			
符号语言	$A \cup B = \{x \mid x \in A,$ 或 $x \in B\}$	$A \cap B = \{x \mid x \in A,$ 且 $x \in B\}$	$\complement_U A = \{x \mid x \in U,$ 且 $x \notin A\}$

2. 集合运算中的常用二级结论

（1）并集的性质：$A \cup \varnothing = A$；$A \cup A = A$；$A \cup B = B \cup A$；$A \cup B = A \Leftrightarrow B \subseteq A$.

（2）交集的性质：$A \cap \varnothing = \varnothing$；$A \cap A = A$；$A \cap B = B \cap A$；$A \cap B = A \Leftrightarrow A \subseteq B$.

（3）补集的性质：$A \cup (\complement_U A) = U$；$A \cap (\complement_U A) = \varnothing$；$\complement_U (\complement_U A) = A$；

$\complement_U (A \cup B) = (\complement_U A) \cap (\complement_U B)$；$\complement_U (A \cap B) = (\complement_U A) \cup (\complement_U B)$.

二、典型例题

易错点1：忽视（漏）空集致错

例1：已知集合 $A = \{x \mid -1 \leqslant x \leqslant 1\}$，$B = \{x \mid a-1 \leqslant x \leqslant 2a-1\}$，若 $B \subseteq A$，则实数 a 的取值范围是（　　）

A. $a \leqslant 1$ 　　　　　　　　B. $a < 1$

C. $0 \leqslant a \leqslant 1$ 　　　　　　　D. $0 < a < 1$

错解：C.

要使 $B \subseteq A$，

则需满足 $\begin{cases} a-1 \geqslant -1, \\ 2a-1 \leqslant 1, \end{cases}$ 解得 $0 \leqslant a \leqslant 1$.

点评：本题错误原因在于忽视了 $B = \varnothing$ 的情况，导致漏解. $\varnothing$ 是任何集合的子集，在解题时常常容易忽略 $\varnothing$.

正解：A.

解析：若 $B = \varnothing$ ，即 $2a - 1 < a - 1$ ，即 $a < 0$ 时，满足 $B \subseteq A$ ；

若 $B \neq \varnothing$ ，即 $a - 1 \leqslant 2a - 1$ ，亦即 $a \geqslant 0$ 时，

要使 $B \subseteq A$ ，

则需满足 $\begin{cases} a - 1 \geqslant -1, \\ 2a - 1 \leqslant 1, \end{cases}$ 解得 $0 \leqslant a \leqslant 1$.

综上所述，$a \leqslant 1$.

故选 A.

易错点 2：忽视次数最高项系数为 0

例 2：已知集合 $M = \{x \mid x^2 + x - 6 = 0\}$ ，$N = \{x \mid mx - 1 = 0\}$ ，若 $N \subseteq M$ ，则实数 m 的取值构成的集合为_____.

错解：$m = \dfrac{1}{2}$ 或 $m = -\dfrac{1}{3}$.

$\because$ 集合 $M = \{x \mid x^2 + x - 6 = 0\}$ ，

$\therefore$ 集合 $M = \{2, -3\}$.

$\because N \subseteq M$ ，$N = \{x \mid mx - 1 = 0\}$ ，

$\therefore x = \dfrac{1}{m} = 2$ ，或 $x = \dfrac{1}{m} = -3$ ，

$\therefore m = \dfrac{1}{2}$ 或 $m = -\dfrac{1}{3}$.

点评：本题忽略了 $mx - 1 = 0$ ，当 $m = 0$ 时，$N = \varnothing$ ，此时 $N \subseteq M$ 符合题意，考生容易忽视最高项系数为 0 的情况．

正解：$\left\{ 0, \dfrac{1}{2}, -\dfrac{1}{3} \right\}$.

解析：$\because$ 集合 $M = \{x \mid x^2 + x - 6 = 0\}$ ，

$\therefore$ 集合 $M = \{2, -3\}$.

$\because N \subseteq M$ ，$N = \{x \mid mx - 1 = 0\}$ ，

$\therefore$ 存在 $N = \varnothing$ ，或 $N = \{2\}$ ，或 $N = \{-3\}$ 三种情况．

当 $N = \varnothing$ 时，可得 $m = 0$ ；

当 $N = \{2\}$ 时，

$\because N = \{x \mid mx - 1 = 0\}$ ，

$$\therefore x = \frac{1}{m} = 2,$$

$$\therefore m = \frac{1}{2};$$

当 $N = \{-3\}$ 时，$x = \frac{1}{m} = -3$，

$$\therefore m = -\frac{1}{3}.$$

$\therefore$ 实数 m 的取值构成的集合为 $\left\{0, \frac{1}{2}, -\frac{1}{3}\right\}$.

故答案为：$\left\{0, \frac{1}{2}, -\frac{1}{3}\right\}$.

易错点 3：忽视集合元素的互异性

例 3：已知集合 $A = \{a + 2, (a + 1)^2, a^2 + 3a + 3\}$，若 $1 \in A$，则实数 a 的取值集合为（　　）

A. $\{-1, 0, -2\}$ B. $\{0, -2\}$

C. $\{-1\}$ D. $\{0\}$

错解：A.

(1) 若 $a + 2 = 1$，则 $a = -1$；

(2) 若 $(a + 1)^2 = 1$，则 $a = 0$ 或 $a = -2$；

(3) 若 $a^2 + 3a + 3 = 1$，则 $a = -1$ 或 $a = -2$.

所以 $a = -1$，或 $a = 0$，或 $a = -2$.

点评：集合中元素的互异性是集合的特征之一，考生容易忽视集合中元素的互异性而导致错误.

正解：D.

解析：(1) 若 $a + 2 = 1$，即 $a = -1$ 时，$(a + 1)^2 = 0$，$a^2 + 3a + 3 = 1$，即 $a + 2 = a^2 + 3a + 3$，不符合集合中元素的互异性，则 $a \neq -1$；

(2) 若 $(a + 1)^2 = 1$，则 $a = 0$ 或 $a = -2$.

当 $a = 0$ 时，$a + 2 = 2$，$a^2 + 3a + 3 = 3$，$\therefore A = \{2, 1, 3\}$，满足题意；

当 $a = -2$ 时，$a + 2 = 0$，$a^2 + 3a + 3 = 1$，即 $(a + 1)^2 = a^2 + 3a + 3$，不符合集合中元素的互异性，则 $a \neq -2$；

（3）若 $a^2 + 3a + 3 = 1$，则 $a = -1$ 或 $a = -2$.

由（1）知：$a = -1$ 不满足题意；由（2）知：$a = -2$ 不满足题意.

综上所述，实数 a 的取值集合为 $\{0\}$.

故选 D.

易错点 4：判断充分性必要性时位置颠倒

例 4：使得不等式 $\log_{\frac{1}{2}} x > -5$ 成立的一个充分不必要条件为（　　）

A. $x < 32$ B. $0 < x < 32$

C. $4 < x < 16$ D. $x < 24$

错解：A.

依题意 $\log_{\frac{1}{2}} x > -5$，解得 $0 < x < 32$.

因为 $0 < x < 32 \Rightarrow x < 32$，且 $0 < x < 32 \Leftarrow\!\!\!\!/\ x < 32$，所以选 A.

点评：造成错解的原因是，题目结构的一个标志"不等式 $\log_{\frac{1}{2}} x > -5$ 成立的"中"的"字是个倒装结构，翻译后正常的结构为：＿＿＿＿＿＿＿是 $\log_{\frac{1}{2}} x > -5$ 成立的充分不必要条件. 考生应注意倒装结构的标志.

正解：C.

解析：依题意 $\log_{\frac{1}{2}} x > -5$，解得 $0 < x < 32$，

观察可知，A 是必要不充分条件，B 是充要条件，C 是充分不必要条件，D 是既不充分也不必要条件.

故选 C.

易错点 5：分式不等式求补集不能直接改变不等号方向

例 5：已知集合 $A = \left\{ x \,\middle|\, \dfrac{2x-1}{x+1} < 1, x \in \mathbf{R} \right\}$，集合 $B = \{x \mid -1 \leqslant x - a \leqslant 1, x \in \mathbf{R}\}$. 若 $B \cap (\complement_{\mathbf{R}} A) = B$，求实数 a 的取值范围.

错解：

$A = \left\{ x \,\middle|\, \dfrac{2x-1}{x+1} < 1, x \in \mathbf{R} \right\}$，$\complement_{\mathbf{R}} A = \left\{ x \,\middle|\, \dfrac{2x-1}{x+1} \geqslant 1, x \in \mathbf{R} \right\}$，

$\dfrac{2x-1}{x+1} \geqslant 1 \Leftrightarrow \dfrac{x-2}{x+1} \geqslant 0 \Leftrightarrow \begin{cases} (x-2)(x+1) \geqslant 0, \\ x \neq -1, \end{cases}$

则 $\complement_{\mathbf{R}} A = (-\infty, -1) \cup [2, +\infty)$.

因为 $-1 \leqslant x - a \leqslant 1$，所以 $a - 1 \leqslant x \leqslant a + 1$，即 $B = [a-1, a+1]$，

由 $B \cap (\complement_{\mathbf{R}} A) = B$，得 $B \subseteq \complement_{\mathbf{R}} A$，

所以 $a + 1 < -1$ 或 $a - 1 \geqslant 2$，

所以 a 的范围为 $(-\infty, -2) \cup [3, +\infty)$.

点评：对于分式不等式的解集 $\complement_{\mathbf{R}} A$ 不能直接将不等号方向改变，这样会造成漏解一个端点值；正确的解法应该先求 $A = (-1, 2)$，再求 $\complement_{\mathbf{R}} A$.

正解：由 $\dfrac{2x-1}{x+1} < 1$，得 $\dfrac{x-2}{x+1} < 0 \Rightarrow -1 < x < 2$，

$\therefore A = (-1, 2)$，

$\complement_{\mathbf{R}} A = (-\infty, -1] \cup [2, +\infty)$.

因为 $-1 \leqslant x - a \leqslant 1$，所以 $a - 1 \leqslant x \leqslant a + 1$，即 $B = [a-1, a+1]$，

由 $B \cap (\complement_{\mathbf{R}} A) = B$，得 $B \subseteq \complement_{\mathbf{R}} A$，

所以 $a + 1 \leqslant -1$ 或 $a - 1 \geqslant 2$，

所以 a 的范围为 $(-\infty, -2] \cup [3, +\infty)$.

第❷讲 应用基本不等式求最值

一、常用结论与方法

（一）重要不等式和基本不等式

1. 重要不等式及其变形

（1）若 a，$b \in \mathbf{R}$，则 $a^2 + b^2 \geqslant 2ab$（当且仅当 $a = b$ 时取"="）；

（2）若 a，$b \in \mathbf{R}$，则 $ab \leqslant \dfrac{a^2 + b^2}{2}$（当且仅当 $a = b$ 时取"="）.

2. 基本不等式及其变形

（1）若 a，$b \in \mathbf{R}^*$，则 $\dfrac{a+b}{2} \geqslant \sqrt{ab}$（当且仅当 $a = b$ 时取"="）；

（2）若 a，$b \in \mathbf{R}^*$，则 $a + b \geqslant 2\sqrt{ab}$（当且仅当 $a = b$ 时取"="）；

（3）若 a，$b \in \mathbf{R}^*$，则 $ab \leqslant \left(\dfrac{a+b}{2}\right)^2$（当且仅当 $a = b$ 时取"="）.

（二）基本不等式的应用

情况 1：

（1）若 $x > 0$，则 $x + \dfrac{1}{x} \geqslant 2$（当且仅当 $x = 1$ 时取"="）；

（2）若 $x < 0$，则 $x + \dfrac{1}{x} \leqslant -2$（当且仅当 $x = -1$ 时取"="）；

（3）若 $x \neq 0$，则 $\left| x + \dfrac{1}{x} \right| \geqslant 2$，即 $x + \dfrac{1}{x} \geqslant 2$ 或 $x + \dfrac{1}{x} \leqslant -2$（当且仅当 $x = 1$ 或 $x = -1$ 时取"="）.

情况 2：

（1）若 $ab > 0$，则 $\dfrac{a}{b} + \dfrac{b}{a} \geqslant 2$（当且仅当 $a = b$ 时取"="）；

(2) 若 $ab \neq 0$，则 $\left| \dfrac{a}{b} + \dfrac{b}{a} \right| \geq 2$，即 $\dfrac{a}{b} + \dfrac{b}{a} \geq 2$ 或 $\dfrac{a}{b} + \dfrac{b}{a} \leq -2$（当且仅当 $a = b$ 或 $a = -b$ 时取 " $=$ "）.

情况3：

若 a，$b \in \mathbf{R}$，则 $\left(\dfrac{a+b}{2} \right)^2 \leq \dfrac{a^2+b^2}{2}$（当且仅当 $a = b$ 时取 " $=$ "）.

推广：

(1) 若 a，b，$c \in \mathbf{R}^*$，则 $\dfrac{a+b+c}{3} \geq \sqrt[3]{abc}$（当且仅当 $a = b = c$ 时取 " $=$ "）;

一般形式的算术 – 几何平均值不等式：如果 a_1，a_2，$\cdots$，a_n 为 n 个正数，则 $\dfrac{a_1 + a_2 + \cdots + a_n}{n} \geq \sqrt[n]{a_1 a_2 \cdots a_n}$（当且仅当 $a_1 = a_2 = \cdots = a_n$ 时取 " $=$ "）.

(2) 柯西不等式：若 a，b，c，$d \in \mathbf{R}$，则 $(a^2 + b^2) \cdot (c^2 + d^2) \geq (ac + bd)^2$，当且仅当 $ad = bc$ 时等号成立；更一般地，若 a_i，b_i $(i \in \mathbf{N}^*)$ 为实数，则 $\left(\sum\limits_{i=1}^{n} a_i^2 \right) \cdot \left(\sum\limits_{i=1}^{n} b_i^2 \right) \geq \left(\sum\limits_{i=1}^{n} a_i b_i \right)^2$，当且仅当 $b_i (i \in \mathbf{N}^*) = 0$ 或存在一个数 k，使得 $a_i = k b_i (i \in \mathbf{N}^*)$ 时等号成立.

注意：

(1) 当两个正数的积为定值时，可以求它们和的最小值.

当两个正数的和为定值时，可以求它们积的最小值.

正所谓 "积定和最小，和定积最大".

(2) 求最值的条件 "一正，二定，三取等".

(3) 均值定理在求最值、比较大小、求变量的取值范围、证明不等式、解决实际问题方面有广泛的应用.

二、典型例题

技巧一：凑项

例1：已知 $x < \dfrac{5}{4}$，求函数 $y = 4x - 2 + \dfrac{1}{4x - 5}$ 的最大值.

分析：因 $4x - 5 < 0$，所以首先要 "调整" 符号，又 $(4x - 2) \cdot \dfrac{1}{4x - 5}$ 不是

常数，所以对 $4x - 2$ 要进行拆、凑项.

解：$\because x < \dfrac{5}{4}$，$\therefore 5 - 4x > 0$，

$\therefore y = 4x - 2 + \dfrac{1}{4x - 5} = -\left(5 - 4x + \dfrac{1}{5 - 4x}\right) + 3 \leqslant -2 + 3 = 1$，

当且仅当 $5 - 4x = \dfrac{1}{5 - 4x}$，即 $x = 1$ 时，上式等号成立，

故当 $x = 1$ 时，$y_{\max} = 1$.

技巧二：凑系数

例 2：当 $0 < x < 4$ 时，求 $y = x(8 - 2x)$ 的最大值.

分析：由 $0 < x < 4$ 知，$8 - 2x > 0$，利用基本不等式求最值，必须和为定值或积为定值，此题为两个式子积的形式，但其和不是定值．注意到 $2x + (8 - 2x) = 8$ 为定值，故只需给 $y = x(8 - 2x)$ 凑上一个系数即可.

解：$y = x(8 - 2x) = \dfrac{1}{2}\left[2x \cdot (8 - 2x)\right] \leqslant \dfrac{1}{2}\left(\dfrac{2x + 8 - 2x}{2}\right)^2 = 8.$

当 $2x = 8 - 2x$，即 $x = 2$ 时取等号．当 $x = 2$ 时，$y = x(8 - 2x)$ 的最大值为 8.

变式：设 $0 < x < \dfrac{3}{2}$，求函数 $y = 4x(3 - 2x)$ 的最大值.

解：$\because 0 < x < \dfrac{3}{2}$，$\therefore 3 - 2x > 0$，

$\therefore y = 4x(3 - 2x) = 2 \cdot 2x(3 - 2x) \leqslant 2\left(\dfrac{2x + 3 - 2x}{2}\right)^2 = \dfrac{9}{2}$，

当且仅当 $2x = 3 - 2x$，即 $x = \dfrac{3}{4} \in \left(0, \dfrac{3}{2}\right)$ 时等号成立.

技巧三：拆项分离

计算形如 $y = \dfrac{x^2 + a}{\sqrt{x^2 + b}}(a > b)$ 的最小值，

可以变形为 $y = \dfrac{x^2 + a}{\sqrt{x^2 + b}} = \dfrac{x^2 + b + (a - b)}{\sqrt{x^2 + b}} = \sqrt{x^2 + b} + \dfrac{a - b}{\sqrt{x^2 + b}} \geqslant$

$2\sqrt{a - b}$（验证等号成立的条件）.

例 3：求 $\dfrac{x^2+5}{\sqrt{x^2+1}}$ 的最小值.

解：$\dfrac{x^2+5}{\sqrt{x^2+1}} = \dfrac{(x^2+1)+4}{\sqrt{x^2+1}} = \sqrt{x^2+1} + \dfrac{4}{\sqrt{x^2+1}} \geqslant 4$，

当且仅当 $\sqrt{x^2+1} = \dfrac{4}{\sqrt{x^2+1}}$，即 $x = \pm\sqrt{3}$ 时，等号成立.

技巧四：换元

计算形如 $y = \dfrac{ax^2+bx+c}{mx+n}(m \neq 0,\ a \neq 0)$ 或 $y = \dfrac{mx+n}{ax^2+bx+c}(m \neq 0,\ a \neq 0)$ 的最小值.

方法：①整体代换，将 $mx+n$ 作为整体；②分离参数.

例 4：求 $y = \dfrac{x^2+7x+10}{x+1}(x > -1)$ 的值域.

解：

方法一：将分子配方凑出含有 $(x+1)$ 的项，再将其分离.

$y = \dfrac{x^2+7x+10}{x+1} = \dfrac{(x+1)^2+5(x+1)+4}{x+1} = (x+1) + \dfrac{4}{x+1} + 5$，

当 $x > -1$，即 $x+1 > 0$ 时，$y \geqslant 2\sqrt{(x+1) \times \dfrac{4}{x+1}} + 5 = 9$（当且仅当 $x = 1$ 时取 "$=$" 号）.

方法二：先换元，令 $t = x+1$，化简原式后再分离求最值.

$y = \dfrac{(t-1)^2+7(t-1)+10}{t} = \dfrac{t^2+5t+4}{t} = t + \dfrac{4}{t} + 5$，

当 $x > -1$，即 $t = x+1 > 0$ 时，$y \geqslant 2\sqrt{t \times \dfrac{4}{t}} + 5 = 9$（当 $t = 2$，即 $x = 1$ 时取 "$=$" 号）.

技巧五：在应用最值定理求最值时，若遇等号取不到的情况，结合函数 $f(x) = x + \dfrac{a}{x}$ 的单调性求解

例 5：求函数 $y = \dfrac{x^2+5}{\sqrt{x^2+4}}$ 的值域.

解：令 $\sqrt{x^2+4} = t(t \geqslant 2)$，

则 $y = \dfrac{x^2 + 5}{\sqrt{x^2 + 4}} = \sqrt{x^2 + 4} + \dfrac{1}{\sqrt{x^2 + 4}} = t + \dfrac{1}{t}(t \geqslant 2)$.

因 $t > 0$，$t \cdot \dfrac{1}{t} = 1$，但由 $t = \dfrac{1}{t}$，得 $t = \pm 1$ 不在区间 $[2, +\infty)$ 内，故等号不成立，考虑单调性.

因为 $y = t + \dfrac{1}{t}$ 在区间 $[1, +\infty)$ 上单调递增，所以在其子区间 $[2, +\infty)$ 上为单调递增函数，故 $y \geqslant \dfrac{5}{2}$.

所以，所求函数的值域为 $\left[\dfrac{5}{2}, +\infty\right)$.

技巧六：数字代换

将数字替换成代数式，通常变换成数字"1".

例6： 已知 $x > 0$，$y > 0$，且 $\dfrac{1}{x} + \dfrac{9}{y} = 1$，求 $x + y$ 的最小值.

错解：$\because x > 0$，$y > 0$，且 $\dfrac{1}{x} + \dfrac{9}{y} = 1$，

$\therefore x + y = \left(\dfrac{1}{x} + \dfrac{9}{y}\right)(x + y) \geqslant 2\sqrt{\dfrac{9}{xy}} \cdot 2\sqrt{xy} = 12$，故 $(x + y)_{\min} = 12$.

点评：两次连用均值不等式，$x + y \geqslant 2\sqrt{xy}$ 等号成立的条件是 $x = y$，$\dfrac{1}{x} + \dfrac{9}{y} \geqslant 2\sqrt{\dfrac{9}{xy}}$ 等号成立的条件是 $\dfrac{1}{x} = \dfrac{9}{y}$，即 $y = 9x$，取等号的条件不一致，产生错误. 因此，在利用均值不等式处理问题时，列出等号成立条件是解题的必要步骤，而且是检验转换是否有误的一种方法.

正解：$\because x > 0$，$y > 0$，$\dfrac{1}{x} + \dfrac{9}{y} = 1$，

$\therefore x + y = (x + y)\left(\dfrac{1}{x} + \dfrac{9}{y}\right) = \dfrac{y}{x} + \dfrac{9x}{y} + 10 \geqslant 6 + 10 = 16$，

当且仅当 $\dfrac{y}{x} = \dfrac{9x}{y}$ 时，上式等号成立，又 $\dfrac{1}{x} + \dfrac{9}{y} = 1$，可得 $x = 4$，$y = 12$ 时，$(x + y)_{\min} = 16$.

技巧七：消元（化二元为一元）

已知两个变量间的等量关系，求某个代数式的值.

方法：①对已知的等量关系变形，由一个变量表示另一个变量；②将表示的变量代入所求代数式，得到一个单变量函数；③利用函数单调性求最值.

说明：此方法适用范围有限，现阶段只适用于能化为二次函数的题型.

例7：已知 $x > -2$，$y > 0$，$x + y = 8$，求 $(x+2)y$ 的最大值.

分析：本题有两种解法，其一是消元法，根据 $x + y = 8$ 得到 x 的表达式，代入 $(x+2)y$ 成为关于 y 的二次函数，从而求最值；其二是对 $x + y = 8$ 进行配凑，出现 $x + 2$ 和 y.

解：

方法一：消元法

$\because x + y = 8$，$\therefore x = 8 - y$，

故 $(x+2)y = (8 - y + 2)y = -y^2 + 10y = -(y-5)^2 + 25$.

$\because x > -2$，$\therefore 8 - y > -2$，得 $y < 10$，故 $0 < y < 10$.

$\therefore -5 < y - 5 < 5$，$\therefore 0 \leq (y-5)^2 < 25$，$-25 < -(y-5)^2 \leq 0$，

则 $0 < -(y-5)^2 + 25 \leq 25$，

$\therefore (x+2)y$ 的最大值为 25.

方法二：配凑 + 基本不等式

$\because x + y = 8$，$\therefore (x+2) + y = 10$.

（解读：之所以将 $x + y = 8$ 变形为 $(x+2) + y = 10$，是根据所求 $(x+2)y$ 得到）

由题意得 $x + 2 > 0$，$y > 0$，所以由基本不等式可得：

$(x+2)y \leq \left[\dfrac{(x+2) + y}{2} \right]^2 = 25$（当且仅当 $x = 3$，$y = 5$ 时，等号成立），

$\therefore (x+2)y$ 的最大值为 25.

技巧八：整体思想在均值不等式中的应用

例8：已知 a，b 为正实数，$2b + ab + a = 30$，求函数 $y = \dfrac{1}{ab}$ 的最小值.

分析：这是一个二元函数的最值问题，通常有两种解决途径，一是通过消

元，转化为一元函数问题，再用单调性或基本不等式求解，对本题来说，这种途径是可行的；二是直接用基本不等式，对本题来说，因已知条件中既有和的形式，又有积的形式，不能一步到位求出最值，考虑用基本不等式放缩后，再通过解不等式的途径进行求解.

解：

方法一：$a = \dfrac{30 - 2b}{b + 1}$，$ab = \dfrac{30 - 2b}{b + 1} \cdot b = \dfrac{-2b^2 + 30b}{b + 1}$.

由 $a > 0$，$b > 0$，得 $0 < b < 15$，

令 $t = b + 1$，$1 < t < 16$，$ab = \dfrac{-2t^2 + 34t - 32}{t} = -2\left(t + \dfrac{16}{t}\right) + 34$，

$\because t + \dfrac{16}{t} \geq 2\sqrt{t \cdot \dfrac{16}{t}} = 8$，

$\therefore ab \leq 18$，

$\therefore y \geq \dfrac{1}{18}$，当且仅当 $t = 4$，即 $b = 3$，$a = 6$ 时，等号成立.

方法二：由已知，得 $30 - ab = a + 2b$.

$\because a + 2b \geq 2\sqrt{2ab}$，

$\therefore 30 - ab \geq 2\sqrt{2ab}$.

令 $u = \sqrt{ab}$，则 $u^2 + 2\sqrt{2}u - 30 \leq 0$，$-5\sqrt{2} \leq u \leq 3\sqrt{2}$，

$\therefore \sqrt{ab} \leq 3\sqrt{2}$，$ab \leq 18$，

$\therefore y \geq \dfrac{1}{18}$.

点评：①本题考查不等式 $\dfrac{a + b}{2} \geq \sqrt{ab}$（$a$，$b \in \mathbf{R}^*$）的应用、不等式的解法及运算能力；②由已知不等式 $2b + ab + a = 30$（a，$b \in \mathbf{R}^*$）出发求得 ab 的范围，关键是寻找到 $a + b$ 与 ab 之间的关系，由此想到不等式 $\dfrac{a + b}{2} \geq \sqrt{ab}$（$a$，$b \in \mathbf{R}^*$），这样将已知条件转化为含 ab 的不等式，进而求得 ab 的范围.

技巧九：取平方

例9：求函数 $y = \sqrt{2x - 1} + \sqrt{5 - 2x}\left(\dfrac{1}{2} < x < \dfrac{5}{2}\right)$ 的最大值.

分析：注意到 $2x-1$ 与 $5-2x$ 的和为定值．

解：$y^2 = (\sqrt{2x-1} + \sqrt{5-2x})^2 = 4 + 2\sqrt{(2x-1)(5-2x)}$

$\leqslant 4 + (2x-1) + (5-2x) = 8$ ，

又 $y > 0$ ，所以 $0 < y \leqslant 2\sqrt{2}$ ．

当且仅当 $2x-1 = 5-2x$ ，即 $x = \dfrac{3}{2}$ 时取等号，故 $y_{\max} = 2\sqrt{2}$ ．

第❸讲　分段函数

一、常用结论与方法

（一）分段函数的定义

一般地，在定义域不同的部分有不同的解析式，像这样的函数叫作分段函数.

（二）分段函数的理解

（1）分段函数是一个函数，而不是几个函数；

（2）写分段函数的定义域时，区间的端点位置要不重不漏；

（3）处理分段函数问题时，先要确定自变量的取值属于哪一段，然后选取相应的对应关系；

（4）分段函数的定义域是各段定义域的并集；分段函数的值域是各段上的值域的并集；分段函数的最大（小）值则是分别在每段上求出最大（小）值，然后在各段的最大（小）值中取最大（小）值.

（三）分段函数的图像

分段函数有几段，它的图像就由几条曲线组成. 在同一直角坐标系中，根据每段定义域区间和表达式依次画图像，注意每段图像的端点是空心点还是实心点，将每段图像组合到一起就得到整个分段函数的图像.

（四）分段函数的运用

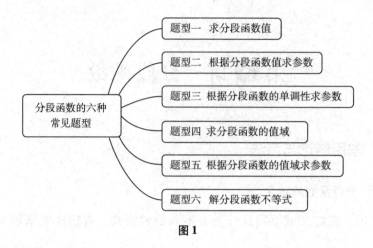

图1

二、典型例题

题型一：求分段函数值

解题思路：注意所给自变量值所在的范围，代入相应的解析式求解，对于多层"f"的问题，要按照"由内到外"的顺序逐层处理.

例1： 设函数 $f(x) = \begin{cases} 1-x^2, & x \leq 1, \\ (x+2)(x-1), & x > 1, \end{cases}$ $f\left(\dfrac{1}{f(2)}\right)$ 的值为（　　）

A. $\dfrac{8}{9}$ 　　　　　　　　　B. $\dfrac{15}{16}$

C. -15 　　　　　　　　　D. 18

答案：B.

解析：∵ 函数 $f(x) = \begin{cases} 1-x^2, & x \leq 1, \\ (x+2)(x-1), & x > 1, \end{cases}$

∴ $f(2) = (2+2)(2-1) = 4$，

∴ $f\left(\dfrac{1}{f(2)}\right) = f\left(\dfrac{1}{4}\right) = 1 - \left(\dfrac{1}{4}\right)^2 = \dfrac{15}{16}$. 故选：B.

题型二：根据分段函数值求参数

解题思路：已知函数值，求自变量的值时，将"f"脱掉，转化为关于自变量的方程求解.

例 2：已知函数 $f(x) = \begin{cases} x+5, & x \leq -1, \\ x^2, & -1 < x < 1, \\ 2x, & x \geq 1, \end{cases}$ 若 $f(a) = \dfrac{1}{2}$，则实数 $a = $ _____.

答案：$-\dfrac{9}{2}$ 或 $\pm\dfrac{\sqrt{2}}{2}$.

解析：当 $a \leq -1$ 时，由 $f(a) = a + 5 = \dfrac{1}{2}$，可得 $a = -\dfrac{9}{2}$，合乎题意；当

$-1 < a < 1$ 时，由 $f(a) = a^2 = \dfrac{1}{2}$，解得 $a = \pm\dfrac{\sqrt{2}}{2}$，合乎题意；当 $a \geq 1$ 时，

由 $f(a) = 2a = \dfrac{1}{2}$，解得 $a = \dfrac{1}{4}$，不合乎题意. 综上所述，$a = -\dfrac{9}{2}$ 或 $\pm\dfrac{\sqrt{2}}{2}$.

故答案为：$-\dfrac{9}{2}$ 或 $\pm\dfrac{\sqrt{2}}{2}$.

题型三：根据分段函数的单调性求参数

解题思路：分析每段函数的单调性同时兼顾临界处的函数值大小关系.

例 3：若函数 $f(x) = \begin{cases} -x^2 - 2ax + 2, & x > 1, \\ (2-3a)\,x + 1, & x \leq 1 \end{cases}$ 是 **R** 上的减函数，则实数 a 的

取值范围是（　　）

A. $\left(\dfrac{2}{3}, 1\right]$

B. $\left[-1, \dfrac{2}{5}\right)$

C. $\left(\dfrac{2}{3}, +\infty\right)$

D. $\left(\dfrac{2}{3}, 2\right]$

答案：D.

解析：由题意，得 $-a \leq 1$，解得 $a \geq -1$；$2 - 3a < 0$，解得 $a > \dfrac{2}{3}$；当

$x = 1$ 时，$-1 - 2a + 2 \leq 2 - 3a + 1$，解得 $a \leq 2$. 综上可得，实数 a 的取值范

围为 $\dfrac{2}{3} < a \leq 2$. 故选：D.

题型四：求分段函数的值域

解题思路：分段函数值域是各段函数值域的并集.

例 4: 函数 $y = \begin{cases} 2x^2, & 0 \leqslant x \leqslant 1, \\ 2, & 1 < x < 2, \\ 3, & x \geqslant 2 \end{cases}$ 的值域是 (　　)

A. **R**

B. $[0, +\infty)$

C. $[0, 3]$

D. $\{y \mid 0 \leqslant y \leqslant 2 \text{ 或 } y = 3\}$

答案：D.

解析：当 $0 \leqslant x \leqslant 1$ 时，$0 \leqslant 2x^2 \leqslant 2$. 当 $1 < x < 2$ 时，$y = 2$.

当 $x \geqslant 2$ 时，$y = 3$.

所以函数的值域为 $[0, 2] \cup \{2\} \cup \{3\} = \{y \mid 0 \leqslant y \leqslant 2 \text{ 或 } y = 3\}$.

故选：D.

题型五：根据分段函数的值域求参数

解题思路：①先分别求解各段函数解析式对应的值域，再结合 $f(x)$ 的整体值域求出参数 a 的取值范围. ②在同一坐标系中画出函数图像，分析研究端点处函数值，结合 $f(x)$ 的整体值域求出参数 a 的取值范围.

例 5: 已知 $f(x) = \begin{cases} (1 - 2a)x + 3a, & x < 1, \\ \ln x, & x \geqslant 1 \end{cases}$ 的值域为 **R**，那么 a 的取值范围是 (　　)

A. $(-\infty, -1]$

B. $\left(-1, \dfrac{1}{2}\right)$

C. $\left[-1, \dfrac{1}{2}\right)$

D. $(0, 1)$

答案：C.

解析：当 $x \geqslant 1$ 时，$f(x) = \ln x$，其值域为 $[0, +\infty)$，那么当 $x < 1$ 时，$f(x) = (1 - 2a)x + 3a$ 的值域包括 $(-\infty, 0)$，$\therefore 1 - 2a > 0$，$f(1) = (1 - 2a) + 3a \geqslant 0$，解得 $a < \dfrac{1}{2}$，且 $a \geqslant -1$. 故选：C.

题型六：解分段函数不等式

解题思路：分段函数不等式的解集问题，一般都要通过分类讨论求解，每一类中条件与解得的范围取交集，然后各类之间取并集.

例6：设 $f(x) = \begin{cases} x+2, & x>0, \\ x-2, & x\leq 0, \end{cases}$ 则不等式 $f(x) < x^2$ 的解集是（　　）

A. $(-\infty, 0] \cup (2, +\infty)$ 　　　B. **R**

C. $[0, 2)$ 　　　　　　　　D. $(-\infty, 0)$

答案：A.

解析：当 $x > 0$ 时，由 $f(x) < x^2$，得 $x+2 < x^2$，解得 $x < -1$ 或 $x > 2$，∴ $x > 2$；当 $x \leq 0$ 时，由 $f(x) < x^2$，得 $x-2 < x^2$，解得 $x \in \mathbf{R}$，∴ $x \leq 0$．∴ 不等式 $f(x) < x^2$ 的解集是 $(-\infty, 0] \cup (2, +\infty)$．故选：A.

第❹讲 函数的值域

一、常用结论与方法

（一）单调性法

直接判断函数在其定义域内的单调性，利用单调性求函数的最值，从而确定值域．特别地，对于含参的二次函数，考虑开口方向及对称轴与定义域间的位置关系，分类讨论确定参数范围．

（二）图像法

基本初等函数通过图像可得函数值域．特别地，分段函数可以通过求出每段解析式的范围再取并集的方式求得值域，但对于一些便于作图的分段函数，数形结合也可以很方便地求得值域．

（三）换元法

通过换元可将函数解析式简化，比如解析式中含有根式时，通过将根式视为一个整体，换元后即可"消灭"根式，达到简化解析式的目的．在换元的过程中，因为最后要用新元求值域，所以一旦换元，后面要紧跟新元的取值范围．

（四）分离常数法

对于分子、分母次数相同的分式函数，形如 $f(x) = \dfrac{ax + b}{cx + d}(ad \neq bc)$ ，第一步，用分子配凑出分母的形式，将函数变形为 $f(x) = \dfrac{a}{c} + \dfrac{e}{cx + d}$ 的形式；第二步，求出函数 $f(x) = \dfrac{e}{cx + d}$ 在定义域内的值域，进而求出 $f(x) = \dfrac{ax + b}{cx + d}(ad \neq bc)$ 的值域．

（五）判别式法

判别式法主要用于含有二次元的分式函数，形如 $y = \dfrac{ax^2 + bx + c}{dx^2 + ex + f}$．将函数

式化成关于 x 的方程，且方程有解，用根的判别式求出参数 y 的取值范围，即得函数的值域. 应用判别式法时必须考虑原函数的定义域，并且注意变形过程中的等价性. 另外，此种形式还可使用分离常数法求解.

二、典型例题

例1：函数 $f(x) = \dfrac{3}{x-1}$ 在 $[2, 5]$ 上的最小值为 _____，最大值为 _____.

答案：$\dfrac{3}{4}$；3.

解析：由函数 $f(x) = \dfrac{3}{x-1}$，可得函数 $f(x)$ 在 $[2, 5]$ 上为单调递减函数，所以 $f(x)_{min} = f(5) = \dfrac{3}{5-1} = \dfrac{3}{4}$，$f(x)_{max} = f(2) = \dfrac{3}{2-1} = 3$.

故答案为：$\dfrac{3}{4}$；3.

例2：函数 $y = \sqrt{3-x} - \sqrt{2x+4}$ 的值域为 _____.

答案：$[-\sqrt{10}, \sqrt{5}]$.

解析：因为 $\begin{cases} 3-x \geqslant 0, \\ 2x+4 \geqslant 0, \end{cases}$ 所以 $-2 \leqslant x \leqslant 3$，

所以此函数的定义域为 $[-2, 3]$.

又因为 $y = \sqrt{3-x} - \sqrt{2x+4}$ 是减函数，

当 $x = -2$ 时，$y = \sqrt{3-x} - \sqrt{2x+4}$ 取得最大值 $\sqrt{5}$；

当 $x = 3$ 时，$y = \sqrt{3-x} - \sqrt{2x+4}$ 取得最小值 $-\sqrt{10}$，

所以值域为 $[-\sqrt{10}, \sqrt{5}]$.

例3：当 $x \in [0, 2]$ 时，函数 $f(x) = ax^2 + 4(a-1)x - 3$ 在 $x = 2$ 时取得最大值，则 a 的取值范围是（　　　）

A. $\left[-\dfrac{1}{2}, +\infty\right)$

B. $[0, +\infty)$

C. $[1, +\infty)$

D. $\left[\dfrac{2}{3}, +\infty\right)$

答案：D.

解析：当 $a = 0$ 时，$f(x) = -4x - 3$ ，在 $x = 0$ 时取得最大值，不符合题意；

当 $a \neq 0$ 时，函数 $f(x) = ax^2 + 4(a - 1)x - 3$ 的对称轴为 $x = \dfrac{2 - 2a}{a}$.

当 $a > 0$ 时，要使 $f(x)$ 在 $x = 2$ 时取得最大值，则 $\dfrac{2 - 2a}{a} \leqslant 1$ ，解得 $a \geqslant \dfrac{2}{3}$.

当 $a < 0$ 时，要使 $f(x)$ 在 $x = 2$ 时取得最大值，则 $\dfrac{2 - 2a}{a} \geqslant 2$ ，解得 $a \geqslant \dfrac{1}{2}$ ，与 $a < 0$ 相矛盾.

综上所述，a 的取值范围为 $\left[\dfrac{2}{3}, +\infty \right)$.

故选：D.

例4：用分段函数表示 $f(x) = |x - 2| + 2|x + 1|$ ，并作出其图像，指出函数的定义域与值域.

解：$f(x) = \begin{cases} -3x, & x < -1, \\ x + 4, & -1 \leqslant x \leqslant 2, \\ 3x, & x > 2, \end{cases}$ 图像如图1所示，

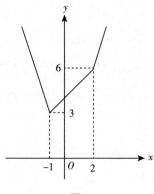

图1

函数的定义域为 **R**，值域为 $[3, +\infty)$.

例5：规定 max $\{a, b\}$ 表示取 a, b 中的较大者. 例如，max $\{0.1, -2\}$

$=0.1$，$\max\{2, 2\} = 2$，则函数 $f(x) = \max\{|x^2 - 4|, |x + 1|\}$ 的最小值为

_____.

答案：$\dfrac{\sqrt{21} - 3}{2}$.

解析：在同一直角坐标系中分别画出 $f_1(x) = |x^2 - 4|$ 与 $f_2(x) = |x + 1|$ 的图像如图 2 所示.

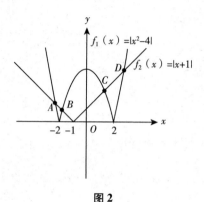

图 2

两个函数的图像有四个交点 A，B，C，D.

由图像可知，B 为函数 $f(x) = \max\{|x^2 - 4|, |x + 1|\}$ 图像的最低点，

联立方程组 $\begin{cases} y = 4 - x^2, \\ y = -x - 1, \end{cases}$ 解得 $x = \dfrac{1 - \sqrt{21}}{2}$ 或 $x = \dfrac{1 + \sqrt{21}}{2}$（舍去），

所以 $f(x) = \max\{|x^2 - 4|, |x + 1|\}$ 的最小值为 $\left| \dfrac{1 - \sqrt{21}}{2} + 1 \right| = $

$\dfrac{\sqrt{21} - 3}{2}$.

故答案为：$\dfrac{\sqrt{21} - 3}{2}$.

例 6：函数 $f(x) = x + \sqrt{2x - 1} \ (x \geqslant 1)$ 的值域为_____.

答案：$[2, +\infty)$.

解析：令 $t = \sqrt{2x - 1} \geqslant 1$，则 $x = \dfrac{t^2 + 1}{2}$，

可得 $y = \dfrac{t^2 + 1}{2} + t = \dfrac{1}{2}(t + 1)^2$，$t \geqslant 1$，

且 $y = \dfrac{1}{2}(t+1)^2$ 的图像开口向上，对称轴为 $t = -1$，

可得 $y = \dfrac{1}{2}(t+1)^2$ 在 $[1, +\infty)$ 上单调递增，

可知当 $t = 1$ 时，$y = \dfrac{1}{2}(t+1)^2$ 取到最小值 2，

所以 $y = \dfrac{1}{2}(t+1)^2$ 的值域为 $[2, +\infty)$，

即函数 $f(x) = x + \sqrt{2x-1}(x \geqslant 1)$ 的值域为 $[2, +\infty)$.

例 7： 函数 $y = \dfrac{\sqrt{x+2}}{x+3}$ 的值域为 _____.

答案：$\left[0, \dfrac{1}{2}\right]$.

解析：（换元法结合基本不等式法）设 $t = \sqrt{x+2}(t \geqslant 0)$，由 $x + 2 \geqslant 0$ 且 $x + 3 \neq 0$ 可知函数定义域为 $x \geqslant -2$，则 $x = t^2 - 2$，$\therefore y = \dfrac{t}{t^2+1}$. 当 $t = 0$，即 $x = -2$ 时，y 取得最小值 0；当 $t > 0$，即 $x > -2$ 时，$y = \dfrac{1}{t + \dfrac{1}{t}} \leqslant \dfrac{1}{2\sqrt{t \cdot \dfrac{1}{t}}} = \dfrac{1}{2}$，当且仅当 $t = 1$ 即 $x = -1$ 时，y 取得最大值 $\dfrac{1}{2}$，故函数的值域为 $\left[0, \dfrac{1}{2}\right]$.

例 8： 函数 $f(x) = \dfrac{x^2+x+1}{x+1}$ 的值域是 _____.

答案：$(-\infty, -3] \cup [1, +\infty)$.

解析：令 $t = x + 1(t \neq 0)$，则 $y = t + \dfrac{1}{t} - 1$. 根据对勾函数图像可知，函数的值域为 $(-\infty, -3] \cup [1, +\infty)$.

例 9： 函数 $y = \left(\dfrac{1}{4}\right)^x + \left(\dfrac{1}{2}\right)^x + 1$ 的值域为 _____.

答案：$(1, +\infty)$.

解析：令 $t = \left(\dfrac{1}{2}\right)^x$，则 $t > 0$，且 $\left(\dfrac{1}{4}\right)^x = t^2$.

$\therefore y = \left(\dfrac{1}{4}\right)^x + \left(\dfrac{1}{2}\right)^x + 1 = t^2 + t + 1 = \left(t + \dfrac{1}{2}\right)^2 + \dfrac{3}{4}$，其中 $t > 0$.

∵ 函数 $y = \left(t + \dfrac{1}{2}\right)^2 + \dfrac{3}{4}$ 在 $(0, +\infty)$ 上为单调递增函数,

∴ $y = \left(t + \dfrac{1}{2}\right)^2 + \dfrac{3}{4} > \left(0 + \dfrac{1}{2}\right)^2 + \dfrac{3}{4} = 1$,

即函数 $y = \left(\dfrac{1}{4}\right)^x + \left(\dfrac{1}{2}\right)^x + 1$ 的值域为 $(1, +\infty)$.

例 10：若 $x \in [0, 2]$，则函数 $y = \dfrac{x - 2}{x + 1}$ 的值域为（　　）

A. $[-2, 0]$ B. $(-\infty, -2] \cup [0, +\infty)$

C. $[0, 1)$ D. $[-2, 1)$

答案：A.

解析：$y = \dfrac{x - 2}{x + 1} = \dfrac{x + 1 - 3}{x + 1} = 1 - \dfrac{3}{x + 1}$,

因为 $x \in [0, 2]$，所以 $x + 1 \in [1, 3]$，所以 $\dfrac{3}{x + 1} \in [1, 3]$,

所以 $1 - \dfrac{3}{x + 1} \in [-2, 0]$，所以函数的值域为 $[-2, 0]$. 故选：A.

例 11：函数 $y = \dfrac{3x^2 - 3x + 4}{x^2 - x + 1}$ 的值域是_____.

答案：$\left(3, \dfrac{13}{3}\right]$.

解析：由 $y = \dfrac{3x^2 - 3x + 4}{x^2 - x + 1}$，可得 $y = 3 + \dfrac{1}{x^2 - x + 1}$,

由于函数 $f(x) = x^2 - x + 1 = \left(x - \dfrac{1}{2}\right)^2 + \dfrac{3}{4} \geqslant \dfrac{3}{4}$,

所以 $0 < \dfrac{1}{x^2 - x + 1} \leqslant \dfrac{4}{3}$,

故 $y = 3 + \dfrac{1}{x^2 - x + 1} \in \left(3, \dfrac{13}{3}\right]$.

例 12：函数 $f(x) = \dfrac{-x^2 + x - 1}{x^2 + 1}$ 的值域是_____.

答案：$\left[-\dfrac{3}{2}, -\dfrac{1}{2}\right]$.

解析：由题可知函数的定义域为 **R**,

将 $y = \dfrac{-x^2 + x - 1}{x^2 + 1}$ 整理得 $(1 + y)x^2 - x + y + 1 = 0$,

当 $y = -1$ 时,$x = 0$;

当 $y \neq -1$ 时,由 $\begin{cases} \Delta = 1 - 4(y + 1)^2 \geq 0, \\ y \neq -1, \end{cases}$ 解得 $y \in \left[-\dfrac{3}{2}, -1 \right) \cup$

$\left(-1, -\dfrac{1}{2} \right]$,

所以 $y \in \left[-\dfrac{3}{2}, -\dfrac{1}{2} \right]$,

即函数 $f(x) = \dfrac{-x^2 + x - 1}{x^2 + 1}$ 的值域是 $\left[-\dfrac{3}{2}, -\dfrac{1}{2} \right]$.

第❺讲　函数的对称性与周期性

一、常用结论与方法

（一）函数的对称性

1. 对定义域的要求

无论是轴对称还是中心对称，均要求函数的定义域对称.

2. 轴对称的等价描述

（1）$f(a-x)=f(a+x) \Leftrightarrow f(x)$ 关于 $x=a$ 轴对称（当 $a=0$ 时，恰好就是偶函数）；

（2）$f(a-x)=f(b+x) \Leftrightarrow f(x)$ 关于 $x=\dfrac{a+b}{2}$ 轴对称.

3. 中心对称的等价描述

（1）$f(a-x)=-f(a+x) \Leftrightarrow f(x)$ 关于 $(a,0)$ 中心对称（当 $a=0$ 时，恰好就是奇函数）；

（2）$f(a-x)=-f(b+x) \Leftrightarrow f(x)$ 关于 $\left(\dfrac{a+b}{2},0\right)$ 中心对称.

（二）函数的周期性

1. 定义

设 $f(x)$ 的定义域为 D，若对 $\forall x \in D$，存在一个非零常数 T，有 $f(x+T)=f(x)$，则称函数 $f(x)$ 是一个周期函数，T 为 $f(x)$ 的一个周期.

2. 函数周期性的判定

（1）$f(x+a)=f(x+b) \Rightarrow f(x)$ 为周期函数，其周期 $T=|b-a|$.

（2）$f(x+a)=-f(x) \Rightarrow f(x)$ 的周期 $T=2a$.

证明示例：构造一个等式：$f(x+2a)=-f(x+a)$，

所以有 $f(x + 2a) = -f(x + a) = -(-f(x)) = f(x)$，即周期 $T = 2a$．

(3) $f(x + a) = \dfrac{1}{f(x)} \Rightarrow f(x)$ 的周期 $T = 2a$．

(4) $f(x) + f(x + a) = k$（k 为常数）$\Rightarrow f(x)$ 的周期 $T = 2a$．

(5) $f(x) \cdot f(x + a) = k$（k 为常数）$\Rightarrow f(x)$ 的周期 $T = 2a$．

(6) 双对称出周期：若一个函数 $f(x)$ 存在两个对称关系，则 $f(x)$ 是一个周期函数，具体情况如下（假设 $b > a$）：

① 若 $f(x)$ 的图像关于 $x = a, x = b$ 轴对称，则 $f(x)$ 是周期函数，周期 $T = 2(b - a)$；

② 若 $f(x)$ 的图像关于 $(a, 0)$，$(b, 0)$ 中心对称，则 $f(x)$ 是周期函数，周期 $T = 2(b - a)$；

③ 若 $f(x)$ 的图像关于 $x = a$ 轴对称，且关于 $(b, 0)$ 中心对称，则 $f(x)$ 是周期函数，周期 $T = 4(b - a)$．

二、典型例题

例 1：(1) 设 $f(x)$ 为定义在 **R** 上的奇函数，$f(x + 2) = -f(x)$，当 $0 \leqslant x \leqslant 1$ 时，$f(x) = x$，则 $f(7.5) = $ _____．

(2) 定义域为 **R** 的函数 $f(x)$ 满足 $f(x + 2) = 2f(x)$，当 $x \in [0, 2)$ 时，$f(x) = -\left(\dfrac{1}{2}\right)^{\left| x - \frac{3}{2} \right|}$，则 $f\left(-\dfrac{5}{2}\right) = ($ $)$

A. $\dfrac{1}{4}$ B. $\dfrac{1}{8}$

C. $-\dfrac{1}{2}$ D. $-\dfrac{1}{4}$

答案：(1) -0.5．(2) D．

解析：

(1) 由 $f(x + 2) = -f(x)$ 可得 $f(x)$ 的周期 $T = 4$，考虑将 $f(7.5)$ 用 $0 \leqslant x \leqslant 1$ 中的函数值进行表示：$f(7.5) = f(3.5) = f(-0.5)$，此时周期性已经无法再进行调整，考虑利用奇偶性进行微调：$f(-0.5) = -f(0.5) = -0.5$，所以 $f(7.5) = -0.5$．

（2）由 $f(x+2) = 2f(x) \Rightarrow f(x) = \dfrac{1}{2}f(x+2)$，可类比函数的周期性，考虑

将 $x = -\dfrac{5}{2}$ 向 $x \in [0, 2)$ 进行转化：

$$f\left(-\frac{5}{2}\right) = \frac{1}{2}f\left(-\frac{1}{2}\right) = \frac{1}{4}f\left(\frac{3}{2}\right) = \frac{1}{4} \cdot \left[-\left(\frac{1}{2}\right)^{\left|\frac{3}{2} - \frac{3}{2}\right|}\right] = -\frac{1}{4}.$$

故选：D.

例2： 已知函数 $f(x)$ 对任意实数 x，y，均有 $f(x) + f(y) = 2f\left(\dfrac{x+y}{2}\right) \cdot$

$f\left(\dfrac{x-y}{2}\right)$，$f(0) \neq 0$，且存在非零常数 C，使 $f(C) = 0$.

（1）求 $f(0)$ 的值；

（2）讨论函数 $f(x)$ 的奇偶性；

（3）求证：$f(x)$ 是周期函数.

解：（1）函数 $f(x)$ 对任意 x，y，均有 $f(x) + f(y) = 2f\left(\dfrac{x+y}{2}\right)f\left(\dfrac{x-y}{2}\right)$ ①，

令 $x = y = 0$，代入①得 $2f(0) = 2[f(0)]^2$，而 $f(0) \neq 0, \therefore f(0) = 1$.

（2）令 $y = -x$，代入①得 $f(x) + f(-x) = 2f(0)f(x)$，

$\therefore f(-x) = f(x)$，故 $f(x)$ 是偶函数.

（3）证明：$\because f(2C+x) + f(x) = 2f\left(\dfrac{2C+2x}{2}\right)f\left(\dfrac{2C}{2}\right) = 2f(C+x)f(C) = 0$，

$\therefore f(2C+x) = -f(x), \therefore f(4C+x) = -f(2C+x) = -[-f(x)] = f(x)$，

从而 $f(x)$ 是以 $4C$ 为周期的周期函数.

第❻讲　函数图像与图像变换

一、常用结论与方法

（一）利用描点法作函数图像

其基本步骤是列表、描点、连线，具体步骤如下：

（1）确定函数的定义域；

（2）化简函数解析式；

（3）讨论函数的性质（奇偶性、单调性、周期性、对称性等）；

（4）列表（尤其注意特殊点、零点、最大值点、最小值点、与坐标轴的交点等），描点，连线．

（二）利用图像变换法作函数图像

表1

平移变换	$y = f(x)$ 的图像 $\xrightarrow[\text{个单位长度}]{\text{左移 } a(a > 0)}$ $y = f(x + a)$ 的图像
	$y = f(x)$ 的图像 $\xrightarrow[\text{个单位长度}]{\text{右移 } a(a > 0)}$ $y = f(x - a)$ 的图像
	$y = f(x)$ 的图像 $\xrightarrow[\text{个单位长度}]{\text{上移 } h(h > 0)}$ $y = f(x) + h$ 的图像
	$y = f(x)$ 的图像 $\xrightarrow[\text{个单位长度}]{\text{下移 } h(h > 0)}$ $y = f(x) - h$ 的图像
对称变换	$y = f(x)$ 的图像 $\xrightarrow{\text{关于 } x \text{ 轴对称}}$ $y = -f(x)$ 的图像
	$y = f(x)$ 的图像 $\xrightarrow{\text{关于 } y \text{ 轴对称}}$ $y = f(-x)$ 的图像

续 表

对称变换	$y = f(x)$ 的图像 $\dfrac{\text{关于 } y = x \text{ 对称}}{}$ $y = f(x)$ 的反函数的图像	
	$y = f(x)$ 的图像 $\dfrac{\text{关于坐标原点对称}}{}$ $y = -f(-x)$ 的图像	
翻折变换	$y = f(x)$ 的图像 $\dfrac{x \text{ 轴下方部分翻折到上方}}{x \text{ 轴上及上方部分不变}}$ $y = |f(x)|$ 的图像	
	$y = f(x)$ 的图像 $\dfrac{y \text{ 轴右侧部分翻折到左侧}}{y \text{ 轴上及右侧不变,原 } y \text{ 轴左侧部分去掉}}$ $y = f(|x|)$ 的图像	
伸缩变换	$y = f(x)$ 的图像 $\dfrac{\text{各点纵坐标不变}}{\text{横坐标变为原来的 } \frac{1}{a}(a > 0)}$ $y = f(ax)$ 的图像	
	$y = f(x)$ 的图像 $\dfrac{\text{各点横坐标不变}}{\text{纵坐标变为原来的 } A(A > 0) \text{ 倍}}$ $y = Af(x)$ 的图像	

二、典型例题

例 1：画出下列函数的图像.

(1) $f(x) = |x - 1|$；

(2) $f(x) = x^2 - 4|x| + 3$；

(3) $f(x) = \dfrac{1}{|x| - 1}$；

(4) $f(x) = \lg(|x| - 1)$；

(5) $f(x) = -\lg|2 - x|$.

解：

(1) $f(x) = |x - 1|$（思考：先平移，还是先翻折），$x \rightarrow |x| \rightarrow |x - 1|$；

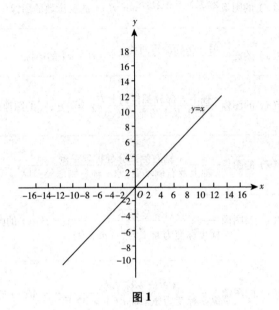

图1

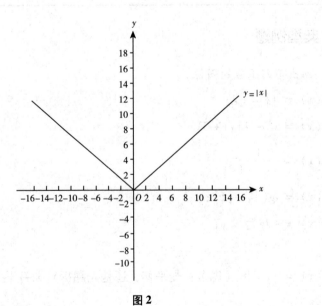

图2

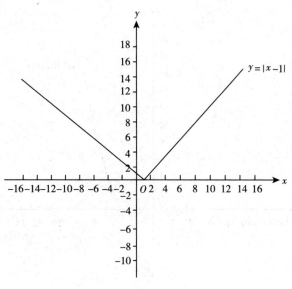

图 3

(2) $f(x) = x^2 - 4|x| + 3$，$f(x) \rightarrow f(|x|)$；

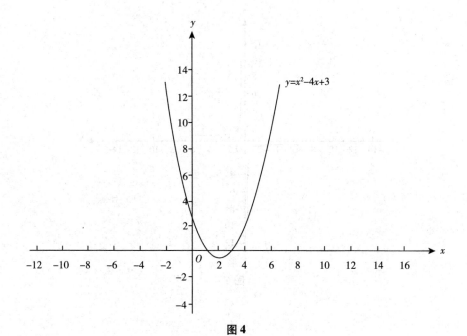

图 4

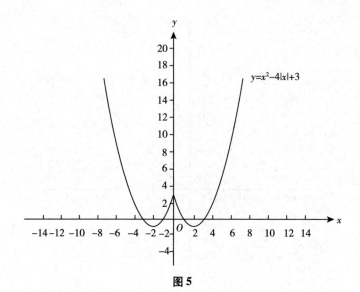

图 5

$(3) f(x) = \dfrac{1}{|x|-1}$, $\dfrac{1}{x} \rightarrow \dfrac{1}{x-1} \rightarrow \dfrac{1}{|x|-1}$;

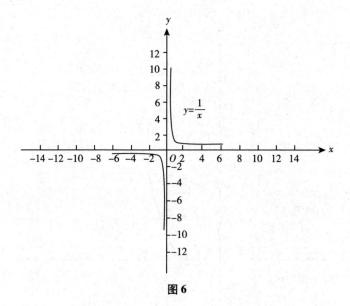

图 6

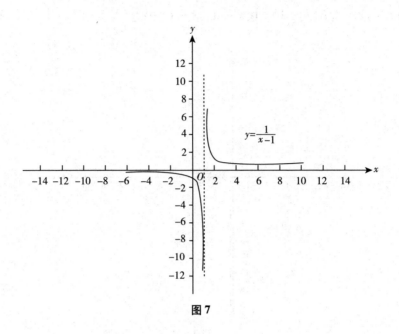

图 7

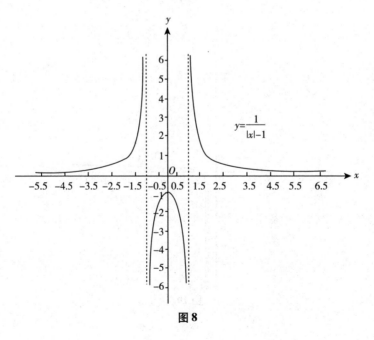

图 8

(4) $f(x) = \lg(|x| - 1)$, $\lg x \rightarrow \lg(x - 1) \rightarrow \lg(|x| - 1)$;

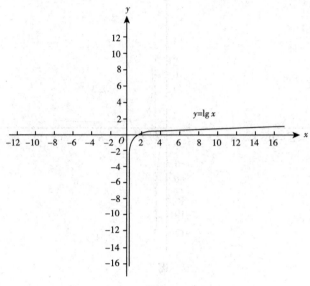

图9

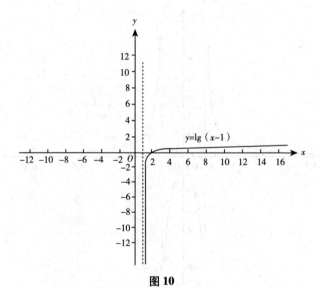

图10

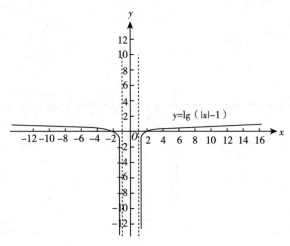

图 11

（5）$f(x) = -\lg|2-x|$，$\lg x \rightarrow \lg|x| \rightarrow \lg|-x| \rightarrow \lg|-(x-2)| \rightarrow -\lg|-(x-2)|$.

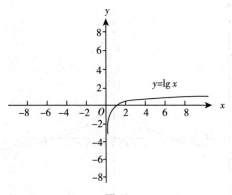

图 12

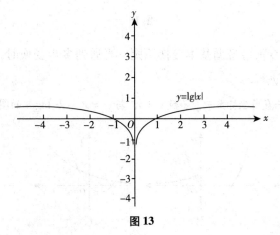

图 13

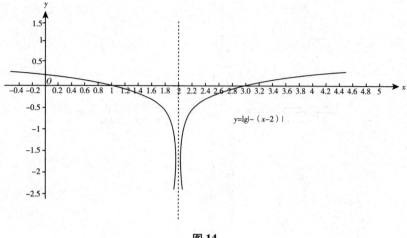

图 14

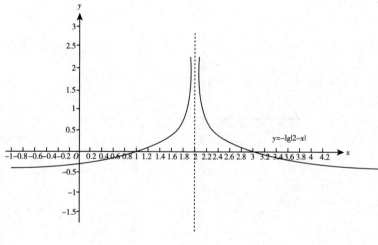

图 15

小结：图像变换应遵循基本变换原则，当遇到多步变换时，要确保每次操作只针对 x 本身进行.

例2： 在同一直角坐标系中，函数 $y = a^x$ 与 $y = x^2 - 2x\log_2 a$ 的图像大致是（   ）

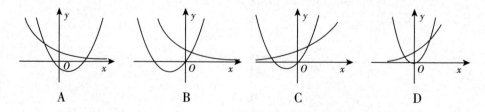

答案：B.

解析：当 $a > 1$ 时，$y = a^x$ 单调递增，$y = x^2 - 2x\log_2 a = x(x - 2\log_2 a)$，

$x(x - 2\log_2 a) = 0$ 的两根为 $x_1 = 0$，$x_2 = 2\log_2 a > 0$，无选项符合；

当 $0 < a < 1$ 时，$y = a^x$ 单调递减，$y = x^2 - 2x\log_2 a = x(x - 2\log_2 a) = 0$ 的

两根为 $x_1 = 0$，$x_2 = 2\log_2 a < 0$，选项 B 符合.

总结：根据参数的不同情况进行分析讨论.

例3：已知函数 $f(x) = x^2 + mx - 1$，若对于任意 $x \in [m, m+1]$，都有 $f(x) < 0$，则实数 m 的取值范围是_____.

答案：$\left(-\dfrac{\sqrt{2}}{2}, 0\right)$.

解析：

方法一：由题意知 $f(x) = x^2 + mx - 1 < 0$ 对 $x \in [m, m+1]$ 恒成立，

则 $mx < 1 - x^2$.

作出函数 $y_1 = mx$ 与 $y_2 = 1 - x^2$ 的图像，如图 16 所示.

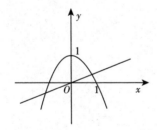

图 16

（1）当 $m \geqslant 0$ 时，只需 $\begin{cases} m^2 < 1 - m^2, \\ m(m+1) < 1 - (m+1)^2, \end{cases}$ 即 $\begin{cases} 2m^2 < 1, \\ m^2 + 3m < 0, \end{cases}$ 解

得 $-\dfrac{\sqrt{2}}{2} < m < 0$，此时 $m \in \varnothing$；

（2）当 $m < 0$ 时，只需 $\begin{cases} m^2 < 1 - m^2, \\ m(m+1) < 1 - (m+1)^2, \end{cases}$ 解得 $-\dfrac{\sqrt{2}}{2} < m < 0$，

此时 $m \in \left(-\dfrac{\sqrt{2}}{2}, 0\right)$.

综上所述，实数 m 的取值范围是 $\left(-\dfrac{\sqrt{2}}{2},\ 0\right)$.

方法二：∵ 函数 $f(x) = x^2 + mx - 1$ 的图像为开口向上的抛物线，又对任意 $x \in [m,\ m+1]$，都有 $f(x) < 0$ 成立，

∴ $\begin{cases} f(m) = 2m^2 - 1 < 0, \\ f(m+1) = 2m^2 + 3m < 0, \end{cases}$ 解得 $-\dfrac{\sqrt{2}}{2} < m < 0$.

∴ 实数 m 的取值范围是 $\left(-\dfrac{\sqrt{2}}{2},\ 0\right)$.

总结：方法一结合一次函数与二次函数图像，通过确定函数图像交点，数形结合寻找范围；方法二利用二次函数图像，通过分析开口方向、对称轴、对称轴与定义域的关系，求解参数的取值范围.

第 ❼ 讲　一元二次方程的实根分布

一、常用结论与方法

（一）一元二次方程实根分布问题可以分为以下两种类型

1. 只与根的正负有关

（1）用判别式限制实根的个数；

（2）由韦达定理，可以用参数表示两根和、两根积，用两根和积的符号限制实根的正负.

2. 根的大小与其他实数有关

（1）设一元二次方程对应的函数为 $f(x) = ax^2 + bx + c$，画出对应函数草图，图像与 x 轴交点的横坐标即为方程的实数根.

（2）观察图像的开口方向、区间端点值的正负、对称轴的位置、判别式 Δ 的符号，列出等价条件.

（二）条件简化方法

（1）二次项系数是负数的，可以先把二次项系数化为正数，图像转化为开口向上.

（2）两根分别在两个给定的区间内，只需要结合图像判断区间端点值符号，根据零点存在性定理就可以将两根限制在所给区间内，无需再考虑对称轴的位置和判别式 Δ 的符号.

二、典型例题

题型一：两根分别在两个给定的区间内，结合图像判断区间端点值符号

　　例1：已知方程 $x^2 + (m-3)x + m = 0$，若方程有一正一负两实数根，求实数 m 的取值范围.

分析：①所对应的二次函数 $f(x) = x^2 + (m-3)x + m$ 的图像开口向上；②对应函数图像与 x 轴一个交点在 x 轴的正半轴，一个交点在 x 轴的负半轴，端点值 $f(0) < 0$，此时由图像趋势可知，图像必然与 x 轴在 $x = 0$ 左右各有一个交点，即 $x_1 \in (-\infty, 0)$，$x_2 \in (0, +\infty)$。

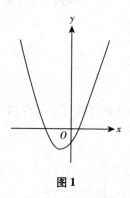

图1

解：令 $f(x) = x^2 + (m-3)x + m$，则 $f(0) = m < 0$．

即当 $m < 0$ 时，该方程有一正一负两实数根．

变式1：已知方程 $x^2 + (m-3)x + m = 0$，若方程的一个根大于1，一个根小于1，求实数 m 的取值范围．

分析：①所对应的二次函数 $f(x) = x^2 + (m-3)x + m$ 的图像开口向上；②观察对应函数图像，端点值 $f(1) < 0$，由图像趋势可知，图像必然与 x 轴在 $x = 1$ 左右各有一个交点，即 $x_1 \in (-\infty, 1)$，$x_2 \in (1, +\infty)$．

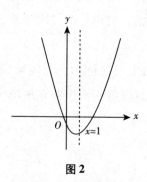

图2

解：令 $f(x) = x^2 + (m-3)x + m$，则 $f(1) = 2m - 2 < 0$，解得 $m < 1$．

即当 $m < 1$ 时，该方程的一个根大于1，一个根小于1．

变式2：已知方程 $x^2 + (m-3)x + m = 0$，若方程的一个根小于2，另一个根大于4，求实数 m 的取值范围.

分析：①所对应的二次函数 $f(x) = x^2 + (m-3)x + m$ 的图像开口向上；②观察对应函数图像，端点值 $f(2) < 0$，$f(4) < 0$，由图像趋势可知，图像必然与 x 轴在 $x = 2$ 左侧和 $x = 4$ 右侧各有一个交点，即 $x_1 \in (-\infty, 2)$，$x_2 \in (4, +\infty)$.

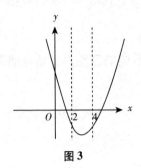

图3

解：令 $f(x) = x^2 + (m-3)x + m$，则

$$\begin{cases} f(2) = 3m - 2 < 0, \\ f(4) = 5m + 4 < 0, \end{cases} \text{解得 } m < -\frac{4}{5}.$$

即当 $m < -\dfrac{4}{5}$ 时，该方程的一个根小于2，另一个根大于4.

变式3：已知方程 $x^2 + (m-3)x + m = 0$，若方程的一个实数根在 $(-2, 0)$ 上，另一个实数根在 $(0, 4)$ 上，求实数 m 的取值范围.

分析：① $x^2 + (m-3)x + m = 0$ 所对应的二次函数 $f(x) = x^2 + (m-3)x + m$ 的图像开口向上；②观察对应函数图像，端点值 $f(-2) > 0$，$f(0) < 0$，$f(4) > 0$，由零点存在性定理和单调趋势，图像必然与 x 轴在 $(-2, 0)$ 和 $(0, 4)$ 上各有一个交点，即 $x_1 \in (-2, 0)$，$x_2 \in (0, 4)$.

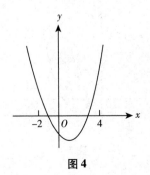

图4

解：令 $f(x) = x^2 + (m-3)x + m$, 则

$$\begin{cases} f(-2) = 10 - m > 0, \\ f(0) = m < 0, \\ f(4) = 5m + 4 > 0, \end{cases} \quad 解得 -\frac{4}{5} < m < 0.$$

即当 $-\dfrac{4}{5} < m < 0$ 时，该方程的一个实数根在 $(-2, 0)$ 上，另一个实数根在 $(0, 4)$ 上.

题型二：两根在同一个给定的区间内，结合图像判断区间端点值符号、对称轴位置和判别式 Δ 的符号

例2： 已知方程 $x^2 + (m-3)x + m = 0$，若方程有两个正实数根，求实数 m 的取值范围.

方法一：根与系数的关系

分析：①存在两个实数根；②两实数根都大于零，则两根之和大于 0，两根之积大于 0.

解：$\Delta = (m-3)^2 - 4m \geqslant 0$,

由韦达定理，$x_1 + x_2 = -(m-3) > 0$, $x_1 \cdot x_2 = m > 0$,

解得 $0 < m \leqslant 1$.

即当 $0 < m \leqslant 1$ 时，该方程有两个正实数根.

方法二：数形结合

分析：①所对应的二次函数 $f(x) = x^2 + (m-3)x + m$ 的图像开口向上；②方程的根就是对应函数图像与 x 轴交点的横坐标，交点都在 x 轴的正半轴，则对称轴大于 0，端点值 $f(0) > 0$.

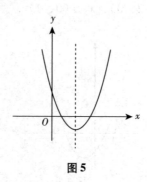

图5

解：令 $f(x) = x^2 + (m-3)x + m$，则 $\begin{cases} \Delta = (m-3)^2 - 4m \geqslant 0, \\ x_{对} = \dfrac{3-m}{2} > 0, \\ f(0) = m > 0, \end{cases}$

解得 $0 < m \leqslant 1$．

即当 $0 < m \leqslant 1$ 时，该方程有两个正实数根．

变式 1：已知方程 $x^2 + (m-3)x + m = 0$，若方程有两个负实数根，求实数 m 的取值范围．

方法一：根与系数的关系

分析：①存在两个实数根；②两实数根都小于零，则两根之和小于 0，两根之积大于 0．

解：$\Delta = (m-3)^2 - 4m \geqslant 0$，

由韦达定理，$x_1 + x_2 = -(m-3) < 0$，$x_1 \cdot x_2 = m > 0$，

解得 $m \geqslant 9$．

即当 $m \geqslant 9$ 时，该方程有两个负实数根．

方法二：数形结合

分析：①所对应的二次函数 $f(x) = x^2 + (m-3)x + m$ 的图像开口向上；②方程的根就是对应函数图像与 x 轴交点的横坐标，两个交点都在 x 轴的负半轴，则对称轴小于 0，端点值 $f(0) > 0$．

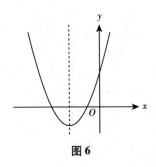

图6

解：令 $f(x) = x^2 + (m-3)x + m$，则 $\begin{cases} \Delta = (m-3)^2 - 4m \geqslant 0, \\ x_{对} = \dfrac{3-m}{2} < 0, \\ f(0) = m > 0, \end{cases}$

解得 $m \geqslant 9$.

即当 $m \geqslant 9$ 时，该方程有两个负实数根.

变式2：已知方程 $x^2 + (m-3)x + m = 0$，若方程的两个实数根均小于1，求实数 m 的取值范围.

方法一：根与系数的关系

分析：①存在两个实数根；②两实数根都小于1，则两根之和小于2，两根减去1的积大于0.

解：$\Delta = (m-3)^2 - 4m \geqslant 0$，由韦达定理，$x_1 + x_2 = -(m-3)$，$x_1 \cdot x_2 = m$，

由 $\begin{cases} (m-3)^2 - 4m \geqslant 0, \\ x_1 + x_2 = -(m-3) < 2, \\ (x_1 - 1) \cdot (x_2 - 1) = x_1 \cdot x_2 - (x_1 + x_2) + 1 = 2m - 2 > 0, \end{cases}$

解得 $m \geqslant 9$.

即当 $m \geqslant 9$ 时，该方程有两个小于1的实数根.

方法二：数形结合

分析：①所对应的二次函数 $f(x) = x^2 + (m-3)x + m$ 的图像开口向上；②对应函数图像与 x 轴的两个交点都在 $x = 1$ 的左侧，则对称轴小于1，端点值 $f(1) > 0$.

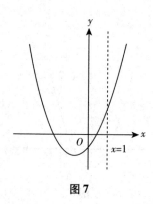

图7

解：令 $f(x) = x^2 + (m-3)x + m$，则 $\begin{cases} \Delta = (m-3)^2 - 4m \geqslant 0, \\ x_{\text{对}} = \dfrac{3-m}{2} < 1, \\ f(1) = 2m - 2 > 0, \end{cases}$

解得 $m \geqslant 9$.

即当 $m \geqslant 9$ 时，该方程的两个实数根均小于 1.

变式 3：已知方程 $x^2 + (m-3)x + m = 0$，若方程的两个实根均在（0，2）内，求实数 m 的取值范围.

分析：①所对应的二次函数 $f(x) = x^2 + (m-3)x + m$ 的图像开口向上；②观察对应函数图像，端点值 $f(0) > 0$，$f(2) > 0$，要保证图像与 x 轴有一个或两个交点，则 $\Delta \geqslant 0$，要保证两个交点在（0，2）内，对称轴需在（0，2）内.

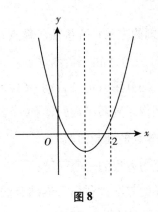

图 8

解：令 $f(x) = x^2 + (m-3)x + m$，则 $\begin{cases} f(0) = m > 0, \\ f(2) = 3m - 2 > 0, \\ \Delta = (m-3)^2 - 4m \geqslant 0, \\ 0 < x_{对} = \dfrac{3-m}{2} < 2, \end{cases}$

解得 $\dfrac{2}{3} < m \leqslant 1$.

即当 $\dfrac{2}{3} < m \leqslant 1$ 时，该方程的两个实根均在（0，2）内.

第❽讲 复合函数的零点问题

一、常用结论与方法

（一）解决函数零点问题的方法：直接法、零点存在性定理、图像法

（1）直接法，即由 $f(x) = 0$ 求得函数的零点；

（2）零点存在性定理，即利用 $f(a) \cdot f(b) < 0$ 来判断零点所在区间；

（3）图像法，即利用图像来判断函数的零点.

（二）关于复合函数的零点的判断问题

（1）先将零点问题转化为方程的解的问题；

（2）解答时要采用换元的方法，利用数形结合法，先判断外层函数对应方程的解的个数，继而求解内层函数对应方程的解.

（三）复合方程解的个数问题的解题策略

（1）要能观察出复合的形式，分清内外层；

（2）要能根据复合的特点进行分析，将方程问题转化为函数图像的交点问题；

（3）通过数形结合的方式解决问题.

（四）求解复合函数零点问题的技巧

（1）数形结合法，分别作出各函数的图像；

（2）若已知零点个数求参数的范围，则先分析关于外层函数的方程的解的个数，再根据解的个数与内层函数的图像特点，分配每个解与几个函数值对应，从而确定每个函数值对应自变量的取值范围，即方程的根的情况，进而求解参数的范围.

（五）利用二次函数的零点分布求参数时主要分析的要素

（1）二次项系数的符号；

（2）判别式的取值情况；

（3）对称轴的位置；

（4）区间端点函数值的符号；

（5）结合图像得出关于参数的不等式组求解.

（六）复合函数 $y = f(g(x))$ 单调性满足同增异减

（1）若外层函数 $f(t)$ 与内层函数 $g(x)$ 均单调递增，则 $y = f(g(x))$ 单调递增；

（2）若外层函数 $f(t)$ 与内层函数 $g(x)$ 均单调递减，则 $y = f(g(x))$ 单调递增；

（3）若外层函数 $f(t)$ 单调递增，内层函数 $g(x)$ 单调递减，则 $y = f(g(x))$ 单调递减；

（4）若外层函数 $f(t)$ 单调递减，内层函数 $g(x)$ 单调递增，则 $y = f(g(x))$ 单调递减.

注意内层函数和外层函数的定义域的对应.

二、典型例题

例1：若函数 $f(x) = \begin{cases} 1 + \ln x, & x > 0, \\ x^2 + 4x + 3, & x \leqslant 0, \end{cases}$ 则函数 $g(x) = f(f(x))$ 的零点的个数为（　　）

A. 4　　　　　　　　　B. 5

C. 6　　　　　　　　　D. 7

答案：C.

解析：当 $x > 0$ 时，由 $1 + \ln x = 0$，得 $x = \dfrac{1}{e}$.

当 $x \leqslant 0$ 时，由 $x^2 + 4x + 3 = 0$，得 $x = -1$ 或 $x = -3$.

则 $f(x)$ 的零点为 -3，-1，$\dfrac{1}{e}$.

令 $f(x) = t$，则 $f(t) = 0$ 的根分别为 $t_1 = -3$，$t_2 = -1$，$t_3 = \dfrac{1}{e}$.

结合 $f(x)$ 的图像可知，方程 $f(x) = t_1$，$f(x) = t_2$，$f(x) = t_3$ 的根的个数分

别为 1, 2, 3, 故 $g(x) = f(f(x))$ 的零点个数为 6.

故选：C.

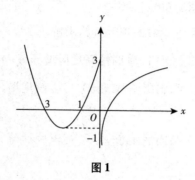

图 1

例2：（多选）已知函数 $f(x) = \left| \left(\dfrac{1}{2} \right)^x - 1 \right|$，则下列关于 x 的方程

$[f(x)]^2 - 2kf(x) + k = 0$ 的命题正确的有（   ）

A. 存在实数 k，使得方程恰有一个实根

B. 不存在实数 k，使得方程恰有两个不等的实根

C. 存在实数 k，使得方程恰有三个不等的实根

D. 不存在实数 k，使得方程恰有四个不等的实根

答案：ACD.

解析：令 $u = f(x)$，$y = g(u) = u^2 - 2ku + k$，

作出函数 $u = f(x)$，$y = g(u)$ 的图像如图 2 所示．

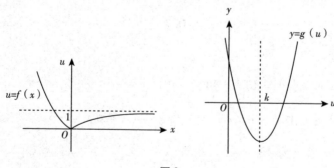

图 2

$g(u) = u^2 - 2ku + k = (u - k)^2 + k - k^2$，

$g_{\min}(x) = g(k) = k - k^2$.

当 $k \in (0, 1)$ 时，$g_{\min}(x) > 0$，方程 $g(u) = 0$ 无解，即方程 $g(f(x)) = 0$ 无解；

当 $k = 0$ 时，$g(u) = u^2 = 0$，解得 $u = 0$，此时 $f(x) = 0$ 恰有一个根，即方程 $g(f(x)) = 0$ 恰有一个根；

当 $k = 1$ 时，$g(u) = u^2 - 2u + 1 = 0$，解得 $u = 1$，此时 $f(x) = 1$ 恰有一个根，即方程 $g(f(x)) = 0$ 恰有一个根；

当 $k < 0$ 时，$g(0) = k < 0$，$g(1) = 1 - k > 0$，$g(u) = 0$ 有一个根在 $(0, 1)$ 内，另一个根在 $(-\infty, 0)$ 内，此时方程 $g(f(x)) = 0$ 恰有两个不等实根；

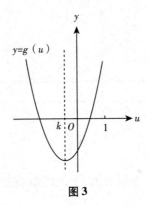

图3

当 $k > 1$ 时，$g(0) = k > 0$，$g(1) = 1 - k < 0$，$g(u) = 0$ 有一个根在 $(0, 1)$ 内，另一个根在 $(1, +\infty)$ 内，此时方程 $g(f(x)) = 0$ 恰有三个不等实根.

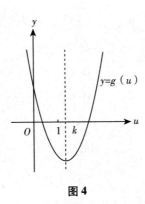

图4

故选：ACD.

例3：设定义域为 **R** 的函数 $f(x) = \begin{cases} |x-1|, & x>0, \\ \left(\dfrac{1}{2}\right)^{|x|}, & x\leqslant 0, \end{cases}$ 则关于 x 的函数 $y =$

$3f^2(x) - 2f(x)$ 的零点个数为 _____.

答案：4.

解析：由 $y = 3f^2(x) - 2f(x) = 0$，可得 $f(x) = \dfrac{2}{3}$ 或 $f(x) = 0$，画出 $y = f(x)$ 的图像，如图 5 所示.

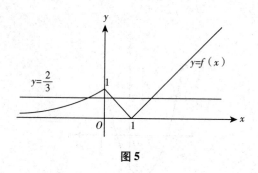

图 5

由图可知，直线 $y = \dfrac{2}{3}$ 与函数 $f(x)$ 的图像有三个交点，函数 $f(x)$ 的图像与 x 轴只有一个公共点，

因此，关于 x 的函数 $y = 3f^2(x) - 2f(x)$ 的零点个数为 4.

故答案为：4.

例4：已知函数 $f(x) = \left| \log_2 |x-1| \right|$，且关于 x 的方程 $[f(x)]^2 + af(x) + 2b = 0$ 有 6 个不同的实数根，若最小的实数根为 -3，则 $a + b$ 的值为 （　　）

A. -2 B. 4

C. 6   D. 8

答案：A.

解析：$f(x) = \left| \log_2 |x-1| \right| = \begin{cases} \log_2(x-1), & x \geqslant 2, \\ \log_2(1-x), & x < 0, \\ -\log_2(x-1), & 1 < x < 2, \\ -\log_2(1-x), & 0 \leqslant x < 1, \end{cases}$

作出函数 $f(x) = \left| \log_2 |x-1| \right|$ 的图像，如图 6 所示.

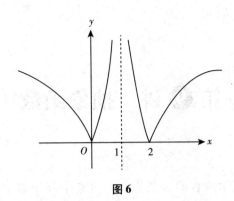

图 6

∵ 方程 $\left[f(x)\right]^2 + af(x) + 2b = 0$ 有 6 个不同的实数根，

令 $t = f(x)$，方程 $\left[f(x)\right]^2 + af(x) + 2b = 0$ 转化为 $t^2 + at + 2b = 0$，

则关于 t 的方程有一零根和一正根．

又 ∵ 最小的实数根为 -3，由 $f(-3) = \log_2(1+3) = 2$，

∴ 方程 $t^2 + at + 2b = 0$ 的两根是 0 和 2，

由韦达定理得：$a = -2$，$b = 0$，

∴ $a + b = -2$．

故选：A.

第❾讲　抽象函数

函数作为高中数学内容的一条主线，对整个高中数学学习有着重要的意义．近几年高考多次出现以抽象函数为载体，考查函数定义域、值域、函数的表示、函数的性质（单调性、奇偶性、对称性、周期性）的题型．考查学生运算求解、符号表示、逻辑思维以及数学建模等关键能力，尤其是加大了对数学建模能力的考查力度．

抽象函数常见的解题策略有赋值法、特殊函数法、定义法、方程组法、图像法等．

一、常用结论与方法

（一）赋值法

方法一：常常令字母取某些特殊值，如 0，1，2，-1 等．

方法二：用代数式替换已知等式中的字母，如用 $x+y$，$\dfrac{x}{y}$ 替换 x 等．

（二）特殊函数法（化抽象为具体）

常见抽象函数类型以及可参考特殊函数如下：

(1) $f(x \pm y) = f(x) \pm f(y)$ 可参考特殊函数 $f(x) = kx(k \neq 0)$；

(2) $f(xy) = f(x)f(y)$ 可参考特殊函数 $f(x) = x^2$，$f(x) = x^{-1}$；

(3) $f(x + y) = f(x)f(y)$ 可参考特殊函数 $f(x) = a^x$；

(4) $f(xy) = f(x) + f(y)$ 可参考特殊函数 $f(x) = \log_a x$；

(5) $f(x + y) + f(x - y) = f(x)f(y)$ 可参考特殊函数 $f(x) = A\cos \omega x$．

二、典型例题

在抽象函数问题中，赋值法通常有四层含义．

层次一：将所有变量赋特殊值，求特殊函数值

例 1：$f(x)$ 是定义在 **R** 上的函数，对 $\forall x,y \in \mathbf{R}$ 都有 $f(x+y) = f(x) + f(y)$，且 $f(-1) = 1$，求 $f(0)$，$f(-2)$ 的值.

解：由函数 $f(x)$ 的定义域为 **R**，且 $f(x+y) = f(x) + f(y)$，

令 $x = y = 0$，则 $f(0) = f(0) + f(0)$，解得 $f(0) = 0$.

因为 $f(-1) = 1$，所以 $f(-2) = f(-1) + f(-1) = 2$.

层次二：部分变量赋特殊值，得到函数的某些关系式

例 2：已知 $f(0) = 1$，对于任意实数 x,y，$f(x-y) = f(x) - y(2x-y+1)$，求 $f(x)$ 的解析式.

解：令 $x = 0$，则 $f(-y) = f(0) - y(-y+1) = 1 + y(y-1) = y^2 - y + 1$，

再令 $-y = x$，得函数解析式为 $f(x) = x^2 + x + 1$.

例 3：已知不恒等于零的函数 $f(x)$ 的定义域为 **R**，满足 $f(x+y) + f(x-y) = 2f(x)f(y)$，且 $f(1) = \dfrac{1}{2}$.

(1) 猜测 $f(x)$ 是奇函数还是偶函数并证明；

(2) 求 $f(2\,023)$.

解：(1) 分别令 $x = 1$，$y = 0$，得 $f(1) + f(1) = 2f(1)f(0)$，

又 $f(1) = \dfrac{1}{2}$，则 $f(0) = 1$.

令 $x = 0$，则 $f(y) + f(-y) = 2f(0)f(y)$，即 $f(-y) = f(y)$，

所以 $f(x)$ 为偶函数；

(2) 令 $y = 1$，则 $f(x+1) + f(x-1) = f(x)$，

用 $x+1$ 替换 x，得 $f(x+2) + f(x) = f(x+1)$，

所以 $f(x+2) + f(x-1) = 0$，

在 $f(x+2) + f(x-1) = 0$ 中用 $x+3$ 替换 x，得 $f(x+5) + f(x+2) = 0$，

所以 $f(x+5) = f(x-1)$，

所以 $f(x)$ 是周期为 6 的周期函数，

所以 $f(2\,023) = f(337 \times 6 + 1) = f(1) = \dfrac{1}{2}$.

点评：在不清楚推导的逻辑关系时，可以尝试多次赋特殊值，由特殊到一

般找规律.

层次三：一个变量赋为含另外一个变量的式子，即把一个变量用另外一个变量表示，得到函数的某些关系式

例4： $f(x)$ 是定义在 **R** 上的函数，对 $\forall x,y \in \mathbf{R}$ 都有 $f(x+y) = f(x) + f(y)$，猜测 $f(x)$ 是奇函数还是偶函数并证明.

解：猜测函数 $f(x)$ 是奇函数. 证明如下：

由函数 $f(x)$ 的定义域为 **R**，且 $f(x+y) = f(x) + f(y)$，

令 $x = y = 0$，则 $f(0) = f(0) + f(0)$，解得 $f(0) = 0$.

令 $y = -x$，则 $f(x-x) = f(x) + f(-x)$，

所以 $f(x) + f(-x) = f(0) = 0$，所以 $f(-x) = -f(x)$，

所以函数 $f(x)$ 是奇函数.

层次四：将两个变量都赋为含字母的式子

例5： $f(x)$ 是定义在 **R** 上的函数，对 $\forall x,y \in \mathbf{R}$ 都有 $f(x+y) = f(x) + f(y)$，当 $x > 0$ 时，$f(x) < 0$. 求 $f(x)$ 在 **R** 上的单调性并证明.

解：设 $x_2 > x_1$，$x + y = x_2, x = x_1$，则 $y = x_2 - x_1$，

则 $f(x_2) - f(x_1) = f(x_2 - x_1)$.

因为 $x > 0$ 时，$f(x) < 0$，

又因为 $x_2 - x_1 > 0$，所以 $f(x_2 - x_1) < 0$，

所以 $f(x_2) - f(x_1) < 0$，即 $f(x_2) < f(x_1)$，

所以函数 $f(x)$ 在 **R** 上为减函数.

赋值法考查了逻辑推理、运算求解和符号表示的能力. 除此之外，也可以赋特殊函数，把抽象问题变具体，考查发现问题、提出问题、分析问题、建立模型、计算求解、检验结果、改进模型的能力.

例6： 已知函数 $f(x)$ 的定义域为 **R**，且 $f(x+y) + f(x-y) = f(x)f(y)$，$f(1) = 1$，则 $\sum\limits_{k=1}^{22} f(k) = ($ $)$

A. -3 B. -2

C. 0 D. 1

答案：A.

解析：

方法一：赋值法

因为 $f(x + y) + f(x - y) = f(x)f(y)$，令 $x = 1$，$y = 0$，可得 $2f(1) = f(1)f(0)$，所以 $f(0) = 2$.

令 $x = 0$，可得 $f(y) + f(-y) = 2f(y)$，即 $f(y) = f(-y)$，所以函数 $f(x)$ 为偶函数.

令 $y = 1$，得 $f(x + 1) + f(x - 1) = f(x)f(1) = f(x)$，即有 $f(x + 2) + f(x) = f(x + 1)$，从而可知 $f(x + 2) = -f(x - 1)$，$f(x - 1) = -f(x - 4)$，故 $f(x + 2) = f(x - 4)$，即 $f(x) = f(x + 6)$，所以函数 $f(x)$ 的一个周期为 6.

因为 $f(2) = f(1) - f(0) = 1 - 2 = -1$，$f(3) = f(2) - f(1) = -1 - 1 = -2$，$f(4) = f(-2) = f(2) = -1$，$f(5) = f(-1) = f(1) = 1$，$f(6) = f(0) = 2$，所以一个周期内的 $f(1) + f(2) + \cdots + f(6) = 0$.

由于 22 除以 6 余 4，所以 $\sum\limits_{k=1}^{22} f(k) = f(1) + f(2) + f(3) + f(4) = 1 - 1 - 2 - 1 = -3$. 故选：A.

方法二：构造特殊函数法

由 $f(x + y) + f(x - y) = f(x)f(y)$，联想到余弦函数和差化积公式 $\cos(x + y) + \cos(x - y) = 2\cos x\cos y$，可设 $f(x) = a\cos \omega x$，则由方法一中 $f(0) = 2$，$f(1) = 1$ 知 $a = 2$，$a\cos \omega = 1$，解得 $\cos \omega = \dfrac{1}{2}$.

取 $\omega = \dfrac{\pi}{3}$，所以 $f(x) = 2\cos \dfrac{\pi}{3}x$，则

$$f(x + y) + f(x - y) = 2\cos\left(\dfrac{\pi}{3}x + \dfrac{\pi}{3}y\right) + 2\cos\left(\dfrac{\pi}{3}x - \dfrac{\pi}{3}y\right)$$

$$= 4\cos \dfrac{\pi}{3}x\cos \dfrac{\pi}{3}y = f(x)f(y)，$$

所以 $f(x) = 2\cos \dfrac{\pi}{3}x$ 符合条件，因此 $f(x)$ 的最小正周期 $T = \dfrac{2\pi}{\dfrac{\pi}{3}} = 6$，$f(0) = 2$，$f(1) = 1$，且 $f(2) = -1$，$f(3) = -2$，$f(4) = -1$，$f(5) = 1$，$f(6) = 2$，所以 $f(1) + f(2) + f(3) + f(4) + f(5) + f(6) = 0$，

由于 22 除以 6 余 4，

所以 $\sum\limits_{k=1}^{22} f(k) = f(1) + f(2) + f(3) + f(4) = 1 - 1 - 2 - 1 = -3$. 故选：A.

点评：（方法一）利用赋值法求出函数的周期即可，是该题的通性通法；

（方法二）作为选择题，利用熟悉的函数使抽象问题具体化，简化推理过程，直接使用具体函数的性质解题，简单明了.

我们除了可以通过赋特殊函数将抽象问题具体化之外，也可以通过画一个满足条件的草图，直观地理解这个函数.

例7：已知定义在 **R** 上的函数 $f(x)$ 在 $(-\infty, -4)$ 上是减函数，若 $g(x) = f(x-4)$ 是奇函数，且 $g(4) = 0$，则不等式 $f(x) \leqslant 0$ 的解集是（   ）

A. $(-\infty, -8] \cup (-4, 0]$

B. $[-8, -4) \cup [0, +\infty)$

C. $[-8, -4] \cup [0, +\infty)$

D. $[-8, 0]$

答案：C.

解析：∵ $g(x) = f(x-4)$ 是奇函数，

∴ 函数 $g(x) = f(x-4)$ 图像的对称中心为 $(0, 0)$，

∴ 函数 $f(x)$ 图像的对称中心为 $(-4, 0)$.

又因为函数 $f(x)$ 在 $(-\infty, -4)$ 上是减函数，

∴ 函数 $f(x)$ 在 $(-4, +\infty)$ 上为减函数，且 $f(-4) = g(0) = 0$.

∵ $g(4) = f(0) = 0$，

∴ $f(-8) = 0$.

画出函数 $f(x)$ 图像的草图（图1）.

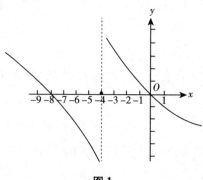

图1

结合图像可得 $f(x) \leqslant 0$ 的解集是 $[-8, -4] \cup [0, +\infty)$. 选 C.

点评：若有多种关系条件，则需要考虑将两个关系组成方程组以求得新的关系.

例8：已知函数 $f(x)$ 的定义域为 **R**，$f(x+2)$ 为奇函数，$f(2x+1)$ 为偶函数，则函数 $f(x)$ 的周期是（　　）

A. 2　　　　　　　　　　B. 3

C. 4　　　　　　　　　　D. 5

答案：C.

解析：因为 $f(x+2)$ 为奇函数，所以 $f(-x+2) = -f(x+2)$ ①.

因为 $f(2x+1)$ 为偶函数，所以 $f(-2x+1) = f(2x+1)$，所以 $f(-x+1) = f(x+1)$ ②.

将②式变形为 $f[-(x+1)+1] = f(x+2)$，即 $f(-x) = f(x+2)$ ③.

将①③联立得 $f(-x+2) = -f(-x)$，即 $f(x+2) = -f(x)$，

所以 $f(x+4) = -f(x+2) = f(x)$，

所以 $f(x)$ 的周期是 4.

抽象函数由于没有具体的解析式，所以大多数没有特定的性质，也没有特定的求解方法，因此需要回归定义. 如例3、例4、例5中的奇偶性、单调性问题；再比如用定义域的定义、符号 $f(x)$ 的含义求定义域问题.

例9：若函数 $f(x)$ 的定义域为 $[0, 4]$，则函数 $g(x) = f(x+2)$ 的定义域为_____.

答案：$[-2, 2]$.

解析：因为函数 $f(x)$ 的定义域为 $[0, 4]$，

所以 $0 \leqslant x+2 \leqslant 4$，解得 $-2 \leqslant x \leqslant 2$，

所以函数 $g(x) = f(x+2)$ 的定义域为 $[-2, 2]$.

点评：若已知函数 $f(x)$ 的定义域为 $[a, b]$，则复合函数 $f[g(x)]$ 的定义域为不等式 $a \leqslant g(x) \leqslant b$ 的解集.

例10：已知函数 $y = f(x^2 - 1)$ 的定义域为 $[0, 3]$，则函数 $y = f(x)$ 的定义域为_____.

答案：$[-1, 8]$.

解析：因为函数 $y = f(x^2 - 1)$ 的定义域为 $[0, 3]$ ，所以 $0 \leqslant x \leqslant 3$ ，所以
$-1 \leqslant x^2 - 1 \leqslant 8$ ，

所以函数 $y = f(x)$ 的定义域为 $[-1, 8]$ ．

点评：已知 $f[g(x)]$ 的定义域为 $[a, b]$ ，则由 $a \leqslant x \leqslant b$ 确定 $g(x)$ 的取值范围，即为 $f(x)$ 的定义域．

例11：已知 $f(x^2 - 1)$ 的定义域为 $[0, 3]$ ，则 $f(2x - 1)$ 的定义域是

_____．

答案：$\left[0, \dfrac{9}{2} \right]$．

解析：因为 $f(x^2 - 1)$ 的定义域为 $[0, 3]$ ，所以 $0 \leqslant x \leqslant 3$ ，

所以 $-1 \leqslant x^2 - 1 \leqslant 8$ ．

在 $f(2x - 1)$ 中，$-1 \leqslant 2x - 1 \leqslant 8$ ，解得 $0 \leqslant x \leqslant \dfrac{9}{2}$ ，

所以函数 $f(2x - 1)$ 的定义域为 $\left[0, \dfrac{9}{2} \right]$ ．

点评：已知 $f[g(x)]$ 的定义域，求 $f[h(x)]$ 的定义域：先由 $f[g(x)]$ 的定义域，求得 $f(x)$ 的定义域，再由 $f(x)$ 的定义域，求得 $f[h(x)]$ 的定义域．

第⑩讲　含参不等式恒成立与能成立问题

一、常用结论与方法

（一）正面分析法

（1）通过不等式建立对应的函数，讨论函数的值域或最值；

（2）数形结合，研究不等式的几何意义或转化成两个函数图像之间的高低关系.

（二）参变分离法

把参数分离到不等式的一端，另一端建立函数 $f(x)$.

（1）如果 $f(x)$ 在区间 D 上有最值，转换成求函数的最值；

① 若不等式 $f(x) > \lambda$ 恒成立，则等价于 $f(x)_{\min} > \lambda$ ；

② 若不等式 $f(x) < \lambda$ 恒成立，则等价于 $f(x)_{\max} < \lambda$ ；

③ 存在实数 x 使不等式 $f(x) > \lambda$ 成立，则等价于 $f(x)_{\max} > \lambda$ ；

④ 存在实数 x 使不等式 $f(x) < \lambda$ 成立，则等价于 $f(x)_{\min} < \lambda$.

（2）如果 $f(x)$ 在区间 D 上没有最值，运用极限思想确定端点值.

（三）主参换位法

已知参数范围求自变量范围时，可以考虑以参数为主变元，以自变量为参数按照上述方法求解.

二、典型例题

例1：设 $f(x) = x^2 - 2ax + 2$ ，当 $x \in [-1, +\infty)$ 时，都有 $f(x) \geqslant -1$ 恒成立，求 a 的取值范围.

解：

方法一：正面分析

$f(x)$ 的图像开口朝上，对称轴为 $x = a$，

当 $a < -1$ 时，$f(x)$ 在 $[-1, +\infty)$ 上单调递增，

$f_{\min}(x) = f(-1) = 2a + 3 \geqslant -1$，所以 $a \in [-2, -1)$.

当 $a \geqslant -1$ 时，$f_{\min}(x) = f(a) = -a^2 + 2 \geqslant -1$，所以 $a \in [-1, \sqrt{3}]$.

综上，$a \in [-2, \sqrt{3}]$.

方法二：参变分离

当 $x > 0$ 时，$2a \leqslant x + \dfrac{3}{x}$ 恒成立，

因为 $x + \dfrac{3}{x} \geqslant 2\sqrt{3}$，当且仅当 $x = \sqrt{3}$ 时取等号，所以 $a \leqslant \sqrt{3}$.

当 $-1 \leqslant x < 0$，$2a \geqslant x + \dfrac{3}{x}$ 恒成立，

因为 $y = x + \dfrac{3}{x}$ 在 $[-1, 0)$ 上单调递减，

当 $x = -1$ 时，$\left(x + \dfrac{3}{x}\right)_{\max} = -4$，所以 $a \geqslant -2$.

当 $x = 0$ 时，$a \in \mathbf{R}$.

综上，$a \in [-2, \sqrt{3}]$.

方法三：数形结合

由 $f(x) \geqslant -1$，得 $x^2 + 3 \geqslant 2ax$，

如图 1，作出函数 $y = x^2 + 3$ 在 $[-1, +\infty)$ 上的图像，

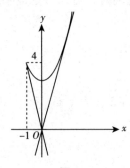

图 1

直线 $y = 2ax$ 过点 $(-1, 4)$ 时为 $y = -4x$，

直线 $y = 2ax$ 与 $y = x^2 + 3$ 的图像相切时为 $y = 2\sqrt{3}x$，

由题意，抛物线 $y = x^2 + 3$ 在 $[-1, +\infty)$ 上不低于直线 $y = 2ax$，

所以 $a \in [-2, \sqrt{3}]$．

总结：本例采用了三种常用方法，应注意每种方法的优缺点，合理甄别．正面分析法经常需要分类讨论．参变分离时如果遇到分类讨论务必做到讨论全面，注意不等号方向的变换．数形结合变形出直线型函数比较好分析．

例2：定义在 $\mathbf{R}$ 上的函数 $f(x)$ 既是奇函数，又是减函数，且当 $\theta \in \left(0, \dfrac{\pi}{2}\right)$ 时，有 $f(\cos^2\theta + 2m\sin\theta) + f(-2m - 2) > 0$ 恒成立，求实数 m 的取值范围．

解：由 $f(\cos^2\theta + 2m\sin\theta) + f(-2m - 2) > 0$，得到

$f(\cos^2\theta + 2m\sin\theta) > -f(-2m - 2)$．

∵ $f(x)$ 为奇函数，

∴ $f(\cos^2\theta + 2m\sin\theta) > f(2m + 2)$ 恒成立，

又∵ $f(x)$ 为 $\mathbf{R}$ 上的减函数，

∴ $\cos^2\theta + 2m\sin\theta < 2m + 2$ 对 $\theta \in \left(0, \dfrac{\pi}{2}\right)$ 恒成立．

方法一：正面分析

设 $\sin\theta = t$，则 $t^2 - 2mt + 2m + 1 > 0$ 对于 $t \in (0, 1)$ 恒成立．

设函数 $g(t) = t^2 - 2mt + 2m + 1$，对称轴为 $t = m$．

① 当 $t = m < 0$ 时，$g(0) = 2m + 1 \geqslant 0$，

即 $m \geqslant -\dfrac{1}{2}$，又 $m < 0$，∴ $-\dfrac{1}{2} \leqslant m < 0$（图2）．

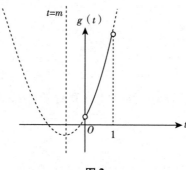

图2

② 当 $t = m \in [0, 1]$，即 $0 \leqslant m \leqslant 1$ 时，

$\Delta = 4m^2 - 4(2m + 1) < 0$，即 $m^2 - 2m - 1 < 0$，

$\therefore 1 - \sqrt{2} < m < 1 + \sqrt{2}$，又 $\because m \in [0, 1]$，

$\therefore 0 \leqslant m \leqslant 1$（图3）．

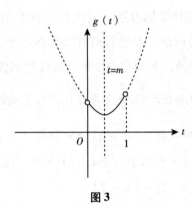

图3

③ 当 $t = m > 1$ 时，$g(1) = 1 - 2m + 2m + 1 = 2 > 0$ 恒成立，

$\therefore m > 1$（图4）．

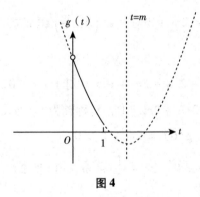

图4

由①②③可知：$m \geqslant -\dfrac{1}{2}$．

方法二：参变分离

设 $\sin \theta = t$，则 $t^2 - 2mt + 2m + 1 > 0$ 对于 $t \in (0, 1)$ 恒成立，

所以 $2m > \dfrac{t^2 + 1}{t - 1}$．

设 $g(t) = \dfrac{t^2 + 1}{t - 1} = \dfrac{(t - 1)^2 + 2(t - 1) + 2}{t - 1} = (t - 1) + \dfrac{2}{t - 1} + 2 = -\left[(1 - t) + \dfrac{2}{1 - t}\right] + 2$,

令 $1 - t = x \in (0, 1)$, $y = x + \dfrac{2}{x}$ 在 $(0, 1)$ 上单调递减，所以 $g(t) < -1$,

所以 $m \geqslant -\dfrac{1}{2}$.

总结：本例结合了函数的奇偶性和单调性，有一定的综合性．提供的两种方法，繁简程度相对例 1 却有较大的区别，原因是此处的参变分离无需讨论，但是分离后函数 $g(t)$ 没有最大值，只有极限值 -1，所以实数 $2m$ 取 -1 时仍然比 $g(t)$ 大，符合题意．

例 3：对于任意 $|a| \leqslant 1$.

(1) 若不等式 $x^2 + (a - 4)x + 4 - 2a > 0$ 恒成立，求实数 x 的取值范围；

(2) 若不等式 $x^2 + (a - 4)x + 4 - 2a > 0$ 有解，求实数 x 的取值范围．

解：（主参换位法）

令 $f(a) = x^2 + (a - 4)x + 4 - 2a = (x - 2)a + x^2 - 4x + 4$, $a \in [-1, 1]$.

(1) $f(a) > 0$ 恒成立，所以 $f(-1) > 0$ ，且 $f(1) > 0$ ，

解得 $x \in (-\infty, 1) \cup (3, +\infty)$.

(2) $f(a) > 0$ 有解．

方法一：分类讨论确定最值

当 $x > 2$ 时，$f(a)$ 单调递增，$f(a)_{\max} = f(1) = x^2 - 3x + 2 > 0$ ，解得 $x > 2$ ；

当 $x < 2$ 时，$f(a)$ 单调递减，$f(a)_{\max} = f(-1) = x^2 - 5x + 6 > 0$ ，解得 $x < 2$ ；

当 $x = 2$ 时，$f(a) = 0$ ，不符合题意．

综上，$x \in \mathbf{R}$ 且 $x \neq 2$.

方法二：最值整体分析

$f(a)_{\max} = f(-1)$ 或 $f(a)_{\max} = f(1)$ ，所以 $f(-1) > 0$ 或 $f(1) > 0$ ，

即 $x^2 - 3x + 2 > 0$ 或 $x^2 - 5x + 6 > 0$ ，

解得 $x \in \mathbf{R}$ 且 $x \neq 2$.

总结：已知参数范围求变量范围，采用主参换位法，注意换参后函数类型的分析．

第⑪讲 三角恒等变换

一、常用结论与方法

(一) 两角和与差公式

(1) $\sin(\alpha \pm \beta) = \sin\alpha\cos\beta \pm \cos\alpha\sin\beta$;

(2) $\cos(\alpha \pm \beta) = \cos\alpha\cos\beta \mp \sin\alpha\sin\beta$;

(3) $\tan(\alpha \pm \beta) = \dfrac{\tan\alpha \pm \tan\beta}{1 \mp \tan\alpha\tan\beta}$.

(二) 二倍角公式

(1) $\sin 2\alpha = 2\sin\alpha\cos\alpha$;

(2) $\cos 2\alpha = \cos^2\alpha - \sin^2\alpha = 2\cos^2\alpha - 1 = 1 - 2\sin^2\alpha$;

(3) $\tan 2\alpha = \dfrac{2\tan\alpha}{1 - \tan^2\alpha}$.

(三) 常用的部分三角公式

(1) $1 - \cos\alpha = 2\sin^2\dfrac{\alpha}{2}$, $1 + \cos\alpha = 2\cos^2\dfrac{\alpha}{2}$;（升幂公式）

(2) $1 \pm \sin\alpha = \left(\sin\dfrac{\alpha}{2} \pm \cos\dfrac{\alpha}{2}\right)^2$;（升幂公式）

(3) $\sin^2\alpha = \dfrac{1 - \cos 2\alpha}{2}$, $\cos^2\alpha = \dfrac{1 + \cos 2\alpha}{2}$, $\tan^2\alpha = \dfrac{1 - \cos 2\alpha}{1 + \cos 2\alpha}$. （降幂公式）

(四) 辅助角公式

一般地，函数 $f(\alpha) = a\sin\alpha + b\cos\alpha$（$a$，$b$ 为常数）可以化为 $f(\alpha) = \sqrt{a^2 + b^2}\sin(\alpha + \varphi)$ $\left(\text{其中}\sin\varphi = \dfrac{b}{\sqrt{a^2 + b^2}}, \cos\varphi = \dfrac{a}{\sqrt{a^2 + b^2}}, \tan\varphi = \dfrac{b}{a}\right)$ 或

$$f(\alpha) = \sqrt{a^2 + b^2}\cos(\alpha - \varphi)\left(\text{其中 }\tan\varphi = \frac{a}{b}\right).$$

（五）三角恒等变换的基本技巧

（1）变换函数名称：使用诱导公式；

（2）升幂、降幂：使用倍角公式；

（3）常数代换：如 $1 = \sin^2\alpha + \cos^2\alpha = \tan\dfrac{\pi}{4}$；

（4）变换角：使用角的代数变换、各类三角函数公式.

常用结论：

拆分角的变形：① $\alpha = 2 \cdot \dfrac{\alpha}{2}$；$\alpha = (\alpha + \beta) - \beta$；② $\alpha = \beta - (\beta - \alpha)$；

③ $\alpha = \dfrac{1}{2}\left[(\alpha + \beta) + (\alpha - \beta)\right]$；④ $\beta = \dfrac{1}{2}\left[(\alpha + \beta) - (\alpha - \beta)\right]$；⑤ $\dfrac{\pi}{4} + \alpha = $

$\dfrac{\pi}{2} - \left(\dfrac{\pi}{4} - \alpha\right)$.

二、典型例题

题型一：公式的直接应用

例1：下列各式中，值为 $\dfrac{1}{2}$ 的是（　　　）

A. $\dfrac{1}{2}(\cos 15° - \sin 15°)$　　　　B. $\cos^2\dfrac{\pi}{12} - \sin^2\dfrac{\pi}{12}$

C. $\dfrac{\tan 22.5°}{1 - \tan^2 22.5°}$　　　　D. $\sin 15°\cos 15°$

答案：C.

分析：利用和差角公式、二倍角公式化简各选项，计算后判断作答.

解析：对于 A，$\dfrac{1}{2}(\cos 15° - \sin 15°) = \dfrac{\sqrt{2}}{2}\cos(45° + 15°) = \dfrac{\sqrt{2}}{2}\cos 60° = \dfrac{\sqrt{2}}{4}$，

A 不符合；

对于 B，$\cos^2\dfrac{\pi}{12} - \sin^2\dfrac{\pi}{12} = \cos\dfrac{\pi}{6} = \dfrac{\sqrt{3}}{2}$，B 不符合；

对于 C，$\dfrac{\tan 22.5°}{1 - \tan^2 22.5°} = \dfrac{1}{2} \times \dfrac{2\tan 22.5°}{1 - \tan^2 22.5°} = \dfrac{1}{2}\tan 45° = \dfrac{1}{2}$，C 符合；

对于 D, $\sin 15°\cos 15° = \frac{1}{2}\sin 30° = \frac{1}{4}$, D 不符合.

故选: C.

总结: 应用公式化简求值应注意如下几点:

(1) 要记住公式的结构特征和符号变化规律.

例如, 两角差的余弦公式可简化为 "同名相乘, 符号相反".

(2) 注意与同角三角函数基本关系、诱导公式的综合应用.

(3) 注意配方法、因式分解法和整体代换思想的应用.

题型二：辅助角公式的应用

例 2: 函数 $f(x) = \sin x + \cos\left(x - \frac{\pi}{6}\right)$ 的最大值为 （　　）

A. $\sqrt{3}$ B. $\sqrt{2}$

C. 2   D. 1

答案: A.

分析: 利用两角差的余弦公式、辅助角公式化简 $f(x)$, 从而求得 $f(x)$ 的最大值.

解析: $f(x) = \sin x + \cos\left(x - \frac{\pi}{6}\right) = \sin x + \frac{\sqrt{3}}{2}\cos x + \frac{1}{2}\sin x$

$$= \frac{3}{2}\sin x + \frac{\sqrt{3}}{2}\cos x = \sqrt{3}\sin\left(x + \frac{\pi}{6}\right),$$

所以, 当 $x + \frac{\pi}{6} = 2k\pi + \frac{\pi}{2}$, 即 $x = 2k\pi + \frac{\pi}{3}$, $k \in \mathbf{Z}$ 时, $f(x)$ 取得最大值

为 $\sqrt{3}$. 故选: A.

题型三：给值求值问题

例 3: 已知 $\cos^2\left(\frac{\pi}{4} - \alpha\right) = \frac{3}{5}$, 则 $\sin 2\alpha = $ _____ .

答案: $\frac{1}{5}$.

分析: 由二倍角的余弦公式化简即可得出答案.

解析: 因为 $\cos^2\left(\frac{\pi}{4} - \alpha\right) = \frac{3}{5}$,

则 $\sin 2\alpha = \cos\left(\dfrac{\pi}{2} - 2\alpha\right) = \cos\left[2\left(\dfrac{\pi}{4} - \alpha\right)\right] = 2\cos^2\left(\dfrac{\pi}{4} - \alpha\right) - 1 = 2 \times \dfrac{3}{5} -$

$1 = \dfrac{1}{5}$.

故答案为：$\dfrac{1}{5}$.

总结：给值求值是指已知某个角的三角函数值（或三角函数式的值），求与该角相关的其他三角函数值（或三角函数式的值）的问题，解题关键在于"变角"，使角相同或具有某种关系.

题型四：给值求角问题

例 4：已知 $\cos\alpha = \dfrac{2\sqrt{5}}{5}$，$\sin\beta = \dfrac{\sqrt{10}}{10}$，且 $\alpha \in \left(0, \dfrac{\pi}{2}\right)$，$\beta \in \left(0, \dfrac{\pi}{2}\right)$，则 $\alpha + \beta$ 的值是（　　）

A. $\dfrac{3\pi}{4}$　　　　　　　　　　B. $\dfrac{\pi}{4}$

C. $\dfrac{7\pi}{4}$　　　　　　　　　　D. $\dfrac{5\pi}{4}$

答案：B.

分析：利用同角三角函数平方关系可求得 $\sin\alpha$，$\cos\beta$，利用两角和差余弦公式可求得 $\cos(\alpha + \beta)$，结合 $\alpha + \beta \in (0, \pi)$ 可得结果.

解析：$\because \alpha \in \left(0, \dfrac{\pi}{2}\right)$，$\beta \in \left(0, \dfrac{\pi}{2}\right)$，

$\therefore \sin\alpha = \sqrt{1 - \cos^2\alpha} = \dfrac{\sqrt{5}}{5}$，$\cos\beta = \sqrt{1 - \sin^2\beta} = \dfrac{3\sqrt{10}}{10}$，

$\therefore \cos(\alpha + \beta) = \cos\alpha\cos\beta - \sin\alpha\sin\beta = \dfrac{2\sqrt{5}}{5} \times \dfrac{3\sqrt{10}}{10} - \dfrac{\sqrt{5}}{5} \times \dfrac{\sqrt{10}}{10} = \dfrac{\sqrt{2}}{2}$，

又 $\alpha + \beta \in (0, \pi)$，$\therefore \alpha + \beta = \dfrac{\pi}{4}$.

故选：B.

总结：通过求角的某种三角函数值来求角，在选取函数时有以下原则：

（1）已知正切函数值，则选正切函数；

（2）已知正、余弦函数值，则选正弦或余弦函数. 若角的范围是 $\left(0, \dfrac{\pi}{2}\right)$，

则选正、余弦函数皆可；若角的范围是 $(0,\pi)$，则选余弦函数较好；若角的范围是 $\left(-\dfrac{\pi}{2},\dfrac{\pi}{2}\right)$，则选正弦函数较好．

题型五：三角函数的综合应用

例 5：已知函数 $f(x)=2\sin\left(\dfrac{\pi}{6}+x\right)\cdot\cos\left(\dfrac{\pi}{3}-x\right)-2\sin^2 x$．

（1）求函数 $f(x)$ 的最小正周期；

（2）求函数 $f(x)$ 在 $\left(0,\dfrac{\pi}{2}\right)$ 上的单调递增区间．

解：（1）$f(x)=2\sin\left(\dfrac{\pi}{6}+x\right)\cos\left[\dfrac{\pi}{2}-\left(\dfrac{\pi}{6}+x\right)\right]-2\sin^2 x=2\sin^2\left(\dfrac{\pi}{6}+x\right)-$

$2\sin^2 x=1-\cos\left(\dfrac{\pi}{3}+2x\right)-(1-\cos 2x)=\cos 2x-\cos\left(2x+\dfrac{\pi}{3}\right)=\cos 2x-$

$\cos 2x\cos\dfrac{\pi}{3}+\sin 2x\sin\dfrac{\pi}{3}=\dfrac{1}{2}\cos 2x+\dfrac{\sqrt{3}}{2}\sin 2x=\sin\left(2x+\dfrac{\pi}{6}\right)$，

函数 $f(x)$ 的最小正周期 $T=\dfrac{2\pi}{2}=\pi$；

（2）由（1）知：$f(x)=\sin\left(2x+\dfrac{\pi}{6}\right)$，

当 $x\in\left(0,\dfrac{\pi}{2}\right)$ 时，$2x+\dfrac{\pi}{6}\in\left(\dfrac{\pi}{6},\dfrac{7\pi}{6}\right)$．

又因为 $y=\sin x$ 在 $\left(\dfrac{\pi}{6},\dfrac{\pi}{2}\right]$ 上单调递增，在 $\left(\dfrac{\pi}{2},\dfrac{7\pi}{6}\right]$ 上单调递减，

令 $\dfrac{\pi}{6}<2x+\dfrac{\pi}{6}\leqslant\dfrac{\pi}{2}$，得 $x\in\left(0,\dfrac{\pi}{6}\right]$，

∴ 函数 $f(x)$ 在 $\left(0,\dfrac{\pi}{2}\right)$ 上的单调递增区间为 $\left(0,\dfrac{\pi}{6}\right]$．

总结：

（1）进行三角恒等变换时要抓住：变角、变函数名称、变结构．尤其要注意角之间的关系，注意公式的逆用和变形使用；

（2）把 $y=a\sin x+b\cos x$ 化为 $y=\sqrt{a^2+b^2}\sin(x+\varphi)$ 的形式，可进一步研究函数的周期、单调性、最值等性质．

第⑫讲　三角函数中的参数问题（一）

三角函数的参数问题是一种较为常见的问题，题目条件经常给出三角函数的周期性、单调性、最值、零点，求参数的值或者范围，这类题目往往可以通过换元法，将问题转化为正余弦函数的图像性质问题，结合图像解决问题.

一、常用结论与方法

（一）三角函数的奇偶性

（1）三角函数 $y = A\sin(\omega x + \varphi)$ 是奇函数的充要条件是 $\varphi = k\pi$，$k \in \mathbf{Z}$，三角函数 $y = A\sin(\omega x + \varphi)$ 是偶函数的充要条件是 $\varphi = k\pi + \dfrac{\pi}{2}$，$k \in \mathbf{Z}$；

（2）三角函数 $y = A\cos(\omega x + \varphi)$ 是奇函数的充要条件是 $\varphi = k\pi + \dfrac{\pi}{2}$，$k \in \mathbf{Z}$，三角函数 $y = A\cos(\omega x + \varphi)$ 是偶函数的充要条件是 $\varphi = k\pi$，$k \in \mathbf{Z}$.

（二）函数的对称性

函数 $f(x)$ 对于定义域中的任意 x，都有

（1）$f(a + x) = f(b - x)$，则 $f(x)$ 关于直线 $x = \dfrac{a + b}{2}$ 对称；

（2）$f(a + x) + f(b - x) = 0$，则 $f(x)$ 关于点 $\left(\dfrac{a + b}{2}, 0 \right)$ 对称；

（3）$f(a + x) + f(b - x) = c$，则 $f(x)$ 关于点 $\left(\dfrac{a + b}{2}, \dfrac{c}{2} \right)$ 对称.

（三）函数周期的三个结论

若 a，b 是非零常数，且 $a \neq b$，

函数 $f(x)$ 关于直线 $x = a$ 及 $x = b$ 对称，则 $2|a - b|$ 是函数 $f(x)$ 的周期；

函数 $f(x)$ 关于点 $M(a, 0)$ 及点 $N(b, 0)$ 对称，则 $2|a - b|$ 是函数 $f(x)$

的周期;

函数 $f(x)$ 关于直线 $x=a$ 及点 $N(b,0)$ 对称，则 $4|a-b|$ 是函数 $f(x)$ 的周期.

二、典型例题

例1：（根据周期性确定参数）记函数 $f(x)=\sin\left(\omega x+\dfrac{\pi}{4}\right)(\omega>0)$ 的最小正周期为 T. 若 $\dfrac{\pi}{2}<T<\pi$，且 $f(x)\leqslant\left|f\left(\dfrac{\pi}{3}\right)\right|$，则 $\omega=$（   ）

A. $\dfrac{3}{4}$
B. $\dfrac{9}{4}$

C. $\dfrac{15}{4}$
D. $\dfrac{27}{4}$

答案：C.

解析：根据最小正周期 $\dfrac{\pi}{2}<T<\pi$，可得 $\dfrac{\pi}{2}<\dfrac{2\pi}{\omega}<\pi$，解得 $2<\omega<4$.

又 $f(x)\leqslant\left|f\left(\dfrac{\pi}{3}\right)\right|$，即 $x=\dfrac{\pi}{3}$ 是函数 $f(x)$ 的一条对称轴，

所以 $\dfrac{\pi}{3}\omega+\dfrac{\pi}{4}=\dfrac{\pi}{2}+k\pi$，$k\in\mathbf{Z}$，解得 $\omega=\dfrac{3}{4}+3k$，$k\in\mathbf{Z}$.

又 $2<\omega<4$，当 $k=1$ 时，$\omega=\dfrac{15}{4}$.

总结：求参数 ω 的范围，关键是挖掘已知条件，寻找 ω 满足的不等关系，通过解不等式确定范围.

例2：（根据奇偶性确定参数）若将函数 $f(x)=\sin\left(\omega x-\dfrac{\pi}{4}\right)(\omega>0)$ 的图像向右平移 $\dfrac{\pi}{3}$ 个单位长度后所得图像关于 y 轴对称，则 ω 的最小值为（   ）

A. $\dfrac{9}{4}$
B. $\dfrac{3}{4}$

C. $-\dfrac{3}{4}$
D. $-\dfrac{9}{4}$

答案：B.

解析：由函数 $f(x)$ 的图像向右平移 $\dfrac{\pi}{3}$ 个单位长度，

则 $f\left(x - \dfrac{\pi}{3}\right) = \sin\left[\omega\left(x - \dfrac{\pi}{3}\right) - \dfrac{\pi}{4}\right]$

$= \sin\left(\omega x - \dfrac{\omega\pi}{3} - \dfrac{\pi}{4}\right)$ ，

由 $f\left(x - \dfrac{\pi}{3}\right)$ 关于 y 轴对称，故 $-\dfrac{\omega\pi}{3} - \dfrac{\pi}{4} = k\pi + \dfrac{\pi}{2}$ ，$k \in \mathbf{Z}$ ，

所以 $\omega = -\left(3k + \dfrac{9}{4}\right)$ ，$k \in \mathbf{Z}$.

又 $\omega > 0$ ，即 $3k + \dfrac{9}{4} < 0$ ，故 $k < -\dfrac{3}{4}$ ，

所以，当 $k = -1$ 时，$\omega_{\min} = \dfrac{3}{4}$.

总结：根据题意，平移后的函数图像关于 y 轴对称，可知平移后的函数是偶函数，再由三角函数 $y = A\sin(\omega x + \varphi)$ 是偶函数的充要条件是 $\varphi = k\pi + \dfrac{\pi}{2}$ ，$k \in \mathbf{Z}$ 得到参数 ω 的关系式，结合 $\omega > 0$ 的条件确定 ω 的最小值.

例 3：（根据对称性确定参数）若函数 $f(x) = \sqrt{3}\sin \omega x + \cos \omega x(\omega > 0)$ 在区间 $\left(0, \dfrac{\pi}{6}\right)$ 上仅有一条对称轴及一个对称中心，则 ω 的取值范围为

_____.

答案：$(5, 8]$.

解析：由题意，函数 $f(x) = \sqrt{3}\sin \omega x + \cos \omega x = 2\sin\left(\omega x + \dfrac{\pi}{6}\right)$.

因为 $x \in \left(0, \dfrac{\pi}{6}\right)$ ，可得 $\dfrac{\pi}{6} < \omega x + \dfrac{\pi}{6} < \dfrac{\pi}{6}(1 + \omega)$ ，

要使得函数 $f(x)$ 在区间 $\left(0, \dfrac{\pi}{6}\right)$ 上仅有一条对称轴及一个对称中心，

则需满足 $\pi < \dfrac{\pi}{6}(1 + \omega) \leqslant \dfrac{3\pi}{2}$ ，解得 $5 < \omega \leqslant 8$ ，所以 ω 的取值范围为 $(5, 8]$.

总结：形如 $y = A\sin(\omega x + \varphi)$ 的对称性问题，将 $\omega x + \varphi$ 看作整体 t ，将问题转化为 $y = A\sin t$ 或 $y = A\cos t$ 的对称性问题.

例4：（根据三角函数的单调性求参数）已知函数 $f(x) = \sin\left(\omega x + \dfrac{\pi}{6}\right)$ $(\omega$

$>0)$ 在区间 $\left[-\dfrac{\pi}{4}, \dfrac{2\pi}{3}\right]$ 上单调递增，则 ω 的取值范围为_____.

答案：$\left(0, \dfrac{1}{2}\right]$.

解析：由题意，得 $\begin{cases} -\dfrac{\omega\pi}{4} + \dfrac{\pi}{6} \geqslant -\dfrac{\pi}{2} + 2k\pi, & k \in \mathbf{Z}, \\ \dfrac{2\omega\pi}{3} + \dfrac{\pi}{6} \leqslant \dfrac{\pi}{2} + 2k\pi, & k \in \mathbf{Z}, \end{cases}$

则 $\begin{cases} \omega \leqslant \dfrac{8}{3} - 8k, & k \in \mathbf{Z}, \\ \omega \leqslant \dfrac{1}{2} + 3k, & k \in \mathbf{Z}, \end{cases}$ 又 $\omega > 0$，所以 $\begin{cases} \dfrac{8}{3} - 8k > 0, & k \in \mathbf{Z}, \\ \dfrac{1}{2} + 3k > 0, & k \in \mathbf{Z}, \end{cases}$

所以 $k = 0$，则 $0 < \omega \leqslant \dfrac{1}{2}$.

总结：若已知 $y = A\sin(\omega x + \varphi)$ 的单调性，将 $\omega x + \varphi$ 看作整体 t 并确定范围，根据复合函数判断 $y = A\sin t$ 或 $y = A\cos t$ 的单调区间，再转化为集合的包含关系，进而建立 ω 所满足的不等式（组）求解.

第⑬讲 三角函数中的参数问题（二）

本节课主要研究已知三角函数的单调性、最值、零点确定参数的问题，总结归纳出求解这类问题的一般通法.

一、常用结论与方法

（一）三角函数的单调性

（1）三角函数 $y = A\sin(\omega x + \varphi), A > 0, \omega > 0$ 的递增区间为

$$\left[\frac{-2\varphi - \pi}{2\omega} + \frac{2k\pi}{\omega}, \frac{\pi - 2\varphi}{2\omega} + \frac{2k\pi}{\omega} \right], k \in \mathbf{Z};$$

递减区间为 $\left[\frac{\pi - 2\varphi}{2\omega} + \frac{2k\pi}{\omega}, \frac{3\pi - 2\varphi}{2\omega} + \frac{2k\pi}{\omega} \right], k \in \mathbf{Z}.$

（2）三角函数 $y = A\cos(\omega x + \varphi), A > 0, \omega > 0$ 的递增区间为

$$\left[\frac{-\pi - \varphi}{\omega} + \frac{2k\pi}{\omega}, \frac{-\varphi}{\omega} + \frac{2k\pi}{\omega} \right], k \in \mathbf{Z};$$

递减区间为 $\left[\frac{-\varphi}{\omega} + \frac{2k\pi}{\omega}, \frac{\pi - \varphi}{\omega} + \frac{2k\pi}{\omega} \right], k \in \mathbf{Z}.$

（二）三角函数的零点

（1）三角函数 $y = A\sin(\omega x + \varphi), A > 0, \omega > 0$ 的零点为 $x = \frac{-\varphi}{\omega} + \frac{k\pi}{\omega}$, $k \in \mathbf{Z}$；

（2）三角函数 $y = A\cos(\omega x + \varphi)$ 的零点为 $x = \frac{\pi - 2\varphi}{2\omega} + \frac{k\pi}{\omega}, k \in \mathbf{Z}.$

二、典型例题

例1：（用三角函数在区间单调的必要条件求参数）

已知函数 $f(x) = \sin(\omega x + \varphi)\left(\omega > 0, |\varphi| \leqslant \dfrac{\pi}{2}\right)$，$x = -\dfrac{\pi}{8}$ 是函数 $f(x)$ 的

一个零点，$x = \dfrac{\pi}{8}$ 是函数 $f(x)$ 的一条对称轴，若 $f(x)$ 在区间 $\left(\dfrac{\pi}{5}, \dfrac{\pi}{4}\right)$ 上单调，

则 ω 的最大值是（　　）

A. 14　　　　　　　　　　　　B. 16

C. 18　　　　　　　　　　　　D. 20

答案：A.

解析：设函数 $f(x)$ 的最小正周期为 T，

因为 $x = -\dfrac{\pi}{8}$ 是函数 $f(x)$ 的一个零点，$x = \dfrac{\pi}{8}$ 是函数 $f(x)$ 的一条对称轴，

则 $\dfrac{2n+1}{4}T = \dfrac{\pi}{8} - \left(-\dfrac{\pi}{8}\right) = \dfrac{\pi}{4}$，其中 $n \in \mathbf{N}$，所以 $T = \dfrac{\pi}{2n+1} = \dfrac{2\pi}{\omega}$，

所以 $\omega = 4n + 2$.

因为函数 $f(x)$ 在区间 $\left(\dfrac{\pi}{5}, \dfrac{\pi}{4}\right)$ 上单调，

则 $\dfrac{\pi}{4} - \dfrac{\pi}{5} \leqslant \dfrac{T}{2} = \dfrac{\pi}{\omega}$，所以 $\omega \leqslant 20$.

所以，ω 的可能取值有：2，6，10，14，18.

（1）当 $\omega = 18$ 时，$f(x) = \sin(18x + \varphi)$，$f\left(-\dfrac{\pi}{8}\right) = \sin\left(-\dfrac{9\pi}{4} + \varphi\right) = 0$，

所以 $\varphi - \dfrac{9\pi}{4} = k\pi (k \in \mathbf{Z})$，则 $\varphi = k\pi + \dfrac{9\pi}{4}(k \in \mathbf{Z})$.

因为 $-\dfrac{\pi}{2} \leqslant \varphi \leqslant \dfrac{\pi}{2}$，所以 $\varphi = \dfrac{\pi}{4}$，所以 $f(x) = \sin\left(18x + \dfrac{\pi}{4}\right)$.

当 $\dfrac{\pi}{5} < x < \dfrac{\pi}{4}$ 时，$4\pi - \dfrac{3\pi}{20} = \dfrac{77\pi}{20} < 18x + \dfrac{\pi}{4} < \dfrac{19\pi}{4} = 4\pi + \dfrac{3\pi}{4}$，

所以函数 $f(x)$ 在 $\left(\dfrac{\pi}{5}, \dfrac{\pi}{4}\right)$ 上不单调，不合乎题意；

（2）当 $\omega = 14$ 时，$f(x) = \sin(14x + \varphi)$，$f\left(-\dfrac{\pi}{8}\right) = \sin\left(-\dfrac{7\pi}{4} + \varphi\right) = 0$，

所以 $\varphi - \dfrac{7\pi}{4} = k\pi (k \in \mathbf{Z})$，则 $\varphi = k\pi + \dfrac{7\pi}{4}(k \in \mathbf{Z})$.

因为 $-\dfrac{\pi}{2} \leqslant \varphi \leqslant \dfrac{\pi}{2}$，所以 $\varphi = -\dfrac{\pi}{4}$，所以 $f(x) = \sin\left(14x - \dfrac{\pi}{4}\right)$.

当 $\dfrac{\pi}{5} < x < \dfrac{\pi}{4}$ 时，$2\pi + \dfrac{11\pi}{20} = \dfrac{51\pi}{20} < 14x - \dfrac{\pi}{4} < \dfrac{13\pi}{4} = 2\pi + \dfrac{5\pi}{4}$，

所以函数 $f(x)$ 在 $\left(\dfrac{\pi}{5}, \dfrac{\pi}{4}\right)$ 上单调递减，合乎题意.

因此，ω 的最大值为 14.

总结：若 $f(x) = A\sin(\omega x + \varphi)$ 的最小正周期为 T，$f(x)$ 在区间 (a, b) 上单调的必要条件是 $\dfrac{T}{2} > b - a$，还需要对结果进行验证，保证 ω 的取值使得函数 $f(x)$ 单调；如果同时满足 $f(a) = |A|$ 或 $f(b) = |A|$，则 $\dfrac{T}{2} > b - a$ 是 $f(x)$ 在区间 (a, b) 上单调的充要条件.

例2：（根据三角函数的最值求参数）已知函数 $f(x) = \sin(\omega x + \varphi)$，其中 $\omega > 0$，$|\varphi| \leqslant \dfrac{\pi}{2}$，$-\dfrac{\pi}{4}$ 为 $f(x)$ 的零点，且 $f(x) \leqslant \left|f\left(\dfrac{\pi}{4}\right)\right|$ 恒成立，$f(x)$ 在区间 $\left(-\dfrac{\pi}{12}, \dfrac{\pi}{24}\right)$ 上有最小值无最大值，则 ω 的最大值是（　　　）

A. 11　　　　　　　　　　　　B. 13

C. 15　　　　　　　　　　　　D. 17

答案：C.

解析：由题意，直线 $x = \dfrac{\pi}{4}$ 是 $f(x)$ 的一条对称轴，

所以 $f\left(\dfrac{\pi}{4}\right) = \pm 1$，即 $\dfrac{\pi}{4}\omega + \varphi = k_1\pi + \dfrac{\pi}{2}$，$k_1 \in \mathbf{Z}$①，

又 $f\left(-\dfrac{\pi}{4}\right) = 0$，所以 $-\dfrac{\pi}{4}\omega + \varphi = k_2\pi$，$k_2 \in \mathbf{Z}$②，

由①②，得 $\omega = 2(k_1 - k_2) + 1$，$k_1, k_2 \in \mathbf{Z}$.

又因为 $f(x)$ 在区间 $\left(-\dfrac{\pi}{12}, \dfrac{\pi}{24}\right)$ 上有最小值无最大值，

所以 $T \geqslant \dfrac{\pi}{24} - \left(-\dfrac{\pi}{12}\right) = \dfrac{\pi}{8}$，

即 $\dfrac{2\pi}{\omega} \geqslant \dfrac{\pi}{8}$，解得 $\omega \leqslant 16$.

综上，根据各选项先检验 $\omega = 15$，

当 $\omega = 15$ 时，由①得 $\dfrac{\pi}{4} \times 15 + \varphi = k_1\pi + \dfrac{\pi}{2}$，$k_1 \in \mathbf{Z}$，

即 $\varphi = k_1\pi - \dfrac{13\pi}{4}$，$k_1 \in \mathbf{Z}$.

又 $|\varphi| \leqslant \dfrac{\pi}{2}$，所以 $\varphi = -\dfrac{\pi}{4}$，此时 $f(x) = \sin\left(15x - \dfrac{\pi}{4}\right)$.

当 $x \in \left(-\dfrac{\pi}{12}, \dfrac{\pi}{24}\right)$ 时，$15x - \dfrac{\pi}{4} \in \left(\dfrac{-3\pi}{2}, \dfrac{3\pi}{8}\right)$，

当 $15x - \dfrac{\pi}{4} = -\dfrac{\pi}{2}$，即 $x = -\dfrac{\pi}{60}$ 时，$f(x)$ 取得最小值，无最大值，满足题意.

故 ω 的最大值为 15.

总结：若 $f(x) = A\sin(\omega x + \varphi)$ 在区间 (a, b) 内有最大值无最小值，其成立的必要条件为 $b - a < T$；若 $f(x) = A\sin(\omega x + \varphi)$ 在区间 (a, b) 内既有最大值又有最小值，且与最值对应的自变量 x 都是唯一的，那么其成立的必要条件为 $\dfrac{T}{2} < b - a < \dfrac{3T}{2}$；由于是原命题成立的必要条件，因此要结合图像对结果进行验证.

例 3：（根据三角函数的零点求参数）设函数 $f(x) = 2\sin(\omega x + \varphi) - 1(\omega > 0)$，若对于任意实数 φ，$f(x)$ 在区间 $\left[\dfrac{\pi}{4}, \dfrac{3\pi}{4}\right]$ 上至少有 2 个零点，至多有 3 个零点，则 ω 的取值范围是（   ）

A. $\left[\dfrac{8}{3}, \dfrac{16}{3}\right)$ B. $\left[4, \dfrac{16}{3}\right)$

C. $\left[4, \dfrac{20}{3}\right)$ D. $\left[\dfrac{8}{3}, \dfrac{20}{3}\right)$

答案：B.

解析：令 $f(x) = 0$，则 $\sin(\omega x + \varphi) = \dfrac{1}{2}$.

令 $t = \omega x + \varphi$，则 $\sin t = \dfrac{1}{2}$，

则问题转化为 $y = \sin t$ 在区间 $\left[\dfrac{\pi}{4}\omega + \varphi, \dfrac{3\pi}{4}\omega + \varphi\right]$ 上至少有 2 个，至多有 3

个 t，使得 $\sin t = \dfrac{1}{2}$，求 ω 的取值范围.

作出 $y = \sin t$ 和 $y = \dfrac{1}{2}$ 的图像，观察交点个数，

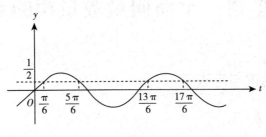

图 1

可知区间 $\left[\dfrac{\pi}{4}\omega + \varphi, \dfrac{3\pi}{4}\omega + \varphi\right]$ 的最短长度为 2π，最长长度为 $2\pi + \dfrac{2}{3}\pi$，

由题意列不等式得 $2\pi \leqslant \left(\dfrac{3\pi}{4}\omega + \varphi\right) - \left(\dfrac{\pi}{4}\omega + \varphi\right) < 2\pi + \dfrac{2}{3}\pi$，

解得 $4 \leqslant \omega < \dfrac{16}{3}$.

总结：将 $f(x) = A\sin(\omega x + \varphi) + B$ 在区间 $[m, n]$ 上的零点问题转化为 $y = \sin t$ 与 $y = -\dfrac{B}{A}$ 在区间 $[\omega m + \varphi, \omega n + \varphi]$ 上的交点问题，通过作图进行分析，对任意 φ 函数 $f(x)$ 至少有 2 个零点，则 $\omega n - \omega m$ 不小于 3 个相邻交点的距离；至多有 3 个零点，则 $\omega n - \omega m$ 小于 4 个相邻交点的距离.

第⑭讲　平面向量数量积的求法

一、常用结论与方法

（一）核心体系

$$
平面向量数量积
\begin{cases}
运算
\begin{cases}
定义运算
\begin{cases}
\vec{a} \cdot \vec{b} = |\vec{a}||\vec{b}|\cos\theta(0 \leqslant \theta \leqslant \pi) \\[2mm]
\cos\theta = \dfrac{\vec{a} \cdot \vec{b}}{|\vec{a}||\vec{b}|} \\[2mm]
\vec{a}^2 = |\vec{a}|^2
\end{cases} \\[10mm]
坐标运算
\begin{cases}
\vec{a} = (x_1, y_1),\ \vec{b} = (x_2, y_2) \\[2mm]
\vec{a} \cdot \vec{b} = x_1 x_2 + y_1 y_2 \\[2mm]
\cos\theta = \dfrac{x_1 x_2 + y_1 y_2}{\sqrt{x_1^2 + y_1^2} \cdot \sqrt{x_2^2 + y_2^2}}
\end{cases}
\end{cases} \\[20mm]
方法
\begin{cases}
定义法 \\
基底法 \\
坐标法
\end{cases}
\end{cases}
$$

图 1

（二）向量数量积的性质

（1）如果 e 是单位向量，则 $a \cdot e = e \cdot a$.

（2）$a \perp b \Leftrightarrow a \cdot b = 0$.

（3）$a \cdot a = |a|^2$，$|a| = \sqrt{a \cdot a}$.

（4）$|a \cdot b| \leqslant |a||b|$.

（三）常用方法

如何建立数量积问题与有效方法的对应关系——"剪刀手"模型

情况一：三个要素都缺失，一问三不知——转基底.

总结：将两个未知向量之间的数量积运算转化为两个确定模长和夹角的基底之间的四则运算.

情况二：知道一个向量，知道一个手指长——转投影.

总结：知道模长的那个向量就是地平线，学会做投影.

情况三：知道指尖连线长——转极化.

总结：三角形模型：已知中线长或底边长.

情况四：啥都不定可建系——转坐标.

总结：建系只是选取了 x，y 轴上的单位向量作为基底向量，用坐标运算而已. 坐标化通过计算可以弥补向量和几何的缺失，但是运算上耗费的时间在考试时也自然会体现出来.

二、典型例题

题型一：定义法求向量的数量积

例1：（1）已知向量 $\vec{a}$，$\vec{b}$ 的夹角为 $60°$，且 $\vec{a} = (1，3)$，$|\vec{b}| = 2$，则 $\vec{a} \cdot \vec{b} = (\quad)$

A. 0

B. 10

C. $\sqrt{10}$

D. $-\sqrt{10}$

答案：C.

解析：由 $\vec{a} = (1，3)$，可得 $|\vec{a}| = \sqrt{10}$，故 $\vec{a} \cdot \vec{b} = |\vec{a}||\vec{b}|\cos 60° = \sqrt{10} \times 2 \times \dfrac{1}{2} = \sqrt{10}$. 故选：C.

（2）已知向量 $\vec{a}$，$\vec{b}$，$\vec{c}$ 满足 $\vec{a} + \vec{b} + \vec{c} = \vec{0}$，$|\vec{a}| = 2$，$|\vec{b}| = 3$，$|\vec{c}| = 5$，则 $\vec{a} \cdot \vec{b} = \underline{\qquad}$.

答案：6.

解析：由 $\vec{a} + \vec{b} + \vec{c} = \vec{0}$，得 $\vec{a} + \vec{b} = -\vec{c}$，两边平方，得 $\vec{a}^2 + 2\vec{a} \cdot \vec{b} + \vec{b}^2 = \vec{c}^2$.

因为 $|\vec{a}| = 2$，$|\vec{b}| = 3$，$|\vec{c}| = 5$，所以 $4 + 2\vec{a} \cdot \vec{b} + 9 = 25$，得 $\vec{a} \cdot \vec{b} = 6$. 故答案为：6.

题型二：坐标法求向量的数量积

例2：（1）在 $\triangle ABC$ 中，$\angle A = 90°$，$AB = AC = 2$，点 M 为边 AB 的中点，点 P 在边 BC 上运动，则 $\overrightarrow{AP} \cdot \overrightarrow{MP}$ 的最小值为_____.

答案：$\dfrac{7}{8}$.

解析：以 A 为坐标原点，建立如图2所示的平面直角坐标系：

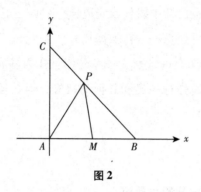

图2

则 $B(2, 0)$，$C(0, 2)$，$M(1, 0)$.

直线 BC 的方程为 $\dfrac{x}{2} + \dfrac{y}{2} = 1$，即 $x + y = 2$.

点 P 在边 BC 上，所以设 $P(x, 2-x)$，$0 \leqslant x \leqslant 2$.

故 $\overrightarrow{AP} = (x, 2-x)$，$\overrightarrow{MP} = (x-1, 2-x)$，

因此 $\overrightarrow{AP} \cdot \overrightarrow{MP} = x(x-1) + (2-x)^2 = 2x^2 - 5x + 4 = 2\left(x - \dfrac{5}{4}\right)^2 + \dfrac{7}{8} \geqslant \dfrac{7}{8}$. 故

答案为：$\dfrac{7}{8}$.

（2）在 $\triangle ABC$ 中，$AB = 2$，$AC = 1$，$\angle ACB = \dfrac{\pi}{2}$，$F$ 是线段 AB 上的点，则 $\overrightarrow{FA} \cdot \overrightarrow{CF}$ 的取值范围是（　　）

A. $(-3, 0]$ B. $\left[-3, \dfrac{1}{16}\right]$

C. $(0, 2]$ D. $\left[0, \dfrac{1}{8}\right]$

答案：B.

解析：因为 $AB = 2$，$AC = 1$，$\angle ACB = \dfrac{\pi}{2}$，

所以以 C 为坐标原点，建立如图 3 所示直角坐标系，则 $C(0，0)$，$B(\sqrt{3}$，$0)$，$A(0，1)$.

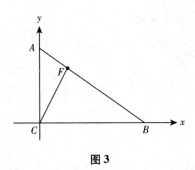

图 3

设 $F(x，y)$，因为 F 是线段 AB 上的点，

所以 $\overrightarrow{AF} = \lambda \overrightarrow{AB}(0 \leqslant \lambda \leqslant 1)$，所以 $(x，y-1) = \lambda(\sqrt{3}，-1)$，

所以 $x = \sqrt{3}\lambda$，$y = -\lambda + 1$，所以 $F(\sqrt{3}\lambda，-\lambda + 1)$，

$\overrightarrow{FA} \cdot \overrightarrow{CF} = (-\sqrt{3}\lambda，\lambda)(\sqrt{3}\lambda，-\lambda + 1) = -4\lambda^2 + \lambda$.

当 $\lambda = \dfrac{1}{8}$ 时，$\overrightarrow{FA} \cdot \overrightarrow{CF}$ 有最大值 $\dfrac{1}{16}$，当 $\lambda = 1$ 时，$\overrightarrow{FA} \cdot \overrightarrow{CF}$ 有最小值 -3.

所以 $\overrightarrow{FA} \cdot \overrightarrow{CF}$ 的取值范围是 $\left[-3，\dfrac{1}{16}\right]$.

故选：B.

题型三：基底法求向量的数量积

例3：（1）如图 4 所示，若 $\triangle ABC$ 是边长为 2 的等边三角形，AD 为 BC 边上的中线，M 为 AD 的中点，则 $\overrightarrow{MA} \cdot (\overrightarrow{MB} + \overrightarrow{MC})$ 的值为 _____.

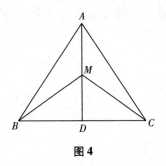

图 4

答案：$-\dfrac{3}{2}$.

解析：已知 $\triangle ABC$ 是边长为 2 的等边三角形，AD 为 BC 边上的中线，M 为 AD 的中点，

则 $AM = MD = \dfrac{\sqrt{3}}{2}$，$\overrightarrow{AM} = \overrightarrow{MD}$.

又 $\overrightarrow{MB} + \overrightarrow{MC} = 2\overrightarrow{MD}$，

则 $\overrightarrow{MA} \cdot (\overrightarrow{MB} + \overrightarrow{MC}) = -2\,\overrightarrow{MA}^2 = -2 \times \left(\dfrac{\sqrt{3}}{2}\right)^2 = -\dfrac{3}{2}$.

故答案为：$-\dfrac{3}{2}$.

（2）如图 5 所示，在 $\triangle ABC$ 中，点 D 在边 BC 上，$\angle ADB = 60°$，$AD = BD = 2CD = 2$，则 $\overrightarrow{AB} \cdot \overrightarrow{AC} = $（ 　　 ）

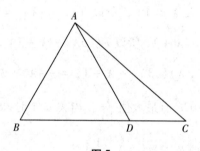

图 5

A. 1 　　　　　　　　　　　　B. 2

C. 3 　　　　　　　　　　　　D. 4

答案：A.

解析：如图 6 所示，过点 A 作 $AE \perp BC$，垂足为 E，则 $AE = \sqrt{3}$，$BE = 1$，$CE = 2$，$\overrightarrow{AB} \cdot \overrightarrow{AC} = (\overrightarrow{AE} + \overrightarrow{EB}) \cdot (\overrightarrow{AE} + \overrightarrow{EC}) = \overrightarrow{AE}^2 + \overrightarrow{AE} \cdot \overrightarrow{EC} + \overrightarrow{EB} \cdot \overrightarrow{AE} + \overrightarrow{EB} \cdot \overrightarrow{EC} = (\sqrt{3})^2 - 2 = 1$.

故选：A.

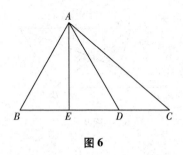

图 6

题型四：投影法求向量的数量积

例 4：（1）如图 7 所示，在 $\triangle ABC$ 中，$AD \perp AB$，$\overrightarrow{BC} = \sqrt{3}\overrightarrow{BD}$，$|\overrightarrow{AD}| = 1$，则 $\overrightarrow{AC} \cdot \overrightarrow{AD} = $（　　　）

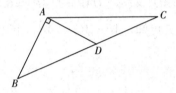

图 7

A. $2\sqrt{3}$

B. $\dfrac{\sqrt{3}}{2}$

C. $\dfrac{\sqrt{3}}{3}$

D. $\sqrt{3}$

答案：D.

解析：已知 $|\overrightarrow{AD}| = 1$，故可以考虑使用投影，求 $\overrightarrow{AC}$ 在 $\overrightarrow{AD}$ 上的投影．如图 8，延长线段 AD，过 C 作 $CE \perp AD$，即 $\overrightarrow{AC}$ 在 $\overrightarrow{AD}$ 上的投影为 AE，由 $\triangle ABD$ 和 $\triangle CED$ 相似，可得 $\dfrac{BD}{DC} = \dfrac{AD}{DE}$，则 $DE = \sqrt{3} - 1$，$\therefore AE = \sqrt{3}$，$\therefore \overrightarrow{AC} \cdot \overrightarrow{AD} = |\overrightarrow{AD}| |\overrightarrow{AC}| \cdot \cos \angle CAD = AE = \sqrt{3}$.

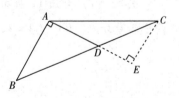

图 8

（2）如图 9 所示，在平行四边形 $ABCD$ 中，$AP \perp BD$，垂足为 P，且 $AP = 3$，则 $\overrightarrow{AP} \cdot \overrightarrow{AC} = $ _____.

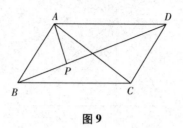

图 9

答案：18.

解析：设 AC 与 BD 交于点 O，则 $AC = 2AO$.

∵ $AP \perp BD$，$AP = 3$，

在 Rt$\triangle APO$ 中，$AO \times \cos \angle OAP = AP = 3$，

∴ $|\overrightarrow{AC}| \cos \angle OAP = 2|\overrightarrow{AO}| \times \cos \angle OAP = 2|\overrightarrow{AP}| = 6$.

由向量的数量积的定义可知，$\overrightarrow{AP} \cdot \overrightarrow{AC} = |\overrightarrow{AP}||\overrightarrow{AC}| \cos \angle PAO = 3 \times 6 = 18$.

故答案为：18.

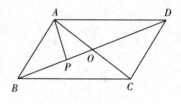

图 10

题型五：极化恒等式求向量的数量积

例 5：（1）如图 11 所示，在 $\triangle ABC$ 中，D 是 BC 的中点，E，F 是 AD 上的两个三等分点，$\overrightarrow{BA} \cdot \overrightarrow{CA} = 4$，$\overrightarrow{BF} \cdot \overrightarrow{CF} = -1$，则 $\overrightarrow{BE} \cdot \overrightarrow{CE}$ 的值是_____.

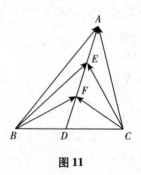

图 11

答案：$\dfrac{7}{8}$.

解析：设 $BD = DC = m$，$AE = EF = FD = n$，则 $AD = 3n$. 根据向量的极化恒等式，有 $\overrightarrow{AB} \cdot \overrightarrow{AC} = \overrightarrow{AD}^2 - \overrightarrow{DB}^2 = 9n^2 - m^2 = 4$，$\overrightarrow{FB} \cdot \overrightarrow{FC} = \overrightarrow{FD}^2 - \overrightarrow{DB}^2 = n^2 - m^2 = -1$，联立解得 $n^2 = \dfrac{5}{8}$，$m^2 = \dfrac{13}{8}$. 因此 $\overrightarrow{BE} \cdot \overrightarrow{CE} = （\overrightarrow{BD} + 2\overrightarrow{DF}）\cdot （\overrightarrow{CD} + 2\overrightarrow{DF}）$

$= 4n^2 - m^2 = \dfrac{7}{8}$.

（2）已知 $\triangle ABC$ 是边长为 2 的等边三角形，P 为平面 ABC 内一点，则 $\overrightarrow{PA} \cdot （\overrightarrow{PB} + \overrightarrow{PC}）$ 的最小值是（　　）

A. -2 \qquad\qquad\qquad B. $-\dfrac{3}{2}$

C. $-\dfrac{4}{3}$ \qquad\qquad\qquad D. -1

答案：B.

解析：设 BC 的中点为 D，AD 的中点为 M，连接 DP，PM，

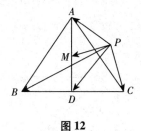

图 12

$\therefore \overrightarrow{PA} \cdot （\overrightarrow{PB} + \overrightarrow{PC}） = 2\overrightarrow{PD} \cdot \overrightarrow{PA} = 2|\overrightarrow{PM}|^2 - \dfrac{1}{2}|\overrightarrow{AD}|^2$

$= 2|\overrightarrow{PM}|^2 - \dfrac{3}{2} \geqslant -\dfrac{3}{2}$，

当且仅当 M 与 P 重合时取等号，

$\therefore [\overrightarrow{PA} \cdot （\overrightarrow{PB} + \overrightarrow{PC}）]_{\min} = -\dfrac{3}{2}$.

第⑮讲　极化恒等式及其应用

一、常用结论与方法

（一）极化恒等式及其推论

（1）极化恒等式：$\vec{a} \cdot \vec{b} = \dfrac{1}{4}[(\vec{a} + \vec{b})^2 - (\vec{a} - \vec{b})^2]$.

① 公式推导：

$$\left.\begin{array}{l}(\vec{a} + \vec{b})^2 = \vec{a}^2 + 2\vec{a} \cdot \vec{b} + \vec{b}^2 \\ (\vec{a} - \vec{b})^2 = \vec{a}^2 - 2\vec{a} \cdot \vec{b} + \vec{b}^2\end{array}\right\} \Rightarrow \vec{a} \cdot \vec{b} = \dfrac{1}{4}[(\vec{a} + \vec{b})^2 - (\vec{a} - \vec{b})^2].$$

② 几何意义：如图 1 所示，向量的数量积可以表示为以这组向量为邻边的平行四边形的"和对角线"与"差对角线"平方差的 $\dfrac{1}{4}$.

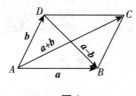

图1

（2）平行四边形模式：如图 2 所示，平行四边形 $ABCD$，O 是对角线交点，则 $\vec{AB} \cdot \vec{AD} = \dfrac{1}{4}\left[|\vec{AC}|^2 - |\vec{BD}|^2\right]$.

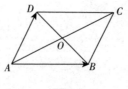

图2

（3）三角形模式：如图 3 所示，在 $\triangle ABC$ 中，设 D 为 BC 的中点，则 $\overrightarrow{AB} \cdot \overrightarrow{AC} = |\overrightarrow{AD}|^2 - |\overrightarrow{DB}|^2$.

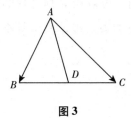

图 3

① 推导过程：由 $\overrightarrow{AB} \cdot \overrightarrow{AC} = \left[\dfrac{1}{2}(\overrightarrow{AB} + \overrightarrow{AC})\right]^2 - \left[\dfrac{1}{2}(\overrightarrow{AB} - \overrightarrow{AC})\right]^2 = \overrightarrow{AD}^2 -$

$\left(\dfrac{1}{2}\overrightarrow{CB}\right)^2 = |\overrightarrow{AD}|^2 - |\overrightarrow{DB}|^2$.

② 三角形模式是平面向量极化恒等式的终极模式，大多数的向量问题都可以用它解决.

③ 记忆规律：两向量的数量积等于第三边上的中线长与第三边长的一半的平方差.

（二）极化恒等式的作用和使用范围

1. 极化恒等式的作用

建立了向量的数量积与几何长度（数量）之间的桥梁，实现向量与几何、代数之间的互相转化.

2. 极化恒等式的适用范围

（1）共起点或共终点的两向量的数量积问题可直接进行转化；

（2）不共起点和不共终点的两向量的数量积问题可通过向量的平移，等价转化为共起点或共终点的两向量的数量积问题.

（三）极化恒等式使用方法

在确定求数量积的两个向量共起点或共终点的情况下，极化恒等式的一般步骤如下：

第一步：取第三边的中点，连接向量的起点与中点；

第二步：利用极化恒等式公式，将数量积转化为中线长与第三边长的一半的平方差；

第三步：利用平面几何方法或用正余弦定理求中线及第三边的长度，从而求出数量积.

如需进一步求数量积范围，可以用点到直线的距离最小，或用三角形两边之和大于第三边，两边之差小于第三边，或用基本不等式等求得中线长的最值（范围）.

二、典型例题

题型一：求定值

例1：（2022春·重庆沙坪坝·高一重庆市第七中学校考阶段练习）向量的数量积可以表示为：以这组向量为邻边的平行四边形的"和对角线"与"差对角线"平方差的四分之一. 即如图4所示，$\vec{a} \cdot \vec{b} = \dfrac{1}{4}(|\overrightarrow{AD}|^2 - |\overrightarrow{BC}|^2)$，我们称为极化恒等式. 在 $\triangle ABC$ 中，M 是 BC 的中点，$AM = 3$，$BC = 10$，则 $\overrightarrow{AB} \cdot \overrightarrow{AC}$ =（　　）

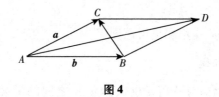

图4

A. 32　　　　　　　　　　　　B. -32

C. 16　　　　　　　　　　　　D. -16

答案：D.

解析：由题设，$|\overrightarrow{AM}| = 3$，$|\overrightarrow{BC}| = 10$，

$\overrightarrow{AB} \cdot \overrightarrow{AC} = \dfrac{1}{4} \times (4|\overrightarrow{AM}|^2 - |\overrightarrow{BC}|^2) = \dfrac{1}{4} \times (36 - 100) = -16$. 故选：D.

题型二：求范围

例2：（2022·浙江·高一校联考期中）如图5，在平面四边形 $ABCD$ 中，$\angle BAD = 30°$，$\angle ABC = 75°$，$\angle ADC = 105°$，$AB = 2$，$AD = \sqrt{3}$. 若点 E 为线段 CD 上的动点，则 $\overrightarrow{AE} \cdot \overrightarrow{BE}$ 的最小值为（　　）

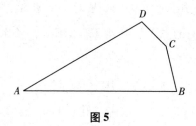

图 5

A. $-\dfrac{1}{2}-\dfrac{\sqrt{3}}{4}$ B. $-\dfrac{1}{2}+\dfrac{\sqrt{3}}{4}$

C. $\dfrac{1}{2}-\dfrac{\sqrt{3}}{4}$ D. $\dfrac{1}{2}+\dfrac{\sqrt{3}}{4}$

答案：B.

解析：根据题意，连接 EA，EB，取 AB 的中点为 F，作图如图 6 所示：

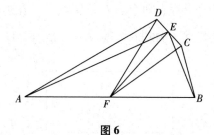

图 6

$$\overrightarrow{AE} \cdot \overrightarrow{BE} = \overrightarrow{EA} \cdot \overrightarrow{EB} = \left(\dfrac{\overrightarrow{EA}+\overrightarrow{EB}}{2}\right)^2 - \left(\dfrac{\overrightarrow{EA}-\overrightarrow{EB}}{2}\right)^2 = \overrightarrow{EF}^2 - \overrightarrow{FB}^2 = \overrightarrow{EF}^2 - 1.$$

在 $\triangle ADF$ 中，由余弦定理可得：$DF^2 = 4 - 2\sqrt{3}\cos 30° = 1$，即 $DF = 1$，

则 $\angle FDA = \angle FAD = 30°$，故 $\angle FDE = 75°$.

显然当且仅当 $FE \perp DC$ 时，$|\overrightarrow{EF}|$ 取得最小值，

故 $|\overrightarrow{EF}|_{\min} = \sin 75° \times DF = \dfrac{\sqrt{6}+\sqrt{2}}{4}$，

$\overrightarrow{EF}^2 - 1$ 的最小值为 $\left(\dfrac{\sqrt{6}+\sqrt{2}}{4}\right)^2 - 1 = -\dfrac{1}{2}+\dfrac{\sqrt{3}}{4}$.

即 $\overrightarrow{AE} \cdot \overrightarrow{BE}$ 的最小值为 $-\dfrac{1}{2}+\dfrac{\sqrt{3}}{4}$. 故选：B.

题型三：含参问题及其他问题

例 3：（2020 春·山西运城·高一统考期中）已知正方形 $ABCD$ 的边长为

4，点 E，F 分别为 AD，BC 的中点．如果对于常数 λ，在正方形 $ABCD$ 的四条边上，有且只有 8 个不同的点 P，使得 $\overrightarrow{PE} \cdot \overrightarrow{PF} = \lambda$ 成立，那么 λ 的取值范围是（ ）

A. $(0, 2]$

B. $(0, 2)$

C. $(0, 4]$

D. $(0, 4)$

答案：D.

解析：如图 7 所示，设 EF 的中点为 O，则 $\begin{cases} \overrightarrow{PE} + \overrightarrow{PF} = 2\overrightarrow{PO}, \\ \overrightarrow{PE} - \overrightarrow{PF} = \overrightarrow{FE}, \end{cases}$

两式平方并相减，得 $4\overrightarrow{PE} \cdot \overrightarrow{PF} = 4\overrightarrow{PO}^2 - \overrightarrow{EF}^2$，

所以 $\overrightarrow{PE} \cdot \overrightarrow{PF} = \overrightarrow{PO}^2 - 4 = \lambda$（可由极化恒等式直接得出），

即 $\overrightarrow{PO}^2 = \lambda + 4$，所以 $|\overrightarrow{PO}| = \sqrt{\lambda + 4}$.

由对称性可知每条边上存在两个点 P，所以点 P 在边的中点和顶点之间，

故 $2 < \sqrt{\lambda + 4} < 2\sqrt{2}$，解得 $0 < \lambda < 4$，故选：D.

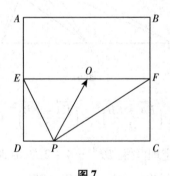

图7

第⑯讲 三角形四心与奔驰定理

一、常用结论与方法

（一）奔驰定理

如图 1 所示，已知 P 为 $\triangle ABC$ 内一点，则有 $S_{\triangle PBC} \cdot \overrightarrow{PA} + S_{\triangle PAC} \cdot \overrightarrow{PB} + S_{\triangle PAB} \cdot \overrightarrow{PC} = \vec{0}$.

 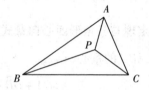

图1

由于这个定理对应的图像和奔驰车的标志很相似，我们把它称为"奔驰定理".

（二）奔驰定理以及四心的向量式

证明：已知 O 是 $\triangle ABC$ 内的一点，$\triangle BOC$，$\triangle AOC$，$\triangle AOB$ 的面积分别为 S_A，S_B，S_C，求证：$S_A \cdot \overrightarrow{OA} + S_B \cdot \overrightarrow{OB} + S_C \cdot \overrightarrow{OC} = \vec{0}$.

解：如图 2 所示，延长 AO 与 BC 边相交于点 D，则

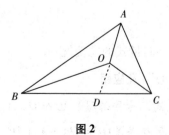

图2

$$\frac{BD}{DC} = \frac{S_{\triangle ABD}}{S_{\triangle ACD}} = \frac{S_{\triangle BOD}}{S_{\triangle COD}} = \frac{S_{\triangle ABD} - S_{\triangle BOD}}{S_{\triangle ACD} - S_{\triangle COD}} = \frac{S_C}{S_B},$$

$$\overrightarrow{OD} = \frac{DC}{BC}\overrightarrow{OB} + \frac{BD}{BC}\overrightarrow{OC}$$

$$= \frac{S_B}{S_B + S_C}\overrightarrow{OB} + \frac{S_C}{S_B + S_C}\overrightarrow{OC}.$$

$$\therefore \frac{OD}{OA} = \frac{S_{\triangle BOD}}{S_{\triangle BOA}} = \frac{S_{\triangle COD}}{S_{\triangle COA}} = \frac{S_{\triangle BOD} + S_{\triangle COD}}{S_{\triangle BOA} + S_{\triangle COA}} = \frac{S_A}{S_B + S_C}, \therefore \overrightarrow{OD} = -\frac{S_A}{S_B + S_C}\overrightarrow{OA},$$

$$\therefore -\frac{S_A}{S_B + S_C}\overrightarrow{OA} = \frac{S_B}{S_B + S_C}\overrightarrow{OB} + \frac{S_C}{S_B + S_C}\overrightarrow{OC},$$

$$S_A \cdot \overrightarrow{OA} + S_B \cdot \overrightarrow{OB} + S_C \cdot \overrightarrow{OC} = \vec{0}.$$

推论：O 是 $\triangle ABC$ 平面内的一点，且 $x \cdot \overrightarrow{OA} + y \cdot \overrightarrow{OB} + z \cdot \overrightarrow{OC} = \vec{0}$，则

① $S_{\triangle BOC}:S_{\triangle COA}:S_{\triangle AOB} = |x|:|y|:|z|$；② $\dfrac{S_{\triangle BOC}}{S_{\triangle ABC}} = \dfrac{x}{x+y+z}$.

（三）奔驰定理与三角形四心向量式

（1）O 是 $\triangle ABC$ 的重心 $\Leftrightarrow S_{\triangle BOC}: S_{\triangle COA}: S_{\triangle AOB} = 1:1:1$

$$\Leftrightarrow \overrightarrow{OA} + \overrightarrow{OB} + \overrightarrow{OC} = \vec{0};$$

（2）O 是 $\triangle ABC$ 的内心 $\Leftrightarrow S_{\triangle BOC}: S_{\triangle COA}: S_{\triangle AOB} = a:b:c$

$$\Leftrightarrow a \cdot \overrightarrow{OA} + b \cdot \overrightarrow{OB} + c \cdot \overrightarrow{OC} = \vec{0};$$

（3）O 是 $\triangle ABC$ 的外心 $\Leftrightarrow S_{\triangle BOC}:S_{\triangle COA}:S_{\triangle AOB} = \sin2A:\sin2B:\sin2C$

$$\Leftrightarrow \sin2A \cdot \overrightarrow{OA} + \sin2B \cdot \overrightarrow{OB} + \sin2C \cdot \overrightarrow{OC} = \vec{0};$$

（4）O 是 $\triangle ABC$ 的垂心 $\Leftrightarrow S_{\triangle BOC}:S_{\triangle COA}:S_{\triangle AOB} = \tan A:\tan B:\tan C$

$$\Leftrightarrow \tan A \cdot \overrightarrow{OA} + \tan B \cdot \overrightarrow{OB} + \tan C \cdot \overrightarrow{OC} = \vec{0}.$$

二、典型例题

奔驰定理是三角形四心向量式的完美统一.

题型一：三角形"重心"及应用

例1：（2022·全国·高三专题练习）已知 O，A，B，C 是平面上的 4 个定点，A，B，C 不共线，若点 P 满足 $\overrightarrow{OP} = \overrightarrow{OA} + \lambda\left(\overrightarrow{AB} + \overrightarrow{AC}\right)$，其中 $\lambda \in \mathbf{R}$，则点 P 的轨迹一定经过 $\triangle ABC$ 的（　　）

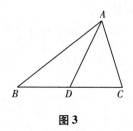

图3

A. 重心　　　　　　　　　　B. 外心

C. 内心　　　　　　　　　　D. 垂心

答案：A.

解析：根据题意，设 BC 边的中点为 D，则 $\overrightarrow{AB} + \overrightarrow{AC} = 2\overrightarrow{AD}$.

因为点 P 满足 $\overrightarrow{OP} = \overrightarrow{OA} + \lambda(\overrightarrow{AB} + \overrightarrow{AC})$，其中 $\lambda \in \mathbf{R}$，

所以 $\overrightarrow{OP} - \overrightarrow{OA} = \overrightarrow{AP} = \lambda(\overrightarrow{AB} + \overrightarrow{AC}) = 2\lambda \overrightarrow{AD}$，即 $\overrightarrow{AP} = 2\lambda \overrightarrow{AD}$，

所以点 P 的轨迹为 $\triangle ABC$ 的中线 AD，

所以点 P 的轨迹一定经过 $\triangle ABC$ 的重心.

故选：A.

题型二：三角形"内心"及应用

例2：（2023·全国·高三专题练习）已知点 O 是平面上一定点，A，B，C

是平面上不共线的三个点，动点 P 满足 $\overrightarrow{OP} = \overrightarrow{OA} + \lambda\left(\dfrac{\overrightarrow{AB}}{|\overrightarrow{AB}|} + \dfrac{\overrightarrow{AC}}{|\overrightarrow{AC}|}\right)$，$\lambda \in (0,$

$+\infty)$，则点 P 的轨迹一定通过 $\triangle ABC$ 的（　　　　）

A. 外心　　　　　　　　　　B. 内心

C. 重心　　　　　　　　　　D. 垂心

答案：B.

解析：$\dfrac{\overrightarrow{AB}}{|\overrightarrow{AB}|}$，$\dfrac{\overrightarrow{AC}}{|\overrightarrow{AC}|}$ 分别表 $\overrightarrow{AB}$，$\overrightarrow{AC}$ 方向的单位向量，

令 $\dfrac{\overrightarrow{AB}}{|\overrightarrow{AB}|} = \vec{e_1}$，$\dfrac{\overrightarrow{AC}}{|\overrightarrow{AC}|} = \vec{e_2}$，$|\vec{e_1}| = |\vec{e_2}| = 1$，

则 $\overrightarrow{OP} = \overrightarrow{OA} + \lambda(\vec{e_1} + \vec{e_2})$，即 $\overrightarrow{AP} = \lambda(\vec{e_1} + \vec{e_2})$，

又 $|\vec{e_1}| = |\vec{e_2}|$，以 $\vec{e_1}$，$\vec{e_2}$ 为一组邻边作一个菱形 $AB_1C_1D_1$，如图4所示，

则点 P 在该菱形的对角线 AD_1 上，

所以点 P 在 $\angle C_1AB_1$，即 $\angle CAB$ 的平分线上，

故动点 P 的轨迹一定通过 $\triangle ABC$ 的内心.

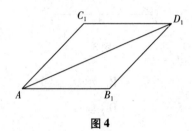

图 4

故选：B.

题型三：三角形"外心"及应用

例3：（2023·全国·高三专题练习）在 $\triangle ABC$ 中，$AC = 3$，$AB = 1$，O 是 $\triangle ABC$ 的外心，则 $\overrightarrow{BC} \cdot \overrightarrow{AO}$ 的值为（　　　）

A. 8　　　　　　　　　　B. 6

C. 4　　　　　　　　　　D. 3

答案：C.

解析：根据题意画出图形，如图 5. 过点 O 分别作 $OD \perp AB$ 于点 D，$OE \perp AC$ 于点 E，

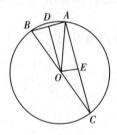

图 5

根据圆的性质可得 D，E 分别为 AB，AC 的中点，

$$\overrightarrow{AO} \cdot \overrightarrow{BC} = \overrightarrow{AO} \cdot (\overrightarrow{AC} - \overrightarrow{AB}) = \overrightarrow{AO} \cdot \overrightarrow{AC} - \overrightarrow{AO} \cdot \overrightarrow{AB}$$

$$= |\overrightarrow{AO}| \, |\overrightarrow{AC}| \cos \angle CAO - |\overrightarrow{AO}| \, |\overrightarrow{AB}| \cos \angle BAO$$

$$= |\overrightarrow{AC}| \cdot \frac{1}{2} |\overrightarrow{AC}| - |\overrightarrow{AB}| \cdot \frac{1}{2} |\overrightarrow{AB}| = \frac{1}{2}(|\overrightarrow{AC}|^2 - |\overrightarrow{AB}|^2)$$

$$= \frac{1}{2}(3^2 - 1^2) = 4.$$

故选：C.

题型四：三角形"垂心"及应用

例4：在 $\triangle ABC$ 中，若 $\overrightarrow{OA} \cdot \overrightarrow{OB} = \overrightarrow{OB} \cdot \overrightarrow{OC} = \overrightarrow{OC} \cdot \overrightarrow{OA}$，则下列说法正确的是（　　）

A. O 是 $\triangle ABC$ 的外心　　　　B. O 是 $\triangle ABC$ 的内心

C. O 是 $\triangle ABC$ 的重心　　　　D. O 是 $\triangle ABC$ 的垂心

答案：D.

解析：$\because \overrightarrow{OA} \cdot \overrightarrow{OB} = \overrightarrow{OB} \cdot \overrightarrow{OC}$，$\therefore \overrightarrow{OB} \cdot (\overrightarrow{OA} - \overrightarrow{OC}) = 0$，

$\therefore \overrightarrow{OB} \cdot \overrightarrow{CA} = 0$，$\therefore OB \perp CA$.

同理，由 $\overrightarrow{OA} \cdot \overrightarrow{OB} = \overrightarrow{OC} \cdot \overrightarrow{OA}$，得到 $OA \perp BC$，

$\therefore$ 点 O 是 $\triangle ABC$ 的三条高的交点.

故选：D.

题型五：奔驰定理及应用

例5：已知 P 是 $\triangle ABC$ 内一点，且满足 $2\overrightarrow{PA} + 3\overrightarrow{PB} + 4\overrightarrow{PC} = \vec{0}$，记 $\triangle PAB$，$\triangle PBC$，$\triangle PAC$ 的面积依次为 S_1，S_2，S_3，则 $S_1 : S_2 : S_3 = （　　）$

A. $2:3:4$　　　　　　　　　　B. $3:2:4$

C. $4:2:3$　　　　　　　　　　D. $4:3:2$

答案：C.

解析：设 $\triangle ABC$ 的面积为 S. 因为 $2\overrightarrow{PA} + 3\overrightarrow{PB} + 4\overrightarrow{PC} = \vec{0}$，根据奔驰定理可得 $S_1 = \frac{4}{9}S$，$S_2 = \frac{2}{9}S$，$S_3 = \frac{3}{9}S$，则 $S_1 : S_2 : S_3 = 4:2:3$.

故选：C.

第⑰讲　等和线及应用

一、常用结论与方法

（一）平面向量共线定理

（1）共线向量定理：对空间中任意两个向量 $\vec{a}$，$\vec{b}$（$\vec{b} \neq \vec{0}$），$\vec{a} /\!/ \vec{b}$ 的充要条件是存在实数 λ，使得 $\vec{a} = \lambda \vec{b}$．

（2）共面向量定理：如果两个向量 $\vec{a}$，$\vec{b}$ 不共线，那么向量 $\vec{p}$ 与向量 $\vec{a}$，$\vec{b}$ 共面的充要条件是存在唯一的有序实数对 $(x，y)$，使得 $\vec{p} = x\vec{a} + y\vec{b}$．

（3）已知 $\overrightarrow{PC} = \lambda \overrightarrow{PA} + \mu \overrightarrow{PB}$，$\lambda + \mu = 1$ 是 A，B，C 三点共线的充要条件．

证明：①由 $x + y = 1 \Rightarrow A$，B，C 三点共线．

由 $x + y = 1$ 得 $\overrightarrow{PC} = x\overrightarrow{PA} + y\overrightarrow{PB} = x\overrightarrow{PA} + (1 - x)\overrightarrow{PB}$，

$\overrightarrow{PC} - \overrightarrow{PB} = x(\overrightarrow{PA} - \overrightarrow{PB}) \Rightarrow \overrightarrow{BC} = x\overrightarrow{BA}$．

即 $\overrightarrow{BC}$，$\overrightarrow{BA}$ 共线，故 A，B，C 三点共线．

②由 A，B，C 三点共线 $\Rightarrow x + y = 1$．

由 A，B，C 三点共线得 $\overrightarrow{BC}$，$\overrightarrow{BA}$ 共线，即存在实数 x 使得 $\overrightarrow{BC} = \lambda \overrightarrow{BA}$．

故 $\overrightarrow{BP} + \overrightarrow{PC} = \lambda (\overrightarrow{BP} + \overrightarrow{PA}) \Rightarrow \overrightarrow{PC} = \lambda \overrightarrow{PA} + (1 - \lambda) \overrightarrow{PB}$．

令 $x = \lambda$，$y = 1 - \lambda$，则有 $x + y = 1$．

（二）等和线相关性质

1. 等和线定义

平面内一组基底 $\overrightarrow{OA}$，$\overrightarrow{OB}$ 及任一向量 $\overrightarrow{OP}$，$\overrightarrow{OP} = \lambda \overrightarrow{OA} + \mu \overrightarrow{OB}$，若点 P 在直线 AB 上或在平行于 AB 的直线上，则 $\lambda + \mu = k$（定值），反之也成立．我们把直线 AB 以及与直线 AB 平行的直线称为等和线．

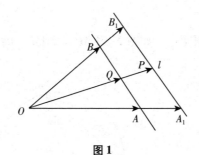

图 1

证明：设 $\overrightarrow{OP} = t\overrightarrow{OQ}$，则 $\overrightarrow{OQ} = \dfrac{\lambda}{t}\overrightarrow{OA} + \dfrac{\mu}{t}\overrightarrow{OB}$.

$\because Q$，A，B 三点共线，

$\therefore \dfrac{\lambda}{t} + \dfrac{\mu}{t} = 1$，即 $\lambda + \mu = t$.

2. 等和线性质

（1）当等和线恰为直线 AB 时，$k = 1$.

（2）定值 k 的变化与等和线到 O 点的距离成正比.

① 当等和线在 O 点和直线 AB 之间时，$k \in (0, 1)$；

② 当直线 AB 在 O 点和等和线之间时，$k \in (1, +\infty)$；

③ 当等和线过 O 点时，$k = 0$.

3. 利用等和线解题的步骤

第一步：确定系数和为 1 的直线；

第二步：平移该直线，结合题目给出动点范围，分析在何处取得最值；

第三步：从长度比，点的位置的角度计算最值.

二、典型例题

例 1：在矩形 $ABCD$ 中，$AB = 1$，$AD = 2$，动点 P 在以点 C 为圆心且与 BD 相切的圆上. 若 $\overrightarrow{AP} = \lambda\overrightarrow{AB} + \mu\overrightarrow{AD}$，则 $\lambda + \mu$ 的最大值为（　　　）

A. 3   B. $2\sqrt{2}$

C. $\sqrt{5}$ D. 2

答案：A.

解析：根据题意画出图形，如图 2. 设 $\overrightarrow{AP} = t\overrightarrow{AM}$，则 $\overrightarrow{AM} = \dfrac{\lambda}{t}\overrightarrow{AB} + \dfrac{\mu}{t}\overrightarrow{AD}$.

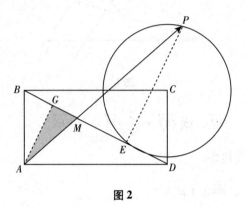

图 2

∵ B，M，D 三点共线，

∴ $\dfrac{\lambda}{t} + \dfrac{\mu}{t} = 1$，即 $\lambda + \mu = t$.

而 $t = \dfrac{|\overrightarrow{AP}|}{|\overrightarrow{AM}|} = 1 + \dfrac{MP}{AM} = 1 + \dfrac{PE}{AG}$，

∵ PE 过点 C 时取最大值，则 $PE \leqslant 2AG$，故 $\dfrac{PE}{AG} \leqslant 2$，则 $t \leqslant 3$. 故选：A.

例2：如图 3 所示，正六边形 $ABCDEF$ 中，P 点在三角形 CDE 内（包括边界）的动点，设 $\overrightarrow{AP} = x\overrightarrow{AB} + y\overrightarrow{AF}$，则 $x + y$ 的取值范围是_____.

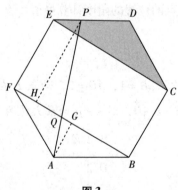

图 3

答案：$[3，4]$.

解析：令 $\overrightarrow{AP} = t\overrightarrow{AQ}$，则 $\overrightarrow{AQ} = \dfrac{x}{t}\overrightarrow{AB} + \dfrac{y}{t}\overrightarrow{AF}$.

∵ Q，B，F 三点共线，

∴ $\dfrac{x}{t} + \dfrac{y}{t} = 1$，即 $x + y = t$.

而 $t = \dfrac{|\overrightarrow{AP}|}{|\overrightarrow{AQ}|} = 1 + \dfrac{PQ}{AQ} = 1 + \dfrac{PH}{AG}$，

∵ P 在 EC 上取最小值，在 D 处取得最大值，∴ $t = x + y \in [3，4]$.

第⑱讲　解三角形的中线与角平分线问题

解三角形问题是高考必考内容，题型多变，往往综合考查在确定三角形边角中的应用，而三角形中位线和角平分线是考查解三角形问题的重要载体.

多与三角形周长、面积结合考查；有时也会与平面向量、三角恒等变换等结合考查，主要考查运算求解能力、数学应用意识、数形结合思想等.

一、常用结论与方法

（1）正弦定理、余弦定理是解三角形问题的必备知识.

（2）角互补：中线和角平分线问题重要隐含条件.

$$\angle ADB + \angle ADC = \pi \Rightarrow \cos\angle ADB + \cos\angle ADC = 0.$$

在 $\triangle ADB$ 中，$\cos\angle ADB = \dfrac{DA^2 + DB^2 - AB^2}{2DA \times DB}$；

在 $\triangle ADC$ 中，$\cos\angle ADC = \dfrac{DA^2 + DC^2 - AC^2}{2DA \times DC}$.

（3）三角形中线问题常用结论.

中线长定理（阿波罗尼奥斯定理）：

在 $\triangle ABC$ 中，D 为 CB 的中点，则 $AD^2 + BD^2 = \dfrac{1}{2}(AB^2 + AC^2)$.

向量法：如图 1 所示，在 $\triangle ABC$ 中，D 为 CB 的中点，$2\overrightarrow{AD} = \overrightarrow{AC} + \overrightarrow{AB}$.

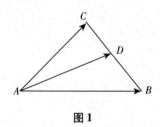

图1

（4）角平分线问题常用结论.

如图 2 所示，在 $\triangle ABC$ 中，AD 平分 $\angle BAC$，$\angle BAC$，$\angle B$，$\angle C$ 所对的边分别为 a，b，c.

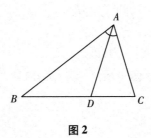

图 2

角平分线定理 1：角平分线上的点到这个角两边的距离相等.

角平分线定理 1 推论：$\dfrac{AB}{AC} = \dfrac{S_{\triangle ABD}}{S_{\triangle ADC}}$.

角平分线定理 2：$\dfrac{AB}{BD} = \dfrac{AC}{DC}$ 或 $\dfrac{AB}{AC} = \dfrac{BD}{DC}$.

等面积法：

$$S_{\triangle ABC} = S_{\triangle ABD} + S_{\triangle ADC}，$$

$$\frac{1}{2}AB \times AC \times \sin\angle BAC = \frac{1}{2}AB \times AD \times \sin\frac{\angle BAC}{2} + \frac{1}{2}AC \times AD \times \sin\frac{\angle BAC}{2}.$$

二、典型例题

可解三角形，是知三求三问题，即在一个三角形中知道 3 个（边角）条件，可以求其他（边角）条件，所以可以观察在一个三角形中是否存在已知的三个条件.

例 1：在 $\triangle ABC$ 中，已知 $AB = \dfrac{4\sqrt{6}}{3}$，$\cos\angle ABC = \dfrac{\sqrt{6}}{6}$，$AC$ 边上的中线 $BD = \sqrt{5}$，求 $\sin A$ 的值.

解：设 E 为 BC 的中点，连接 DE，则 $DE /\!/ AB$，且

$$DE = \frac{1}{2}AB = \frac{2\sqrt{6}}{3}，\cos\angle BED = -\cos\angle ABC.$$

设 $BE = x$，在 $\triangle BDE$ 中利用余弦定理，

得 $BD^2 = BE^2 + ED^2 - 2BE \cdot ED \cdot \cos\angle BED$,

即 $5 = x^2 + \dfrac{8}{3} + 2 \times \dfrac{2\sqrt{6}}{3} \times \dfrac{\sqrt{6}}{6}x$,

解方程，得 $x = 1$, $x = -\dfrac{7}{3}$ （舍去），

$\therefore BC = 2$,

$\therefore AC^2 = AB^2 + BC^2 - 2AB \cdot BC \cdot \cos\angle ABC = \dfrac{28}{3}$,

$\therefore AC = \dfrac{2\sqrt{21}}{3}$.

又 $\because \sin\angle ABC = \dfrac{\sqrt{30}}{6}$, 由 $\dfrac{BC}{\sin A} = \dfrac{AC}{\sin\angle ABC}$, 解方程得 $\sin A = \dfrac{\sqrt{70}}{14}$.

变式：在 $\triangle ABC$ 中， $\angle BAC = 120°$, $AB = 2$, $BC = 2\sqrt{7}$, $\angle BAC$ 的平分线交 BC 于 D , 求 AD 的长.

解：如图 3 所示，记 $AB = c$, $AC = b$, $BC = a$,

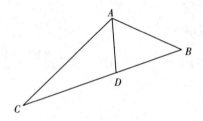

图 3

由余弦定理可得， $BC^2 = AC^2 + AB^2 - 2AC \cdot BC\cos\angle BAC$,

即 $2^2 + b^2 - 2 \times 2 \times b \times \cos 120° = 28$.

因为 $b > 0$, 解得 $b = 4$.

由 $S_{\triangle ABC} = S_{\triangle ABD} + S_{\triangle ACD}$ 可得，

$\dfrac{1}{2} \times 2 \times 4 \times \sin 120° = \dfrac{1}{2} \times 2 \times AD \times \sin 60° + \dfrac{1}{2} \times AD \times 4 \times \sin 60°$,

解得 $AD = \dfrac{4}{3}$.

总结：若任何三角形都不够三个条件，考虑在两个三角形中同时用正余弦定理，以及隐含条件，如公共边、互补角.

例 2： 在 $\triangle ABC$ 中，已知 $BC = 8$，$\cos \angle ACB = \dfrac{7}{8}$，$AB$ 边上的中线 $CD = \sqrt{34}$，则 $\sin B$ 的值为 _____．

答案：$\dfrac{\sqrt{10}}{8}$．

解析：如图 4 所示，D 为 AB 的中点，设 $BC = a$，$AC = b$，$AB = c$，$CD = m$．

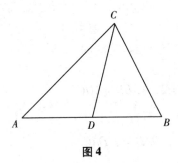

图 4

根据余弦定理，得 $\cos \angle CDA = \dfrac{m^2 + \left(\dfrac{c}{2}\right)^2 - b^2}{mc}$，

$\cos \angle CDB = \dfrac{m^2 + \left(\dfrac{c}{2}\right)^2 - a^2}{mc}$，

又 $\cos \angle CDA + \cos \angle CDB = 0$，所以 $2m^2 = a^2 + b^2 - \dfrac{c^2}{2}$ ①，

根据题意，$m = \sqrt{34}$，$a = 8$，$\cos \angle ACB = \dfrac{a^2 + b^2 - c^2}{2ab} = \dfrac{7}{8}$ ②，

所以联立①②解得，$b = 4$，$c = 2\sqrt{6}$，

由 $\cos \angle ACB = \dfrac{7}{8}$ 得，$\sin \angle ACB = \dfrac{\sqrt{15}}{8}$，

又根据正弦定理，得 $\dfrac{\sin B}{b} = \dfrac{\sin \angle ACB}{c}$，所以 $\sin B = \dfrac{\sqrt{10}}{8}$．

变式：$\triangle ABC$ 中，D 是 BC 上的点，AD 平分 $\angle BAC$，$\triangle ABD$ 的面积是 $\triangle ADC$ 面积的 2 倍．

（1）求 $\dfrac{\sin B}{\sin C}$；（2）若 $AD = 1$，$DC = \dfrac{\sqrt{2}}{2}$，求 BD 和 AC 的长．

解：（1）如图5所示，过 A 作 $AE \perp BC$ 于 E.

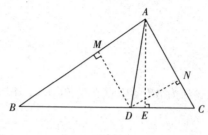

图5

$\because \dfrac{S_{\triangle ABD}}{S_{\triangle ADC}} = \dfrac{\dfrac{1}{2}BD \times AE}{\dfrac{1}{2}DC \times AE} = 2$，$\therefore BD = 2DC$.

$\because AD$ 平分 $\angle BAC$，$\therefore \angle BAD = \angle DAC$.

在 $\triangle ABD$ 中，$\dfrac{BD}{\sin \angle BAD} = \dfrac{AD}{\sin B}$，

$\therefore \sin B = \dfrac{AD \times \sin \angle BAD}{BD}$.

在 $\triangle ADC$ 中，$\dfrac{DC}{\sin \angle DAC} = \dfrac{AD}{\sin C}$，

$\therefore \sin C = \dfrac{AD \times \sin \angle DAC}{DC}$.

$\therefore \dfrac{\sin B}{\sin C} = \dfrac{DC}{BD} = \dfrac{1}{2}$.

（2）由（1）知，$BD = 2DC = 2 \times \dfrac{\sqrt{2}}{2} = \sqrt{2}$.

过 D 作 $DM \perp AB$ 于 M，作 $DN \perp AC$ 于 N.

$\because AD$ 平分 $\angle BAC$，

$\therefore DM = DN$，

$\therefore \dfrac{S_{\triangle ABD}}{S_{\triangle ADC}} = \dfrac{\dfrac{1}{2}AB \times DM}{\dfrac{1}{2}AC \times DN} = 2$，

$\therefore AB = 2AC$.

令 $AC = x$，则 $AB = 2x$，

$\because \angle BAD = \angle DAC$，$\therefore \cos \angle BAD = \cos \angle DAC$，

$\therefore$ 由余弦定理可得：$\dfrac{(2x)^2 + 1^2 - (\sqrt{2})^2}{2 \times 2x \times 1} = \dfrac{x^2 + 1^2 - \left(\dfrac{\sqrt{2}}{2}\right)^2}{2 \times x \times 1}$，

$\therefore x = 1$，$\therefore AC = 1$，$\therefore BD$ 的长为 $\sqrt{2}$，AC 的长为 1.

总结：对于求最值问题，我们一般不能找到可解三角形，通常考虑找等式，再用不等式或函数求最值.

例3：已知 $\triangle ABC$ 的内角 A，B，C 的对边分别为 a，b，c，点 D 在 BC 上，且 $AD = \sqrt{2}$.

（1）若 $\sin \angle ADC = 2\sin B$，求 c；

（2）若 AD 是 $\angle BAC$ 的平分线，且 $\angle BAC = \dfrac{2\pi}{3}$，求 $\triangle ABC$ 周长的最小值.

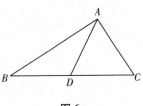

图6

解：（1）因为 $\sin \angle ADB = \sin(\pi - \angle ADC) = \sin \angle ADC = 2\sin B$，

在 $\triangle ABD$ 中，由正弦定理得 $\dfrac{AD}{\sin B} = \dfrac{AB}{\sin \angle ADB}$，即 $\dfrac{\sqrt{2}}{\sin B} = \dfrac{c}{2\sin B}$，

所以 $c = 2\sqrt{2}$；

（2）由 $S_{\triangle ABC} = S_{\triangle ABD} + S_{\triangle ADC}$，得

$$\dfrac{1}{2}AB \cdot AC \cdot \sin \dfrac{2\pi}{3} = \dfrac{1}{2}AB \cdot AD \cdot \sin \dfrac{\pi}{3} + \dfrac{1}{2}AC \cdot AD \cdot \sin \dfrac{\pi}{3}，$$

即 $bc = \sqrt{2}(b + c)$.

在 $\triangle ABC$ 中，由余弦定理得 $a^2 = b^2 + c^2 + bc$，所以 $a = \sqrt{b^2 + c^2 + bc}$，

所以周长 $a + b + c = \sqrt{b^2 + c^2 + bc} + \dfrac{\sqrt{2}bc}{2}$.

由 $bc = \sqrt{2}(b + c) \geqslant 2\sqrt{2}\sqrt{bc}$ 得，$bc \geqslant 8$，当且仅当 $b = c = 2\sqrt{2}$ 时等号成立，

所以周长 $a + b + c = \sqrt{b^2 + c^2 + bc} + \dfrac{\sqrt{2}bc}{2} \geqslant \sqrt{3bc} + \dfrac{\sqrt{2}bc}{2} \geqslant 2\sqrt{6} + 4\sqrt{2}$，

所以周长的最小值为 $2\sqrt{6} + 4\sqrt{2}$.

例4： 已知 $\triangle ABC$ 中，$AC = 2$，$BC = 1$，且 AB 边上中线 $CD = \sqrt{2}$，则 $AB =$

_____ .

答案：$\sqrt{2}$.

解析：$\because \overrightarrow{CD} = \dfrac{1}{2}(\overrightarrow{CA} + \overrightarrow{CB})$ ，

$\therefore \overrightarrow{CD}^2 = \dfrac{1}{4}(\overrightarrow{CA} + \overrightarrow{CB})^2 = \dfrac{1}{4}(\overrightarrow{CA}^2 + \overrightarrow{CB}^2 + 2\overrightarrow{CA} \cdot \overrightarrow{CB})$ ，

$2 = \dfrac{1}{4}(4 + 1 + 2\overrightarrow{CA} \cdot \overrightarrow{CB})$ ，可得 $\overrightarrow{CA} \cdot \overrightarrow{CB} = \dfrac{3}{2}$ ，

$\overrightarrow{AB}^2 = (\overrightarrow{CB} - \overrightarrow{CA})^2 = \overrightarrow{CA}^2 + \overrightarrow{CB}^2 - 2\overrightarrow{CA} \cdot \overrightarrow{CB} = 4 + 1 - 2 \times \dfrac{3}{2} = 2$ ，

$\therefore |\overrightarrow{AB}| = \sqrt{2}$ ，即 AB 的值为 $\sqrt{2}$.

变式：在 $\triangle ABC$ 中，$\angle A$，$\angle B$，$\angle C$ 所对的边分别为 a，b，c，$a^2 \sin C + 3a \cos C = 3b$，$A = 60°$.

（1）求 a 的值；

（2）若 $\overrightarrow{BA} \cdot \overrightarrow{AC} = -\dfrac{1}{2}$，求 BC 边上中线 AT 的长.

解：（1）由正弦定理得：$a \sin A \sin C + 3 \sin A \cos C = 3 \sin B = 3 \sin(A + C)$ ，

$\therefore a \sin A \sin C = 3 \sin A \cos C + 3 \cos A \sin C - 3 \sin A \cos C = 3 \cos A \sin C$.

$\because 0° < C < 120°$ ，$\therefore \sin C \neq 0$ ，$\therefore a \sin A = 3 \cos A$ ，又 $A = 60°$ ，

$\therefore \dfrac{\sqrt{3}}{2}a = \dfrac{3}{2}$ ，解得 $a = \sqrt{3}$.

（2）$\because \overrightarrow{BA} \cdot \overrightarrow{AC} = bc \cos(180° - \angle BAC) = -bc \cos \angle BAC = -\dfrac{1}{2}bc = -\dfrac{1}{2}$ ，

$\therefore bc = 1$ ，

由余弦定理得：$b^2 + c^2 = a^2 + 2bc \cos \angle BAC = a^2 + bc = 4$.

$\because \overrightarrow{AT} = \dfrac{1}{2}(\overrightarrow{AB} + \overrightarrow{AC})$ ，

$\therefore |\overrightarrow{AT}|^2 = \dfrac{1}{4}(c^2 + b^2 + 2bc \cos \angle BAC) = \dfrac{1}{4} \times (4 + 1) = \dfrac{5}{4}$ ，

$\therefore |\overrightarrow{AT}| = \dfrac{\sqrt{5}}{2}$ ，即 BC 边上中线 AT 的长为 $\dfrac{\sqrt{5}}{2}$.

第⑲讲　三角形中的范围与最值

一、常用结论与方法

解三角形中的最值或范围问题，通常涉及与边长，周长有关的范围问题，与面积有关的范围问题，或与角度有关的范围问题，常用的处理思路：①函数法，即转化为关于某一个角的三角函数，或者某一条边的函数，我们可以利用三角换元，实现边化角，进而转化为正弦或余弦函数求出最值；②基本不等式法，可以利用余弦定理，得到和为定值或者积为定值或者平方和为定值的关系式，然后利用基本不等式进行求解；③如果求范围，我们首先考虑函数法，其次是不等式；如果是求最值，我们首先考虑不等式法，其次是函数法.

二、典型例题

题型一：与角有关的最值（范围）问题

例1：记 $\triangle ABC$ 的内角 A，B，C 的对边分别为 a，b，c，已知 A 为钝角，$a\sin B = b\cos B$.

（1）若 $C = \dfrac{\pi}{6}$，求 A；

（2）求 $\cos A + \cos B + \cos C$ 的取值范围.

解：（1）由 $a\sin B = b\cos B$，根据正弦定理得 $\sin A\sin B = \sin B\cos B$.

由于 $\sin B \neq 0$，可知 $\sin A = \cos B$，即 $\sin A = \sin\left(\dfrac{\pi}{2} + B\right)$.

因为 A 为钝角，则 B 为锐角，即 $B \in \left(0, \dfrac{\pi}{2}\right)$，

则 $\dfrac{\pi}{2} + B \in \left(\dfrac{\pi}{2}, \pi\right)$，则 $A = \dfrac{\pi}{2} + B$，$C = \dfrac{\pi}{2} - 2B$.

由 $A = \dfrac{\pi}{2} + B$，$C = \dfrac{\pi}{6}$，$A + B + C = \pi$，得 $A = \dfrac{2\pi}{3}$.

（2） $\cos A + \cos B + \cos C = \cos\left(\dfrac{\pi}{2} + B\right) + \cos B + \cos\left(\dfrac{\pi}{2} - 2B\right)$

$= -\sin B + \cos B + \sin 2B = \cos B - \sin B + 2\sin B\cos B.$

因为 $C = \dfrac{\pi}{2} - 2B$ 为锐角，所以 $0 < \dfrac{\pi}{2} - 2B < \dfrac{\pi}{2}$，

即 $0 < B < \dfrac{\pi}{4}$，则 $B + \dfrac{\pi}{4} \in \left(\dfrac{\pi}{4}, \dfrac{\pi}{2}\right)$.

设 $t = \cos B - \sin B = \sqrt{2}\cos\left(B + \dfrac{\pi}{4}\right) \in (0, 1)$，则 $2\sin B\cos B = 1 - t^2$，

则 $\cos A + \cos B + \cos C = t + 1 - t^2 = -\left(t - \dfrac{1}{2}\right)^2 + \dfrac{5}{4}$.

因为 $t \in (0, 1)$，则 $\left(t - \dfrac{1}{2}\right)^2 \in \left[0, \dfrac{1}{4}\right)$，

从而 $-\left(t - \dfrac{1}{2}\right)^2 + \dfrac{5}{4} \in \left(1, \dfrac{5}{4}\right]$.

由此可知，$\cos A + \cos B + \cos C$ 的取值范围是 $\left(1, \dfrac{5}{4}\right]$.

题型二：周长的最值（范围）问题

例2： 在①$b\cos\left(\dfrac{\pi}{2} - C\right) = \sqrt{3}c\cos B$；②$2S_{\triangle ABC} = \sqrt{3}\,\overrightarrow{BA} \cdot \overrightarrow{BC}$，这两个条件中任选一个，补充在下面的问题中，并进行解答.

问题：在 $\triangle ABC$ 中，内角 A，B，C 的对边分别为 a，b，c，且 _____ .

（1） 求角 B；

（2） 在 $\triangle ABC$ 中，$b = 2\sqrt{3}$，求 $\triangle ABC$ 周长的最大值.

注：如果选择多个条件分别解答，按第一个解答计分.

解：（1） 选择条件①：即 $b\sin C = \sqrt{3}c\cos B$，

由正弦定理可得 $\sin B\sin C = \sqrt{3}\sin C\cos B$.

在 $\triangle ABC$ 中，B，$C \in (0, \pi)$，所以 $\sin B \neq 0$，$\sin C \neq 0$，

所以 $\sin B = \sqrt{3}\cos B$，且 $\cos B \neq 0$，即 $\tan B = \sqrt{3}$，所以 $B = \dfrac{\pi}{3}$.

选择条件②：即 $2 \times \dfrac{1}{2} ac\sin B = \sqrt{3} ca\cos B$，

即 $\sin B = \sqrt{3}\cos B$，

在 $\triangle ABC$ 中，$B \in (0, \pi)$，所以 $\sin B \neq 0$，则 $\cos B \neq 0$，

所以 $\tan B = \sqrt{3}$，所以 $B = \dfrac{\pi}{3}$.

（2）由（1）知，$B = \dfrac{\pi}{3}$，$b = 2\sqrt{3}$，

由余弦定理知 $b^2 = a^2 + c^2 - 2ac\cos\dfrac{\pi}{3}$，

所以 $12 = a^2 + c^2 - ac = (a + c)^2 - 3ac$，得 $(a + c)^2 - 12 = 3ac \leqslant 3\left(\dfrac{a + c}{2}\right)^2$，

所以 $a + c \leqslant 4\sqrt{3}$，当且仅当 $a = c$ 时，等号成立，

所以 $\triangle ABC$ 周长的最大值为 $6\sqrt{3}$.

题型三：面积的最值（范围）问题

例3：在 $\triangle ABC$ 中，内角 A，B，C 所对的边分别为 a，b，c，已知 $\sqrt{3}\,(a^2 + c^2 - b^2) = -2ab\sin C$.

（1）求角 B；

（2）若 D 为 AC 的中点，且 $BD = 2$，求 $\triangle ABC$ 面积的最大值.

解：（1）$\because \sqrt{3}\,(a^2 + c^2 - b^2) = -2ab\sin C$，

$\therefore \sqrt{3}\,(a^2 + c^2 - b^2) = -2ac\sin B$，由余弦定理，得 $\sqrt{3}\cos B = -\sin B$.

$\because \cos B \neq 0$，

$\therefore \tan B = -\sqrt{3}$.

$\because 0 < B < \pi$，

$\therefore B = \dfrac{2\pi}{3}$.

（2）方法一：$\because \overrightarrow{BD} = \dfrac{1}{2}\,(\overrightarrow{BA} + \overrightarrow{BC})$，

$\therefore \overrightarrow{BD}^2 = \dfrac{1}{4}\overrightarrow{BA}^2 + \dfrac{1}{2}\overrightarrow{BA} \cdot \overrightarrow{BC} + \dfrac{1}{4}\overrightarrow{BC}^2$，

$\therefore \dfrac{1}{4}c^2 + \dfrac{1}{2}ac\cos\dfrac{2\pi}{3} + \dfrac{1}{4}a^2 = 4$，即 $a^2 + c^2 - ac = 16$.

$\because a^2 + c^2 \geq 2ac$,

$\therefore ac \leq 16$,

$\therefore S_{\triangle ABC} = \dfrac{1}{2} ac \sin \dfrac{2\pi}{3} \leq \dfrac{1}{2} \times 16 \sin \dfrac{2\pi}{3} = 4\sqrt{3}$,

当且仅当 $a = 4$, $c = 4$ 时取等号,

故 $\triangle ABC$ 面积的最大值为 $4\sqrt{3}$.

方法二:在 $\triangle ABD$ 中,由余弦定理得 $c^2 = 2^2 + \left(\dfrac{1}{2} b \right)^2 - 2 \times 2 \times \dfrac{1}{2}$ $b \cos \angle ADB$,

即 $c^2 = 4 + \dfrac{1}{4} b^2 - 2b \cos \angle ADB$ ①,

在 $\triangle CBD$ 中,由余弦定理得 $a^2 = 2^2 + \left(\dfrac{1}{2} b \right)^2 - 2 \times 2 \times \dfrac{1}{2} b \cos \angle CDB$,

即 $a^2 = 4 + \dfrac{1}{4} b^2 - 2b \cos \angle CDB$.

$\because \cos \angle CDB = \cos \left(\pi - \angle ADB \right) = -\cos \angle ADB$,

$\therefore a^2 = 4 + \dfrac{1}{4} b^2 + 2b \cos \angle ADB$ ②,

由①+②得 $a^2 + c^2 = 8 + \dfrac{1}{2} b^2$ ③,

在 $\triangle ABC$ 中,由余弦定理得 $b^2 = a^2 + c^2 - 2ac \cos \dfrac{2\pi}{3}$, 即 $b^2 = a^2 + c^2 + ac$,

代入③中,整理得 $a^2 + c^2 - ac = 16$.

$\because a^2 + c^2 \geq 2ac$,

$\therefore ac \leq 16$,

$\therefore S_{\triangle ABC} = \dfrac{1}{2} ac \sin \dfrac{2\pi}{3} \leq \dfrac{1}{2} \times 16 \sin \dfrac{2\pi}{3} = 4\sqrt{3}$,

当且仅当 $a = 4$, $c = 4$ 时取等号,

故 $\triangle ABC$ 面积的最大值为 $4\sqrt{3}$.

方法三：如图 1 所示，过点 C 作 AB 的平行线交 BD 的延长线于点 E，

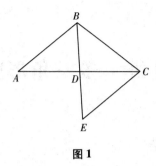

图 1

$\because CE /\!/ AB$，D 为 AC 的中点，

$\therefore DE = BD = 2$，$CE = AB = c$，$\angle BCE = \dfrac{\pi}{3}$，$BE = 4$．

在 $\triangle BCE$ 中，由余弦定理得 $BE^2 = BC^2 + EC^2 - 2BC \cdot EC\cos \angle BCE$，

即 $4^2 = a^2 + c^2 - 2ac\cos \dfrac{\pi}{3}$，整理得 $a^2 + c^2 - ac = 16$．

$\because a^2 + c^2 \geqslant 2ac$，

$\therefore ac \leqslant 16$，

$\therefore S_{\triangle ABC} = \dfrac{1}{2}ac\sin \dfrac{2\pi}{3} \leqslant \dfrac{1}{2} \times 16\sin \dfrac{2\pi}{3} = 4\sqrt{3}$，

当且仅当 $a = 4$，$c = 4$ 时取等号，

故 $\triangle ABC$ 面积的最大值为 $4\sqrt{3}$．

第 ⑳ 讲　多三角形问题

一、常用结论与方法

解三角形中经常出现多个三角形，多三角形问题经常是从相对已知的三角形入手，求解出多个三角形的"公共角"或者"公共边"，在此基础上研究未知三角形．如果多个三角形都未知，就可以设未知数，以"公共角"或者"公共边"建立等量关系，得到方程组．

（一）正余弦定理

（1）利用正、余弦定理解三角形的一般流程：

图1

① 正弦定理：在 $\triangle ABC$ 中，$\dfrac{a}{\sin A} = \dfrac{b}{\sin B} = \dfrac{c}{\sin C} = 2R$（$R$ 为 $\triangle ABC$ 的外接圆半径）．

② 余弦定理：在 $\triangle ABC$ 中，$a^2 = b^2 + c^2 - 2bc\cos A$．

变形：$b^2 + c^2 - a^2 = 2bc\cos A$，$\cos A = \dfrac{b^2 + c^2 - a^2}{2bc}$．

（2）利用正、余弦定理解三角形时，涉及边与角的余弦的积时，常用正弦定理将边化为角，涉及边的平方时，一般用余弦定理．

（3）涉及边 a，b，c 的齐次式时，常用正弦定理转化为角的正弦值，再应用三角公式进行变形．

（二）向量法（平面向量是解决几何问题的一种重要方法）

（1）基底法：利用平面向量基本定理和向量的运算法则可以将其与余弦定理充分结合到一起．

（2）坐标法：建立平面直角坐标系，利用此方法数形结合充分挖掘几何性质使得问题更加直观化.

（三）几何法（构造辅助线作出相似三角形，结合余弦定理和相似三角形确定边长比例关系等）

（1）作平行线.

（2）作垂线.

二、典型例题

例1：如图2所示，在三角形 ABC 中，已知 $AB = 2$，$AC = 6\sqrt{2}$，$\angle BAC = 45°$，BC，AC 边上的两条中线 AM，BN 相交于点 P.

（1）求 $\sin\angle BAM$；

（2）求 $\cos\angle MPN$.

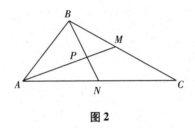

图2

解：

方法一：正余弦定理

（1）在 $\triangle ABC$ 中，$BC^2 = AB^2 + AC^2 - 2AB \cdot AC \cdot \cos 45°$，

$\therefore BC = 2\sqrt{13}$，$BM = \sqrt{13}$.

$\because \overrightarrow{AM} = \dfrac{1}{2}(\overrightarrow{AB} + \overrightarrow{AC})$，两边同时平方后解得 $|\overrightarrow{AM}| = 5$.

在 $\triangle ABM$ 中，$BM^2 = AB^2 + AM^2 - 2AB \cdot AM \cdot \cos\angle BAM$，

$\therefore \cos\angle BAM = \dfrac{4}{5}$，$\sin\angle BAM = \dfrac{3}{5}$.

（2）在 $\triangle ABN$ 中，$\cos\angle BAC = \dfrac{AN^2 + AB^2 - BN^2}{2AN \cdot AB} = \dfrac{18 + 4 - BN^2}{2 \times 3\sqrt{2} \times 2} = \dfrac{\sqrt{2}}{2}$，解得

$BN = \sqrt{10}$.

∵ P 为重心，∴ $BP = \dfrac{2}{3}BN = \dfrac{2\sqrt{10}}{3}$，$AP = \dfrac{10}{3}$.

在 $\triangle ABP$ 中，$AB^2 = AP^2 + BP^2 - 2AP \cdot BP \cdot \cos\angle BPA$，

∴ $\cos\angle BPA = \cos\angle MPN = \dfrac{13\sqrt{10}}{50}$.

方法二：向量法（基底法）

（1）基底 $(\overrightarrow{AB}, \overrightarrow{AC})$

同方法一求得 $|\overrightarrow{AM}| = 5$.

∵ $\overrightarrow{AB} \cdot \overrightarrow{AC} = |\overrightarrow{AB}| \cdot |\overrightarrow{AC}| \cdot \cos\angle BAC = 12$，

∴ $\overrightarrow{AB} \cdot \overrightarrow{AM} = \overrightarrow{AB} \cdot \dfrac{1}{2}(\overrightarrow{AB} + \overrightarrow{AC}) = \dfrac{1}{2}(\overrightarrow{AB}^2 + \overrightarrow{AB} \cdot \overrightarrow{AC}) = 8$，

∴ $\cos\langle \overrightarrow{AB}, \overrightarrow{AM} \rangle = \dfrac{\overrightarrow{AB} \cdot \overrightarrow{AM}}{|\overrightarrow{AB}| \cdot |\overrightarrow{AM}|} = \dfrac{8}{2 \times 5} = \dfrac{4}{5}$，

∴ $\sin\angle BAM = \sqrt{1 - \left(\dfrac{4}{5}\right)^2} = \dfrac{3}{5}$.

（2）基底 $(\overrightarrow{AB}, \overrightarrow{AC})$

同方法一求得 $|\overrightarrow{BN}| = \sqrt{10}$.

∵ $\overrightarrow{AB} \cdot \overrightarrow{AC} = |\overrightarrow{AB}| \cdot |\overrightarrow{AC}| \cdot \cos\angle BAC = 12$，

∴ $\overrightarrow{BN} \cdot \overrightarrow{AM} = \left(\overrightarrow{BA} + \dfrac{1}{2}\overrightarrow{AC}\right) \cdot \dfrac{1}{2}(\overrightarrow{AB} + \overrightarrow{AC}) = \dfrac{1}{2}\left(\dfrac{1}{2}\overrightarrow{AB} \cdot \overrightarrow{AC} - \overrightarrow{AB}^2 + \right.$

$\left. \dfrac{1}{2}\overrightarrow{AC}^2 - \overrightarrow{AB} \cdot \overrightarrow{AC}\right) = 13$，

∴ $\cos\langle \overrightarrow{BN}, \overrightarrow{AM} \rangle = \dfrac{\overrightarrow{BN} \cdot \overrightarrow{AM}}{|\overrightarrow{BN}| \cdot |\overrightarrow{AM}|} = \dfrac{13}{\sqrt{10} \times 5} = \dfrac{13\sqrt{10}}{50}$.

方法三：向量法（坐标法）

建系：以 A 为坐标原点，AC 所在直线为 x 轴，垂直于 x 轴的直线为 y 轴建立平面直角坐标系.

由题意可知 $A(0, 0)$，$C(6\sqrt{2}, 0)$，$B(\sqrt{2}, \sqrt{2})$，$N(3\sqrt{2}, 0)$，$M\left(\dfrac{7\sqrt{2}}{2}, \dfrac{\sqrt{2}}{2}\right)$，

∴ $\overrightarrow{AB} = (\sqrt{2}, \sqrt{2})$，$\overrightarrow{AM} = \left(\dfrac{7\sqrt{2}}{2}, \dfrac{\sqrt{2}}{2}\right)$，$\overrightarrow{BN} = (2\sqrt{2}, -\sqrt{2})$.

(1) $\cos \ (\overrightarrow{AB}, \ \overrightarrow{AM}) \ = \dfrac{\overrightarrow{AB} \cdot \overrightarrow{AM}}{|\overrightarrow{AB}| \, |\overrightarrow{AM}|} = \dfrac{7 + 1}{2 \times 5} = \dfrac{4}{5}$,

$\therefore \cos \angle BAM = \dfrac{4}{5}$, $\sin \angle BAM = \dfrac{3}{5}$.

(2) $\cos \ (\overrightarrow{BN}, \ \overrightarrow{AM}) \ = \dfrac{\overrightarrow{BN} \cdot \overrightarrow{AM}}{|\overrightarrow{BN}| \, |\overrightarrow{AM}|} = \dfrac{13 \ \sqrt{10}}{50}$,

$\therefore \cos \angle MPN = \dfrac{13 \ \sqrt{10}}{50}$.

例 2: 如图 3 所示，在平面四边形 $ABCD$ 中，$\angle ABC = \dfrac{3\pi}{4}$，$\angle BAC = \angle DAC$，

$CD = 2AB = 4$.

(1) 若 $AC = 2\sqrt{5}$，求 $\triangle ABC$ 的面积；

(2) 若 $\angle ADC = \dfrac{\pi}{6}$，求 AC.

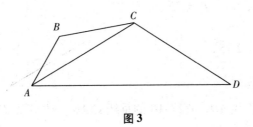

图 3

解：（1）$\because \angle ABC = \dfrac{3\pi}{4}$，$AB = 2$，$AC = \sqrt{20}$，

由余弦定理可得，$AC^2 = AB^2 + BC^2 - 2AB \cdot BC \cos \angle ABC$，

$\therefore 20 = 4 + BC^2 + 4 \times BC \times \dfrac{\sqrt{2}}{2}$，$\therefore BC^2 + 2\sqrt{2}BC - 16 = 0$，

$\therefore BC = 2\sqrt{2}$ 或 $BC = -4\sqrt{2}$（舍去），

$\therefore S_{\triangle ABC} = \dfrac{1}{2} AB \cdot BC \cdot \sin \angle ABC = \dfrac{1}{2} \times 2 \times 2\sqrt{2} \times \dfrac{\sqrt{2}}{2} = 2$.

（2）方法一：正余弦定理

设 $\angle BAC = \angle CAD = \theta$，则 $0 < \theta < \dfrac{\pi}{4}$，$\angle BCA = \dfrac{\pi}{4} - \theta$.

在 $\triangle ABC$ 中，$\dfrac{AC}{\sin\angle ABC} = \dfrac{AB}{\sin\angle BCA}$，即 $\dfrac{AC}{\sin\frac{3\pi}{4}} = \dfrac{2}{\sin\left(\frac{\pi}{4} - \theta\right)}$，

$\therefore AC = \dfrac{\sqrt{2}}{\sin\left(\frac{\pi}{4} - \theta\right)}$.

在 $\triangle ACD$ 中，$\dfrac{AC}{\sin\angle ADC} = \dfrac{CD}{\sin\angle CAD}$，即 $\dfrac{AC}{\sin\frac{\pi}{6}} = \dfrac{4}{\sin\theta}$，

$\therefore AC = \dfrac{2}{\sin\theta}$，

由 $\dfrac{\sqrt{2}}{\sin\left(\frac{\pi}{4} - \theta\right)} = \dfrac{\sqrt{2}}{\frac{\sqrt{2}}{2}(\cos\theta - \sin\theta)} = \dfrac{2}{\sin\theta}$，解得 $2\sin\theta = \cos\theta$，

所以 $\sin^2\theta + \cos^2\theta = 5\sin^2\theta = 1$.

又 $0 < \theta < \dfrac{\pi}{4}$，$\therefore \sin\theta = \dfrac{\sqrt{5}}{5}$，

$\therefore AC = \dfrac{2}{\sin\theta} = 2\sqrt{5}$.

方法二：几何法

过点 C 分别作直线 AD，直线 AB 的垂线交 AD，AB 于点 E，F.

$\because CE = CF = 4 \cdot \sin 30° = 2$，$\angle FBC = 45°$，

$\therefore BF = CF = 2$，$\therefore AF = AB + BF = 4$，$\therefore AC = 2\sqrt{5}$.

例3：记 $\triangle ABC$ 的内角 A，B，C 的对边分别为 a，b，c. 已知 $b^2 = ac$，点 D 在边 AC 上，$BD\sin\angle ABC = a\sin C$.

（1）证明：$BD = b$；

（2）若 $AD = 2DC$，求 $\cos\angle ABC$.

（1）证明：设 $\triangle ABC$ 的外接圆半径为 R，由正弦定理，

得 $\sin\angle ABC = \dfrac{b}{2R}$，$\sin C = \dfrac{c}{2R}$.

因为 $BD\sin\angle ABC = a\sin C$，所以 $BD \cdot \dfrac{b}{2R} = a \cdot \dfrac{c}{2R}$，即 $BD \cdot b = ac$.

又因为 $b^2 = ac$，所以 $BD = b$.

（2）解：

方法一（最优解）：两次应用余弦定理

因为 $AD = 2DC$ ，如图 4 所示，在 $\triangle ABC$ 中，$\cos C = \dfrac{a^2 + b^2 - c^2}{2ab}$ ①，

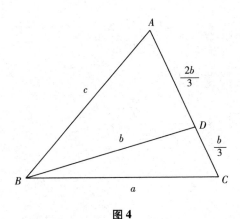

图 4

在 $\triangle BCD$ 中，$\cos C = \dfrac{a^2 + \left(\dfrac{b}{3}\right)^2 - b^2}{2a \cdot \dfrac{b}{3}}$ ②.

由①②得 $a^2 + b^2 - c^2 = 3\left[a^2 + \left(\dfrac{b}{3}\right)^2 - b^2\right]$ ，整理得 $2a^2 - \dfrac{11}{3}b^2 + c^2 = 0$.

又因为 $b^2 = ac$ ，所以 $6a^2 - 11ac + 3c^2 = 0$ ，解得 $a = \dfrac{c}{3}$ 或 $a = \dfrac{3c}{2}$.

当 $a = \dfrac{c}{3}$ ，$b^2 = ac = \dfrac{c^2}{3}$ 时，$a + b = \dfrac{c}{3} + \dfrac{\sqrt{3}c}{3} < c$ （舍去）.

当 $a = \dfrac{3c}{2}$ ，$b^2 = ac = \dfrac{3c^2}{2}$ 时，$\cos \angle ABC = \dfrac{\left(\dfrac{3c}{2}\right)^2 + c^2 - \dfrac{3c^2}{2}}{2 \cdot \dfrac{3c}{2} \cdot c} = \dfrac{7}{12}$ ，

所以 $\cos \angle ABC = \dfrac{7}{12}$.

方法二：几何法（构造辅助线利用相似的性质）

如图 5 所示，作 $DE /\!/ AB$ ，交 BC 于点 E ，则 $\triangle DEC \backsim \triangle ABC$.

由 $AD = 2DC$ ，得 $DE = \dfrac{c}{3}$ ，$EC = \dfrac{a}{3}$ ，$BE = \dfrac{2a}{3}$ ．

在 $\triangle BED$ 中，$\cos \angle BED = \dfrac{\left(\dfrac{2a}{3}\right)^2 + \left(\dfrac{c}{3}\right)^2 - b^2}{2 \cdot \dfrac{2a}{3} \cdot \dfrac{c}{3}}$ ．

在 $\triangle ABC$ 中，$\cos \angle ABC = \dfrac{a^2 + c^2 - b^2}{2ac}$ ．

因为 $\cos \angle ABC = -\cos \angle BED$ ，

所以 $\dfrac{a^2 + c^2 - b^2}{2ac} = -\dfrac{\left(\dfrac{2a}{3}\right)^2 + \left(\dfrac{c}{3}\right)^2 - b^2}{2 \cdot \dfrac{2a}{3} \cdot \dfrac{c}{3}}$ ，

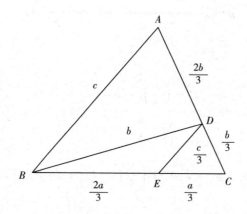

图 5

整理得 $6a^2 - 11b^2 + 3c^2 = 0$ ．

又因为 $b^2 = ac$ ，所以 $6a^2 - 11ac + 3c^2 = 0$ ，

即 $a = \dfrac{c}{3}$ 或 $a = \dfrac{3}{2}c$ ．

下同方法一．

方法三：向量法（平面向量基本定理）

因为 $AD = 2DC$ ，所以 $\overrightarrow{AD} = 2\overrightarrow{DC}$ ．

以向量 $\overrightarrow{BA}$ ，$\overrightarrow{BC}$ 为基底，有 $\overrightarrow{BD} = \dfrac{2}{3}\overrightarrow{BC} + \dfrac{1}{3}\overrightarrow{BA}$ ，

所以 $\overrightarrow{BD}^2 = \dfrac{4}{9}\overrightarrow{BC}^2 + \dfrac{4}{9}\overrightarrow{BA} \cdot \overrightarrow{BC} + \dfrac{1}{9}\overrightarrow{BA}^2$,

即 $b^2 = \dfrac{4}{9}a^2 + \dfrac{4}{9}ac\cos\angle ABC + \dfrac{1}{9}c^2$.

又因为 $b^2 = ac$ ，所以 $9ac = 4a^2 + 4ac \cdot \cos\angle ABC + c^2$ ③.

由余弦定理，得 $b^2 = a^2 + c^2 - 2ac\cos\angle ABC$,

所以 $ac = a^2 + c^2 - 2ac\cos\angle ABC$ ④,

联立③④，得 $6a^2 - 11ac + 3c^2 = 0$,

所以 $a = \dfrac{3}{2}c$ 或 $a = \dfrac{1}{3}c$.

下同方法一.

第㉑讲　线面角的几何求法

一、常用结论与方法

（一）线面角的定义

平面的一条斜线和它在平面上的射影所成的锐角．直线与平面所成的角取值范围为 $[0°, 90°]$．

（二）直接法

（1）先确定斜线与平面，找到线面的交点 B 为斜足．找线在面外的一点 A，过点 A 向平面 α 作垂线，确定垂足 O；

（2）连接斜足与垂足为斜线 AB 在面 α 上的投影．投影 BO 与斜线 AB 之间的夹角为线面角；

（3）把投影 BO 与斜线 AB 归到一个三角形中进行求解．

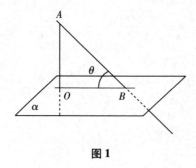

图 1

（三）距离法

用直接法或等体积法，求出斜线 PA 在面外的一点 P 到平面的距离，利用直角三角形的正弦公式进行求解．公式为 $\sin \theta = \dfrac{h}{l}$，其中 θ 是斜线与平面所成的角，h 是垂线段的长，l 是斜线段的长．

（四）最小角定理法

如图 2 所示，若 OA 为平面 α 的一条斜线，O 为斜足，OB 为 OA 在平面 α 内的射影，OC 为平面 α 内的一条直线，且 $AB \perp \alpha$，$BC \perp OC$，其中 θ 为 OA 与 OC 所成的角，θ_1 为 OA 与 OB 所成的角，即线面角，θ_2 为 OB 与 OC 所成的角.

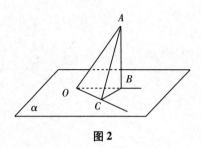

图 2

易证 $AC \perp OC$，

在 $\triangle AOB$ 中，$\cos \theta_1 = \dfrac{OB}{OA}$，

在 $\triangle BCO$ 中，$\cos \theta_2 = \dfrac{OC}{OB}$，

在 $\triangle ACO$ 中，$\cos \theta = \dfrac{OC}{OA}$，

所以 $\cos \theta = \cos \theta_1 \cos \theta_2$，

所以 $\cos \theta \leqslant \cos \theta_1$，所以 $\theta_1 \leqslant \theta$.

所以平面外的一条斜线和它在平面内的射影所成的锐角，是这条斜线和平面内经过斜足的直线所成的一切角中的最小的角.

二、典型例题

例 1：（直接法）已知正三棱锥的侧棱长是底面边长的 2 倍，则侧棱与底面所成角的余弦值为（　　）

A. $\dfrac{\sqrt{3}}{6}$ 　　　　　　　　　B. $\dfrac{\sqrt{3}}{4}$

C. $\dfrac{\sqrt{2}}{2}$ 　　　　　　　　　D. $\dfrac{\sqrt{3}}{2}$

答案：A.

解析：由题意知，正三棱锥的侧棱长是底面边长的 2 倍，如图 3 所示．设正三棱锥 $A-BCD$ 底面边长为 $BC=a$，则侧棱长为 $AC=2a$，设顶点 A 在底面的射影为 O 点，连接 DO 并延长交 BC 于 E，则 E 为 BC 的中点，则 $\angle ADO$ 为侧棱与底面所成角，由于 $\triangle BCD$ 为正三角形，则 O 为其中心，$DE=\dfrac{\sqrt{3}a}{2}$，$OD=\dfrac{2}{3}DE=\dfrac{\sqrt{3}}{3}a$，在 $\mathrm{Rt}\triangle AOD$ 中，$\cos\angle ADO=\dfrac{OD}{AD}=\dfrac{\frac{\sqrt{3}a}{3}}{2a}=\dfrac{\sqrt{3}}{6}$，即侧棱与底面所成角的余弦值等于 $\dfrac{\sqrt{3}}{6}$．故选：A．

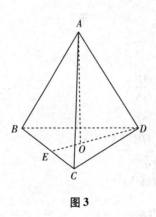

图 3

例 2：（距离法）如图 4 所示，在直三棱柱 $ABC-A_1B_1C_1$ 中，$AC\perp BC$，且 $AC=\sqrt{3}$，$BC=\sqrt{6}$，$AA_1=2AB$，D 是棱 BB_1 的中点，E 是棱 CC_1 上的点，满足 $CE=5EC_1$．

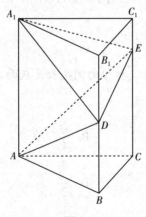

图 4

（1）证明：$AD \perp$ 平面 A_1DE；

（2）求直线 AE 与平面 ABB_1 所成角的正弦值.

（1）证明：因为 $AC \perp BC$，且 $AC = \sqrt{3}$，$BC = \sqrt{6}$，所以 $AB = 3$. 因为 $AA_1 = 2AB$，所以 $AA_1 = 6$. 因为 D 是棱 BB_1 的中点，所以 $AD = A_1D = 3\sqrt{2}$. 因为 $AD^2 + A_1D^2 = AA_1^2$，所以 $AD \perp A_1D$. 因为 $CE = 5EC_1$，$AA_1 = 6$，所以 $C_1E = 1$，$CE = 5$. 在直角梯形 C_1B_1DE 中，$B_1C_1 = \sqrt{6}$，$B_1D = 3$，所以 $DE = \sqrt{10}$. 在直角三角形 ACE 中，$AC = \sqrt{3}$，$CE = 5$，所以 $AE = \sqrt{3 + 25} = 2\sqrt{7}$. 因为 $AD^2 + DE^2 = AE^2$，所以 $AD \perp DE$. 由 $AD \perp A_1D$，$AD \perp DE$，且 $A_1D \cap DE = D$，所以 $AD \perp$ 平面 A_1DE.

（2）解：在直角三角形 ACB 中，作 $CH \perp AB$ 于 H，如图 5 所示，由等面积法可得 $CH = \dfrac{\sqrt{3} \times \sqrt{6}}{3} = \sqrt{2}$. 由直棱柱的性质可得 $AA_1 \perp CH$，所以 $CH \perp$ 平面 ABB_1A_1. 因为 $CC_1 /\!/$ 平面 ABB_1A_1，所以 E 到平面 ABB_1A_1 的距离为 $\sqrt{2}$. 设直线 AE 与平面 ABB_1 所成角为 θ，则 $\sin\theta = \dfrac{\sqrt{2}}{AE} = \dfrac{\sqrt{2}}{2\sqrt{7}} = \dfrac{\sqrt{14}}{14}$.

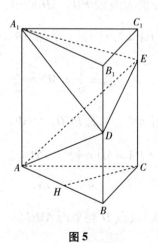

图 5

例 3：（距离法）如图 6 所示，在四棱锥 $P-ABCD$ 中，底面 $ABCD$ 是矩形，$PA = AD = 4$，$AB = 2$，$PA \perp$ 平面 $ABCD$，且 M 是 PD 的中点.

（1）求证：$AM \perp$ 平面 PCD；

（2）求直线 CD 与平面 ACM 所成角的正弦值.

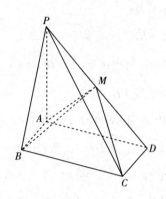

图6

(1) 证明：∵ $PA \perp$ 平面 $ABCD$，$CD \subset$ 平面 $ABCD$，∴ $PA \perp CD$. 又四边形 $ABCD$ 是矩形，∴ $CD \perp DA$. ∵ $DA \cap PA = A$，∴ $CD \perp$ 平面 PAD. ∵ $AM \subset$ 平面 PAD，∴ $CD \perp AM$. 又 M 是 PD 的中点，$PA = AD = 4$，∴ $AM \perp PD$. ∵ $CD \cap PD = D$，∴ $AM \perp$ 平面 PCD.

(2) 解：如图 7，取 AD 中点为 N，连接 MN，AC. 在 $\triangle PAD$ 中，M，N 分别为线段 PD，AD 的中点，故 $MN /\!/ PA$，$MN = \dfrac{1}{2} PA = 2$. ∵ $PA \perp$ 平面 $ABCD$，∴ $MN \perp$ 平面 $ABCD$，∴ $V_{M-ACD} = \dfrac{1}{3} \times MN \times \dfrac{1}{2} \times AD \times CD = \dfrac{8}{3}$. 由（1）得 $AM \perp$ 平面 PCD，∵ $MC \subset$ 平面 PCD，∴ $AM \perp MC$. ∵ $PA = AD = 4$，∴ $PD = 4\sqrt{2}$，$MD = 2\sqrt{2}$. 又 $AB = CD = 2$，∴ $MC = 2\sqrt{3}$，∴ $S_{\triangle AMC} = \dfrac{1}{2} \times AM \times MC = 2\sqrt{6}$. 设点 D 到平面 AMC 的

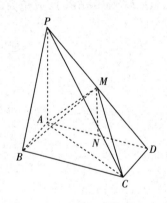

图7

距离为 h，直线 CD 与平面 ACM 所成角为 θ，则 $V_{D-AMC} = \dfrac{1}{3} \times h \times S_{\triangle AMC} = V_{M-ACD}$

$= \dfrac{8}{3}$，解得，$h = \dfrac{4}{\sqrt{6}}$，故 $\sin \theta = \dfrac{h}{CD} = \dfrac{\sqrt{6}}{3}$，所以直线 CD 与平面 ACM 所成角的

正弦值为 $\dfrac{\sqrt{6}}{3}$.

例 4：（最小角定理法）如图 8 所示，在 △ABC 中，$AB = 1$，$BC = 2\sqrt{2}$，$\angle B = \dfrac{\pi}{4}$，将 △ABC 绕边 AB 翻转至 △ABP，使平面 ABP ⊥ 平面 ABC，D 是边 BC 的中点，设 Q 是线段 PA 上的动点，当 PC 与 DQ 所成的角取得最小值时，线段 AQ 的长度为_____．

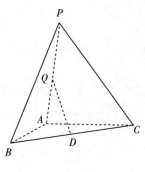

图 8

答案：$\dfrac{2\sqrt{5}}{5}$．

解析：（最小角定理）如图 9 所示，取 BP 的中点 G，连接 DG，有 PC ∥ GD．由最小角定理知，当 DQ 恰好是 GD 在平面 PAD 内的投影时所成的角最小．连接 AG，过点 G 作 GO ⊥ DQ，则 Q 与 O 重合．计算得 $|DG| = \sqrt{2}$，$|AG| = 1$，$|GO| = \dfrac{\sqrt{5}}{5}$．由三余弦定理 $\cos\angle ADG = \cos\angle ADQ \cdot \cos\angle GDQ$ 知，$\cos\angle ADQ = \dfrac{\sqrt{5}}{3}$，所以 $|AQ| = \dfrac{2\sqrt{5}}{5}$．

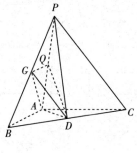

图 9

第⑳讲 空间几何体的外接球

一、常用结论与方法

空间几何体的外接球是立体几何的一个难点，常见的有墙角模型、对棱相等模型、垂面模型、汉堡模型、斗笠模型等.

二、典型例题

(一) 墙角模型 (长方体模型)

墙角模型是三棱锥有一条侧棱垂直于底面且底面是直角三角形模型，用构造法（构造长方体）解决. 外接球的直径等于长方体的体对角线长（在长方体的同一顶点的三条棱长分别为 a，b，c，外接球的半径为 R，则 $2R = \sqrt{a^2 + b^2 + c^2}$.），应用速解公式 $R^2 = \dfrac{a^2 + b^2 + c^2}{4}$ 可求出球的半径，从而解决问题.

有以下四种类型：

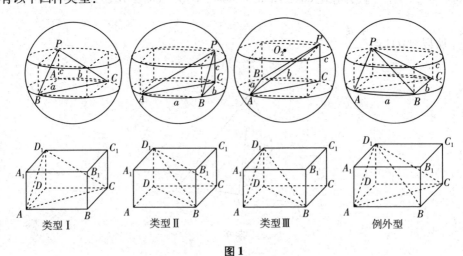

图1

例1：长方体 $ABCD - A_1B_1C_1D_1$ 的底面 $ABCD$ 为正方形，$AB = 1$，直线 AD_1 与直线 CC_1 所成的角为 $30°$，则该长方体外接球的表面积为（　　）

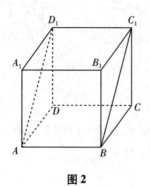

图 2

A. 4π B. 6π

C. 5π D. 8π

答案：C.

分析：根据条件求出长方体外接球的半径即可求解.

解析：直线 AD_1 与直线 CC_1 所成的角，即直线 BC_1 与直线 CC_1 所成的角，从而可知在 $\mathrm{Rt}\triangle C_1CB$ 中，$\angle BC_1C = 30°$，所以 $C_1C = \sqrt{3}$.

设长方体外接球的半径为 r，则有 $4r^2 = 1^2 + 1^2 + \left(\sqrt{3}\right)^2 = 5 \Rightarrow r^2 = \dfrac{5}{4}$，

该长方体外接球的表面积为 $4\pi r^2 = 5\pi$. 故选：C.

（二）对棱相等模型（补形为长方形）

对棱相等模型是三棱锥的三组对棱长分别相等的模型，用构造法（构造长方体）解决，如图 3. 外接球的直径等于长方体的体对角线长，即 $2R = \sqrt{a^2 + b^2 + c^2}$（长方体的长、宽、高分别为 a，b，c）. 应用速解公式 $R^2 = \dfrac{x^2 + y^2 + z^2}{8}$（三棱锥的三组对棱长分别为 x，y，z）可求出球的半径，从而解决问题.

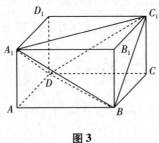

图 3

例2：在三棱锥 $A-BCD$ 中，$AB=CD=2$，$AD=BC=3$，$AC=BD=4$，则三棱锥 $A-BCD$ 外接球的表面积为_____.

答案：$\dfrac{29}{2}\pi$.

解析：构造长方体，三个长度为三对面的对角线长，设长、宽、高分别为 a，b，c，则 $a^2+b^2=9$，$b^2+c^2=4$，$c^2+a^2=16$，$\therefore 2(a^2+b^2+c^2)=9+4+16=29$，$a^2+b^2+c^2=\dfrac{29}{2}$，$4R^2=\dfrac{29}{2}$，$S=\dfrac{29}{2}\pi$.

（三）垂面模型（一条侧棱垂直于底面）

垂面模型是有一条侧棱垂直底面的棱锥模型，可补为直棱柱内接于球，如图4. 由对称性可知球心 O 的位置是 $\triangle CBD$ 的外心 O_1 与 $\triangle AB_2D_2$ 的外心 O_2 连线的中点，计算出小圆 O_1 的半径 $AO_1=r$，$OO_1=\dfrac{h}{2}$，$\therefore R^2=r^2+\dfrac{h^2}{4}$.

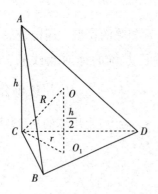
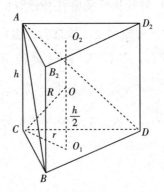

图 4

例3：已知三棱锥 $S-ABC$ 所有顶点都在球 O 的球面上，且 $SA \perp$ 平面 ABC，若 $SA = AB = AC = BC = 1$，则球 O 的表面积为（　　　）

A. $\dfrac{5\pi}{2}$

B. 5π

C. $\dfrac{5}{3}\pi$

D. $\dfrac{7\pi}{3}$

答案：D.

分析：设 O' 为 $\triangle ABC$ 的外接圆的圆心，取 SA 的中点 E，求得 $\triangle ABC$ 的外接圆的半径 $r = \dfrac{\sqrt{3}}{3}$，且 $O'O = \dfrac{1}{2}$，得到三棱锥 $S-ABC$ 外接球的半径，结合球的表面积公式，即可求解.

解：如图5所示，设 O' 为 $\triangle ABC$ 的外接圆的圆心，取 SA 的中点 E，分别连接 OO' 和 OE，则 $OO' \perp$ 平面 ABC，$OE \perp SA$.

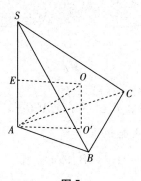

图5

因为 $SA \perp$ 平面 ABC，若 $SA = AB = AC = BC = 1$，

可得 $\triangle ABC$ 的外接圆的半径 $r = O'A = \dfrac{\sqrt{3}}{3}$，且 $O'O = AE = \dfrac{1}{2}$.

在 $\text{Rt}\triangle O'OA$ 中，可得 $OA^2 = OO'^2 + O'A^2 = \left(\dfrac{\sqrt{3}}{3}\right)^2 + \left(\dfrac{1}{2}\right)^2 = \dfrac{7}{12}$，

即三棱锥 $S-ABC$ 外接球的半径平方为 $R^2 = \dfrac{7}{12}$，所以球 O 的表面积为 $S = 4\pi R^2 = \dfrac{7\pi}{3}$. 故选：D.

（四）汉堡模型

汉堡模型是直棱柱的外接球、圆柱的外接球模型，用找球心法（多面体的外接球的球心是过多面体的两个面的外心且分别垂直于这两个面的直线的交点．一般情况下只作出一个面的垂线，然后设出球心，用算术方法或代数方法即可解决问题．有时也作出两条垂线，交点即为球心）解决．以直三棱柱为例，模型如图6所示，由对称性可知球心 O 的位置是 $\triangle ABC$ 的外心 O_1 与 $\triangle A_1B_1C_1$ 的外心 O_2 连线的中点，计算出小圆 O_1 的半径 $AO_1 = r$，$OO_1 = \dfrac{h}{2}$，$\therefore R^2 = r^2 + \dfrac{h^2}{4}$．

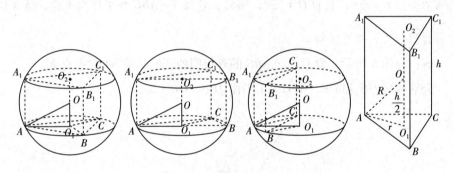

图6

例4：在直三棱柱 $ABC - A_1B_1C_1$ 中，$\angle ACB = 120°$，$CA = CB = \sqrt{3}$，$AA_1 = 2$，则这个直三棱柱的外接球的表面积为（　　）

A. 8π　　　　　　　　　　B. 16π

C. 32π　　　　　　　　　　D. 64π

答案：B.

分析：先求出三棱柱的外接球的半径，再应用球的表面积公式求出结果．

解析：直三棱柱 $ABC - A_1B_1C_1$ 中，$\angle ACB = 120°$，$CA = CB = \sqrt{3}$，

所以 $AB = 3$，由正弦定理可得 $\dfrac{AB}{\sin\angle ACB} = \dfrac{3}{\dfrac{\sqrt{3}}{2}} = 2r$，所以 $r = \sqrt{3}$，

即 $\triangle ABC$ 的外接圆的半径为 $\sqrt{3}$，

所以三棱柱的外接球的半径 $R = \sqrt{1^2 + \left(\sqrt{3}\right)^2} = 2$，

所以 $S_{球} = 4 \cdot \pi \cdot 2^2 = 16\pi$．故选：B.

（五）斗笠模型 [高过外心（即顶点的投影在底面外心上）"正锥""正柱"]

圆锥、顶点在底面的射影是底面外心的棱锥．应用速解公式 $R^2 = r^2 + (h-R)^2$ 化简得 $R = \dfrac{h^2 + r^2}{2h}$（其中 h 为几何体的高，r 为几何体的底面半径或底面外接圆的圆心）．（图7）

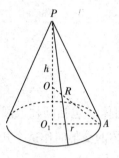 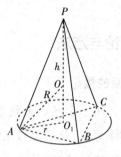

图7

例5：已知 A，B，C 为球 O 的球面上的三个点，$\odot O_1$ 为 $\triangle ABC$ 的外接圆．若 $\odot O_1$ 的面积为 4π，$AB = BC = AC = OO_1$，则球 O 的表面积为（　　）

A. 64π B. 48π

C. 36π D. 32π

答案：A．

解析：设 $\odot O_1$ 的半径为 r，球 O 的半径为 R，依题意，得 $\pi r^2 = 4\pi$，$\therefore r = 2$．

由正弦定理可得 $\dfrac{AB}{\sin 60°} = 2r$，$\therefore AB = 2r\sin 60° = 2\sqrt{3}$，$\therefore OO_1 = AB = 2\sqrt{3}$．

根据球的截面性质，得 $OO_1 \perp$ 平面 ABC，

$\therefore OO_1 \perp O_1 A$，$R = OA = \sqrt{OO_1^2 + O_1 A^2} = \sqrt{OO_1^2 + r^2} = 4$，

$\therefore$ 球 O 的表面积 $S = 4\pi R^2 = 64\pi$．故选：A．

第 ㉓ 讲　空间几何体的截面问题

一、常用结论与方法

（一）有关截面的概念

在立体几何中，用一个平面去截几何体（包括圆柱、圆锥、球、棱柱、棱锥、长方体、正方体等），此平面与几何体的交集叫作这个几何体的截面，利用平面的性质确定截面形状是解决截面问题的关键.

（二）截面的的画法

1. 确定截面的主要依据

（1）平面的四个公理及推论；

（2）直线和平面平行的判定和性质；

（3）两个平面平行的性质；

（4）球的截面的性质.

2. 作截面的几种方法

（1）直接法：有两点在几何体的同一个面上，连接该两点即为几何体与截面的交线，找截面实际就是找交线的过程；

（2）延长线法：同一个平面有两个点，可以连线并延长至与其他平面相交找到交点；

（3）平行线法：过直线与直线外一点作截面，直线所在的面与点所在的平面平行，可以通过过点找直线的平行线找到几何体的截面的交线.

（三）正方体中的基本截面类型

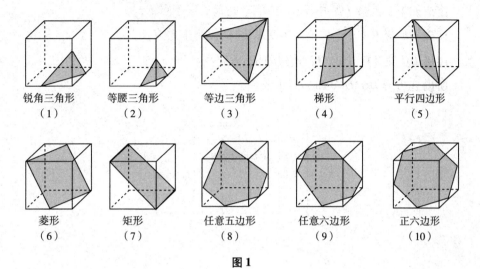

锐角三角形　　等腰三角形　　等边三角形　　　梯形　　　平行四边形
　（1）　　　　　（2）　　　　　（3）　　　　　（4）　　　　　（5）

菱形　　　　　矩形　　　　任意五边形　　　任意六边形　　　正六边形
　（6）　　　　（7）　　　　（8）　　　　　（9）　　　　　（10）

图 1

（四）球的截面图形为圆面

截面圆半径 $r = \sqrt{R^2 - d^2}$（d 为球心到截面圆心的距离）.

二、典型例题

（一）作截面图形

例1：如图 2 所示，正方体 $ABCD - A_1B_1C_1D_1$ 的棱长为 6，M 是 A_1B_1 的中点，点 N 在棱 CC_1 上，且 $CN = 2NC_1$. 作出过点 D，M，N 的平面截正方体 $ABCD - A_1B_1C_1D_1$ 所得的截面，写出作法.

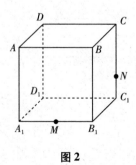

图 2

解：如图 3 所示，五边形 $DQMFN$ 即为所求截面．

作法如下：连接 DN 并延长交 D_1C_1 的延长线于点 E，

连接 ME 交 B_1C_1 于点 F，交 D_1A_1 的延长线于点 H，

连接 DH 交 AA_1 于点 Q，连接 QM，FN，

所以五边形 $DQMFN$ 即为所求截面．

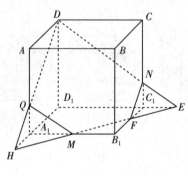

图 3

（二）确定截面形状

例 2：正方体 $ABCD - A_1B_1C_1D_1$ 中，P，Q，E，F 分别是 AB，AD，B_1C_1，C_1D_1 的中点，则正方体中过 P，Q，E，F 的截面图形的形状是（　　）

A. 正方形　　　　　　　　B. 平行四边形

C. 正五边形　　　　　　　D. 正六边形

答案：D.

解析：如图 4 所示，由 $EF \parallel PQ$，可以确定一个平面，

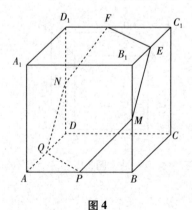

图 4

这个平面与正方体 $ABCD-A_1B_1C_1D_1$ 的棱 BB_1，DD_1 分别交于 M，N.

由正方体的性质得 $FN /\!/ MP$，$NQ /\!/ ME$，

且 $EF = FN = NQ = QP = PM = ME$，

∴ 正方体过 P，Q，E，F 的截面图形的形状是正六边形．故选：D.

（三）求截面周长、面积

例3：如图5所示，正三棱柱 $ABC-A_1B_1C_1$ 中，所有棱长均为2，点 E，F 分别为棱 BB_1，A_1C_1 的中点，若过点 A，E，F 作一截面，则截面的周长为（　　）

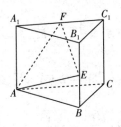

图5

A. $2 + 2\sqrt{5}$

B. $2\sqrt{5} + \dfrac{2}{3}\sqrt{13}$

C. $2\sqrt{5} + \sqrt{13}$

D. $2\sqrt{5} + \dfrac{\sqrt{13}}{2}$

答案：B.

解析：如图6所示，在正三棱柱 $ABC-A_1B_1C_1$ 中，延长 AF 与 CC_1 的延长线交于 M，连接 EM 交 B_1C_1 于 P，连接 FP，则四边形 $AEPF$ 为所求截面.

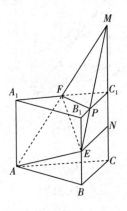

图6

过 E 作 EN 平行于 BC 交 CC_1 于 N，则 N 为线段 CC_1 的中点.

由 $\triangle MFC_1 \backsim \triangle MAC$ 可得，$MC_1 = 2$.

由 $\triangle MPC_1 \backsim \triangle MEN$ 可得，$\dfrac{PC_1}{2} = \dfrac{2}{3} \Rightarrow PC_1 = \dfrac{4}{3}$，$B_1P = \dfrac{2}{3}$.

在 Rt$\triangle AA_1F$ 中，$AA_1 = 2$，$A_1F = 1$，则 $AF = \sqrt{2^2 + 1^2} = \sqrt{5}$.

在 Rt$\triangle ABE$ 中，$AB = 2$，$BE = 1$，则 $AE = \sqrt{2^2 + 1^2} = \sqrt{5}$.

在 Rt$\triangle B_1EP$ 中，$B_1E = 1$，$B_1P = \dfrac{2}{3}$，则 $PE = \sqrt{1^2 + \left(\dfrac{2}{3}\right)^2} = \dfrac{\sqrt{13}}{3}$.

在 $\triangle C_1FP$ 中，$C_1F = 1$，$C_1P = \dfrac{4}{3}$，$\angle FC_1P = 60°$.

由余弦定理得，$PF^2 = 1^2 + \left(\dfrac{4}{3}\right)^2 - 2 \times 1 \times \dfrac{4}{3} \times \cos 60° = \dfrac{13}{9}$，则 $PF = \dfrac{\sqrt{13}}{3}$，

所以截面周长为 $\sqrt{5} + \sqrt{5} + \dfrac{\sqrt{13}}{3} + \dfrac{\sqrt{13}}{3} = 2\sqrt{5} + \dfrac{2\sqrt{13}}{3}$. 故选：B.

（四）截面分体求体积

例 4：如图 7 所示，在三棱柱 $ABC - A_1B_1C_1$ 中，$AA_1 \perp$ 底面 ABC，$AB = BC$ $= CA = AA_1$，点 D 是棱 AA_1 上的点，$AD = \dfrac{1}{4}AA_1$，若截面 BDC_1 分这个棱柱为两

部分，则这两部分的体积比为（　　　　）

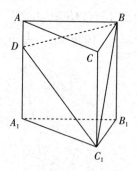

图 7

A. $1 : 2$

B. $4 : 5$

C. $4 : 9$

D. $5 : 7$

答案：D.

解析：不妨令 $AB = BC = CA = AA_1 = 4$，且上、下底面为等边三角形．

又 $AA_1 \perp$ 底面 ABC，易知 $ABC - A_1B_1C_1$ 为直三棱柱，即侧面为矩形，

所以三棱柱 $ABC - A_1B_1C_1$ 的体积 $V = AA_1 \cdot S_{\triangle ABC} = 4 \times \frac{1}{2} \times 4^2 \times \frac{\sqrt{3}}{2} = 16\sqrt{3}$．

而 $AD = 1$，$CC_1 = 4$，故 $S_{ACC_1D} = \frac{1}{2} AC \cdot (AD + CC_1) = 10$，

所以 $V_{B-ACC_1D} = \frac{1}{3} \times 2\sqrt{3} \times 10 = \frac{20\sqrt{3}}{3}$，故 $V_{C_1-A_1B_1BD} = V - V_{B-ACC_1D} = \frac{28\sqrt{3}}{3}$，

所以 $\dfrac{V_{B-ACC_1D}}{V_{C_1-A_1B_1BD}} = \dfrac{5}{7}$．故选：D．

（五）球的截面问题

例 5：在正四棱锥 $P - ABCD$ 中，已知 $PA = AB = 4$，O 为底面 $ABCD$ 的中心，

以点 O 为球心作一半径为 $\frac{4\sqrt{3}}{3}$ 的球，则平面 PAB 截该球的截面面积为_____．

答案：$\frac{8\pi}{3}$．

解析：由正棱锥性质知，$PO \perp$ 平面 $ABCD$，如图 8，

取 CD 的中点 E，连接 PE，作 $OG \perp PE$，垂足为 G．

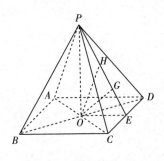

图 8

$\because PO \perp$ 平面 $ABCD$，$CD \subset$ 平面 $ABCD$，

$\therefore PO \perp CD$．

$\because O$，E 分别为 AC，CD 的中点，

$\therefore OE \parallel AD$．又 $AD \perp CD$，$\therefore OE \perp CD$．

$\because PO$，$OE \subset$ 平面 POE，$PO \cap OE = O$，$CD \perp$ 平面 POE，又 $OG \subset$ 平面 POE，

∴ $OG \perp CD$. 又 $OG \perp PE$，CD，$PE \subset$ 平面 PCD，$CD \cap PE = E$，

∴ $OG \perp$ 平面 PCD，则由球的性质可知 G 为平面 PCD 截球 O 所得截面圆的圆心.

设 H 为该截面圆与 PE 的一个交点，连接 OH.

∵ $PA = AB = 4$，∴ $AO = \dfrac{1}{2}AC = 2\sqrt{2}$，$OE = \dfrac{1}{2}AD = 2$，

∴ $PO = \sqrt{16-8} = 2\sqrt{2}$，

∴ $PE = \sqrt{8+4} = 2\sqrt{3}$.

又 $S_{\triangle POE} = \dfrac{1}{2}PO \cdot OE = \dfrac{1}{2}PE \cdot OG$，

∴ $OG = \dfrac{PO \cdot OE}{PE} = \dfrac{2\sqrt{6}}{3}$.

∵ $OH = \dfrac{4\sqrt{3}}{3}$，∴ $HG = \sqrt{OH^2 - OG^2} = \dfrac{2\sqrt{6}}{3}$，即截面圆的半径 $r = \dfrac{2\sqrt{6}}{3}$，

∴ 截面圆的面积 $S = \pi r^2 = \dfrac{8\pi}{3}$.

故答案为：$\dfrac{8\pi}{3}$.

第㉔讲　立体几何中的轨迹问题

一、方法和题型总结

（一）思想方法分析

对于立体几何中的动点轨迹问题，通常需要动中觅静，这里的"静"是指问题中的不变量或者是不变关系，动中觅静就是在运动变化中探索问题中的不变性．"静"只是"动"的瞬间，是运动的一种特殊形式，然而抓住"静"的瞬间，使一般情形转化为特殊情形，问题即可迎刃而解．

（二）常见题型方法总结

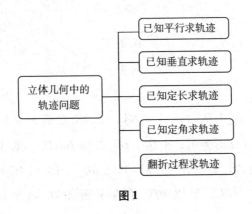

立体几何中的轨迹问题
- 已知平行求轨迹
- 已知垂直求轨迹
- 已知定长求轨迹
- 已知定角求轨迹
- 翻折过程求轨迹

图 1

二、典型例题

题型一：由动点保持平行（垂直）求轨迹

例 1：（2023·贵州铜仁·高二贵州省铜仁第一中学校考开学考试）如图 2，设正方体 $ABCD-A_1B_1C_1D_1$ 的棱长为 1，点 E 是棱 A_1B_1 的中点，点 M 在正方体的表面上运动，则下列命题：

① 如果 $AM \perp BD_1$，则点 M 的轨迹所围成图形的面积为 $\dfrac{\sqrt{3}}{2}$；

② 如果 $B_1M \,/\!/\,$ 平面 AEC_1，则点 M 的轨迹所围成图形的周长为 $\dfrac{3\sqrt{5}}{2}$；

③ 如果 $EM \,/\!/\,$ 平面 D_1B_1BD，则点 M 的轨迹所围成图形的周长为 $2+\sqrt{2}$；

④ 如果 $EM \perp BD_1$，则点 M 的轨迹所围成图形的面积为 $\dfrac{3\sqrt{3}}{4}$.

其中正确的命题个数为（　　　）

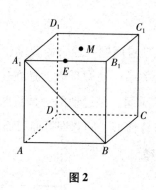

图 2

A. 1   B. 2

C. 3   D. 4

答案：C.

解析：如图 3，由 $A_1D_1 \perp$ 面 A_1B_1BA，而 $AB_1 \subset$ 面 A_1B_1BA，则 $A_1D_1 \perp AB_1$. 又 $AB_1 \perp BA_1$，$A_1D_1 \cap BA_1 = A_1$，A_1D_1，$BA_1 \subset$ 面 BA_1D_1，则 $AB_1 \perp$ 面 BA_1D_1. 由 $BD_1 \subset$ 面 BA_1D_1，则 $AB_1 \perp BD_1$. 同理，$AC \perp BD_1$，$AB_1 \cap AC = A$，AB_1，$AC \subset$ 面 ACB_1，则 $BD_1 \perp$ 面 ACB_1，所以 BD_1 垂直于面 ACB_1 内所有直线，且 $A \in$ 面 ACB_1. 若 $AM \perp BD_1$，则 M 在边长为 $\sqrt{2}$ 的正 $\triangle ACB_1$ 的边上，故轨迹图形面积为 $\dfrac{1}{2} \times (\sqrt{2})^2 \times \sin 60° = \dfrac{\sqrt{3}}{2}$，①对.

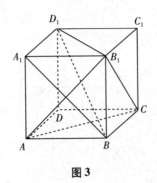

图 3

如图 4，若 F，G 分别为 CD，AB 中点，连接 AF，FC_1，B_1G，GC，CB_1.

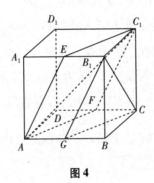

图 4

由正方体的性质易得 $AE /\!/ B_1G /\!/ FC_1$，$AE = B_1G = FC_1$，所以 A，E，C_1，F 共面，且 AEC_1F 为平行四边形，故面 AEC_1 即为面 AEC_1F. 由 $AE \subset$ 面 AEC_1F，$B_1G \not\subset$ 面 AEC_1F，则 $B_1G /\!/$ 面 AEC_1F. 同理，可得 $CG /\!/$ 面 AEC_1F，$B_1G \cap CG = G$，B_1G，$CG \subset$ 面 B_1CG，所以面 $B_1CG /\!/$ 面 AEC_1F. 要使 $B_1M /\!/$ 平面 AEC_1，则 M 在 $\triangle B_1CG$ 的边上，所以轨迹长为 $\sqrt{2} + 2 \times \dfrac{\sqrt{5}}{2} = \sqrt{2} + \sqrt{5}$，②错.

如图 5，若 G，I，J 分别为 AB，AD，A_1D_1 的中点，连接 EG，GI，IJ，JE，显然 $EG /\!/ IJ$，所以 E，G，I，J 共面，即 E，G，I，$J \in$ 面 $EGIJ$. 由 $EG /\!/ BB_1$，$EG \not\subset$ 面 D_1B_1BD，$BB_1 \subset$ 面 D_1B_1BD，则 $EG /\!/$ 面 D_1B_1BD. 又 $IG /\!/ BD$，同理，可得 $IG /\!/$ 面 D_1B_1BD，$EG \cap IG = G$，EG，$IG \subset$ 面 $EGIJ$，所以面 $D_1B_1BD /\!/$ 面 $EGIJ$，故面 $EGIJ$ 内任意直线都与面 D_1B_1BD 平行.

要使 $EM /\!/$ 平面 D_1B_1BD，则 M 在四边形 $EGIJ$ 的边上运动，此时轨迹长为 2

$\times \dfrac{\sqrt{2}}{2} + 2 \times 1 = \sqrt{2} + 2$，③对.

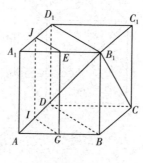

图5

如图6，若 H，I，K，L，N 分别是 AA_1，AD，CD，CC_1，B_1C_1 的中点，并依次连接，易知 $ENLKIH$ 为正六边形，显然 $EH /\!/ AB_1$，$EN /\!/ IK /\!/ AC$. 由 $EH \not\subset$ 面 ACB_1，$AB_1 \subset$ 面 ACB_1，则 $EH /\!/$ 面 ACB_1. 同理，可得 $EN /\!/$ 面 ACB_1，$EH \cap EN = E$，EH，$EN \subset$ 面 $ENLKIH$，所以面 $ENLKIH /\!/$ 面 ACB_1. 由 $BD_1 \perp$ 面 ACB_1，则 $BD_1 \perp$ 面 $ENLKIH$，故 BD_1 垂直于面 $ENLKIH$ 内所有直线. 要使 $EM \perp BD_1$，则 M 在边长为 $\dfrac{\sqrt{2}}{2}$ 的正六边形 $ENLKIH$ 边上运动，所以轨迹图形面积为 $6 \times \dfrac{1}{2} \times \left(\dfrac{\sqrt{2}}{2} \right)^2 \times \dfrac{\sqrt{3}}{2} = \dfrac{3\sqrt{3}}{4}$，④对.

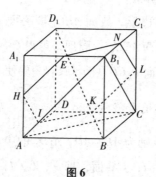

图6

故选：C.

题型二：由动点保持定长求轨迹

例2：已知正方体 $ABCD - A'B'C'D'$ 的棱长为1，点 P 在该正方体的面

$A'B'C'D'$ 上运动，且 $PA = \sqrt{2}$，则点 P 的轨迹长度是_____.

答案：$\dfrac{\pi}{2}$.

解析：当 $AP = \sqrt{2}$ 时，如图 7 所示，点 P 的轨迹是在面 $A'B'C'D'$ 内以 1 为半径，圆心角为 $\dfrac{\pi}{2}$ 的弧，所以点 P 在该正方体的面 $A'B'C'D'$ 上运动的轨迹的长度为 $\dfrac{\pi}{2}$. 故答案为：$\dfrac{\pi}{2}$.

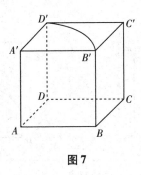

图 7

题型三：由动点保持定角求轨迹

例 3：已知正方体 $ABCD - A_1B_1C_1D_1$ 的棱长为 2，M 为棱 B_1C_1 的中点，N 为底面正方形 $ABCD$ 上一动点，且直线 MN 与底面 $ABCD$ 所成的角为 $\dfrac{\pi}{3}$，则动点 N 的轨迹的长度为_____.

答案：$\dfrac{4\sqrt{3}\pi}{9}$.

分析：利用线面角求法得出 N 的轨迹为正方形内一部分圆弧，求其圆心角计算弧长即可.

解析：如图 8 所示，取 BC 中点 G，连接 MG，NG. 由正方体的特征可知 $MG \perp$ 底面 $ABCD$，故 MN 与底面 $ABCD$ 的夹角即 $\angle MNG$，$\therefore \angle MNG = \dfrac{\pi}{3}$，则 $\dfrac{MG}{GN} = $ $\tan\dfrac{\pi}{3} \Rightarrow NG = \dfrac{2\sqrt{3}}{3}$，

故 N 点在以 G 为原点，$\dfrac{2\sqrt{3}}{3}$ 为半径的圆上，又 N 在底面正方形 $ABCD$ 上，

即 N 的轨迹为图 8 中的圆弧 $\overset{\frown}{ENF}$, 易知 $\dfrac{BG}{EG} = \dfrac{1}{\dfrac{2\sqrt{3}}{3}} = \dfrac{\sqrt{3}}{2} \Rightarrow \angle EGB = \dfrac{\pi}{6} \Rightarrow \angle EGF$

$$= \pi - \dfrac{\pi}{6} - \dfrac{\pi}{6} = \dfrac{2\pi}{3},$$

所以 $\overset{\frown}{ENF}$ 长为 $\dfrac{2\sqrt{3}}{3} \times \dfrac{2\pi}{3} = \dfrac{4\sqrt{3}\pi}{9}$.

故答案为: $\dfrac{4\sqrt{3}\pi}{9}$.

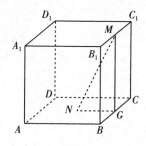 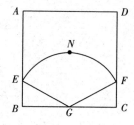

图 8

题型四：已知翻折与动点求轨迹

例 4：如图 9, 在矩形 $ABCD$ 中, $AB = 2$, $AD = \sqrt{3}$, E 为 AB 中点, 将 $\triangle ADE$ 沿 DE 折起至 $\triangle A'DE$, 记二面角 $A' - DE - C = \theta$, 当 θ 在 $[0, \pi]$ 范围内变化时, 点 A' 的轨迹长度为 _____.

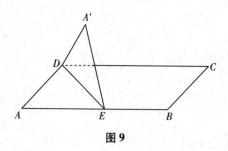

图 9

答案：$\dfrac{\sqrt{3}}{2}\pi$.

解析：如图 10, 取 DE 的中点为 M , 连接 AM , $A'M$, 则 $AM = A'M$, 故 A' 在以 M 球心, AM 为半径的球面上. 过 A' 作 $A'G \perp DE$, 垂足为 G , 连接 AG , 则 $AG \perp DE$.

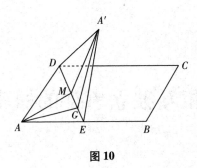

图 10

在矩形 $ABCD$ 中，$AE = 1$，$AD = \sqrt{3}$，故 $AG = \dfrac{1 \times \sqrt{3}}{\sqrt{1+3}} = \dfrac{\sqrt{3}}{2}$，故 $AG = A'G = \dfrac{\sqrt{3}}{2}$，

而 $A'G \cap AG = G$，故 $DE \perp$ 平面 $A'AG$，故 A' 在过 G 且垂直于 DE 的平面上，所以 A' 在以 G 为圆心，AG 为半径的圆上，而 $\angle AGA'$ 为二面角 $A - DE - A'$ 的平面角，故 $0 \leqslant \angle AGA' \leqslant \pi$，故点 A' 的轨迹长度为 $\dfrac{\sqrt{3}}{2}\pi$。

故答案为：$\dfrac{\sqrt{3}}{2}\pi$。

第 ㉕ 讲　相互独立事件的概率综合问题

一、常用结论与方法

事件 A 与 B 相互独立.

对任意两个事件 A 与 B，如果 $P(AB) = P(A)P(B)$ 成立，则称事件 A 与事件 B 相互独立，简称为独立.

（1）事件 A 与 B 是相互独立的，那么 A 与 $\bar{B}$，$\bar{A}$ 与 B，$\bar{A}$ 与 $\bar{B}$ 也相互独立.

（2）相互独立事件同时发生的概率：$P(AB) = P(A)P(B)$.

二、典型例题

例1：小宁某天乘火车从重庆到上海去办事，若当天从重庆到上海的三列火车正点到达的概率分别为 0.8，0.7，0.9，假设这三列火车之间是否正点到达互不影响. 求：

（1）这三列火车恰好有两列正点到达的概率；

（2）这三列火车至少有一列正点到达的概率.

解：（1）这三列火车恰好有两列正点到达的概率为：

$p = 0.8 \times 0.7 \times 0.1 + 0.8 \times 0.3 \times 0.9 + 0.2 \times 0.7 \times 0.9 = 0.398.$

（2）这三列火车至少有一列正点到达的概率为：

$p = 1 - 0.2 \times 0.3 \times 0.1 = 0.994.$

例2：甲、乙两人进行乒乓球比赛，已知每局比赛甲获胜的概率为 $\dfrac{2}{3}$，乙获胜的概率为 $\dfrac{1}{3}$，且各局比赛的胜负互不影响，有两种比赛方案供选择，方案一：三局两胜制（先胜 2 局者获胜，比赛结束）；方案二：五局三胜制（先胜 3 局者获胜，比赛结束）.

（1）若选择方案一，求甲获胜的概率；

（2）用掷硬币的方式决定比赛方案，掷 3 枚硬币，若恰有 2 枚正面朝上，则选择方案一，否则选择方案二，判断哪种方案被选择的可能性更大，并说明理由.

解：（1）记"选择方案一，甲获胜"为事件 A，

"第 i 局甲获胜"为事件 A_i（$i = 1$，2，3），

则 A_1，A_2，A_3 两两相互独立，且 $A = A_1 A_2 + A_1 \overline{A_2} A_3 + \overline{A_1} A_2 A_3$.

因为 $A_1 A_2$，$A_1 \overline{A_2} A_3$，$\overline{A_1} A_2 A_3$ 为互斥事件，

所以 $P(A) = P(A_1 A_2) + P(A_1 \overline{A_2} A_3) + P(\overline{A_1} A_2 A_3)$

$$= P(A_1)P(A_2) + P(A_1)P(\overline{A_2})P(A_3) + P(\overline{A_1})P(A_2)P(A_3)$$

$$= \left(\frac{2}{3}\right)^2 + \frac{2}{3} \times \frac{1}{3} \times \frac{2}{3} + \frac{1}{3} \times \frac{2}{3} \times \frac{2}{3} = \frac{20}{27}.$$

故选择方案一，甲获胜的概率为 $\frac{20}{27}$.

（2）记硬币正面朝上为 1，反面朝上为 0.

掷 3 枚硬币，样本空间为 $\Omega = \{(x_1, x_2, x_3) \mid x_i = 0, 1; i = 1, 2, 3\}$，包含 8 个等可能的样本点.

记"掷 3 枚硬币，恰有 2 枚正面朝上"为事件 B，

则 $B = \{(1, 1, 0), (1, 0, 1), (0, 1, 1)\}$，

所以 $P(B) = \frac{3}{8} < \frac{1}{2}$.

因此方案二被选择的可能性更大.

例 3：某篮球场有 A，B 两个定点投篮位置，每轮投篮按先 A 后 B 的顺序各投 1 次，在 A 点投中一球得 2 分，在 B 点投中一球得 3 分. 设球员甲在 A 点投中的概率为 p，在 B 点投中的概率为 q，其中，$0 < p < 1$，$0 < q < 1$，且甲在 A，B 两点投篮的结果互不影响. 已知甲在一轮投篮后得 0 分的概率为 $\frac{1}{6}$，得 2 分的概率为 $\frac{1}{3}$.

（1）求 p，q 的值；

（2）求甲在两轮投篮后，总得分不低于 8 分的概率.

解：(1) 设事件A，B分别表示在A点，B点投中一球，

由题意，$P(\overline{A}\,\overline{B}) = (1-p)(1-q) = \dfrac{1}{6}$，$P(A\overline{B}) = p(1-q) = \dfrac{1}{3}$，

解得$p = \dfrac{2}{3}$，$q = \dfrac{1}{2}$；

(2) 设事件A_i，B_i分别表示第i次在A点，B点投中一球，则

P（总分不低于8分）

$= P(A_1 B_1 A_2 B_2) + P(\overline{A_1} B_1 A_2 B_2) + P(A_1 B_1 \overline{A_2} B_2)$

$= pqpq + 2(1-p)qpq = \dfrac{2}{9}$，

答：甲在两轮投篮后，总得分不低于8分的概率为$\dfrac{2}{9}$.

例4： 甲、乙两人玩一个摸球猜猜的游戏，规则如下：一个袋子中有4个大小和质地完全相同的小球，其中2个红球，2个白球，甲采取不放回方式从中依次随机地取出2个球，然后让乙猜. 若乙猜出的结果与摸出的2个球特征相符，则乙获胜，否则甲获胜，一轮游戏结束，然后进行下一轮（每轮游戏都由甲摸球）. 乙所要猜的方案从以下两种猜法中选择一种.

猜法一：猜"第二次取出的球是红球"；

猜法二：猜"两次取出球的颜色不同".

请回答：

(1) 如果你是乙，为了尽可能获胜，你将选择哪种猜法，并说明理由；

(2) 假定每轮游戏结果相互独立，规定有人首先获胜两次则为游戏获胜方，且整个游戏停止. 若乙按照 (1) 中的选择猜法进行游戏，求乙获得游戏胜利的概率.

解：(1) 用a，b表示两个红球，用1，2表示两个白球，甲不放回取两球的所有结果：ab，ba，$a1$，$1a$，$a2$，$2a$，$b1$，$1b$，$b2$，$2b$，12，21，共12个不同结果，它们等可能.

令事件A为"第二次取出的是红球"，则事件A所含结果有：ab，ba，$1a$，$2a$，$1b$，$2b$，共6个.

令事件B为"两次取出球的颜色不同"，则事件B所含结果有：$a1$，$1a$，$a2$，$2a$，$b1$，$1b$，$b2$，$2b$，共8个.

于是得 $P(A) = \dfrac{6}{12} = \dfrac{1}{2}$，$P(B) = \dfrac{8}{12} = \dfrac{2}{3}$. 显然，$\dfrac{1}{2} < \dfrac{2}{3}$，为了尽可能获胜，应该选择猜法二.

（2）由（1）知，乙选择猜法二，每一轮乙获胜的概率为 $P = \dfrac{2}{3}$.

游戏结束时，乙获胜的事件 M 是乙在第一、二轮胜的事件 M_1，第一轮负另外两轮胜的事件 M_2，第二轮负另外两轮胜的事件 M_3 的和，它们互斥，于是得

$$P(M) = P(M_1) + P(M_2) + P(M_3)$$

$$= \dfrac{2}{3} \times \dfrac{2}{3} + \dfrac{1}{3} \times \dfrac{2}{3} \times \dfrac{2}{3} + \dfrac{2}{3} \times \dfrac{1}{3} \times \dfrac{2}{3} = \dfrac{20}{27},$$

所以乙获得游戏胜利的概率是 $\dfrac{20}{27}$.

第 ㉖ 讲　隐圆问题

一、常用结论与方法

我们在处理直线与圆位置关系以及圆与圆的综合问题时，题设条件中没有直接给出相关圆的信息，而是隐含在题目中，要通过分析和转化，发现圆（或圆的方程），从而利用圆的相关知识来解决问题，这类问题称为"隐圆"问题.

二、典型例题

题型一：利用圆的定义或垂直关系确定隐圆

例 1： 已知 A，B 是圆 $C:(x-m)^2+(y-3)^2=3(m>0)$ 上两点，且 $|AB|=2\sqrt{2}$. 若存在 $a\in\mathbf{R}$，使得直线 $l_1:ax-y+4a+1=0$ 与 $l_2:x+ay-5a=0$ 的交点 P 恰为 AB 的中点，则实数 m 的取值范围为（　　　）

A. $(0,2\sqrt{2}-1]$ B. $(0,2\sqrt{2}-2]$

C. $(0,2\sqrt{2}+1]$ D. $(0,2\sqrt{2}+3]$

答案：A.

解析：圆 $C:(x-m)^2+(y-3)^2=3(m>0)$，半径为 $r=\sqrt{3}$.

设 AB 中点为 M，且直线 AB 与圆的相交弦长为 $|AB|=2\sqrt{r^2-|MC|^2}=2\sqrt{2}$，

即 $|MC|=1$，

所以点 M 的轨迹方程为 $(x-m)^2+(y-3)^2=1(m>0)$.

又直线 $l_1:ax-y+4a+1=0$ 过定点 $Q(-4,1)$，

直线 $l_2:x+ay-5a=0$ 过定点 $S(0,5)$，

且 $l_1\perp l_2$，

又点 P 是两直线的交点，所以 P 在以 QS 为直径的圆上，

则圆心（-2，3），半径为 $\dfrac{1}{2}|QS| = 2\sqrt{2}$，

所以点 P 的轨迹方程为 $(x+2)^2 + (y-3)^2 = 8$.

由于直线 l_1 的斜率存在，所以点 P 的轨迹要除去点（-4，5）.

若点 P 恰为 AB 中点，可知圆 P 与圆 M 有公共点，

即 $2\sqrt{2} - 1 \leqslant \sqrt{(m+2)^2 + (3-3)^2} \leqslant 2\sqrt{2} + 1$，$m > 0$，

即 $2\sqrt{2} - 1 \leqslant m + 2 \leqslant 2\sqrt{2} + 1$，

解得 $2\sqrt{2} - 3 \leqslant m \leqslant 2\sqrt{2} - 1$，

即 $0 < m \leqslant 2\sqrt{2} - 1$，

故选：A.

总结：题目中若已知动点到定点的距离等于定长或者能求出动点到定点的距离为定常数，或者得到动点到两定点的夹角为直角，则可以得到点的轨迹为圆.

题型二：两定点 A，B，动点 P 满足 $|PA| = \lambda |PB|$（$\lambda > 0$，$\lambda \neq 1$）确定隐圆（阿波罗尼斯圆）

例 2：一般地，平面内到两个定点 P，Q 的距离之比为常数 λ（$\lambda > 0$ 且 $\lambda \neq 1$）的动点 F 的轨迹是圆，此圆便是数学史上著名的"阿波罗尼斯圆". 基于上述事实，完成如下问题：

（1）已知点 A_1（1，0），A_2（-2，0），若 $\dfrac{|MA_1|}{|MA_2|} = \dfrac{\sqrt{2}}{2}$，求动点 M 的轨迹方程；

（2）已知点 N 在圆 $(x-3)^2 + y^2 = 4$ 上运动，点 A_3（-1，0），探究：是否存在定点 A_4，使得 $\dfrac{|NA_3|}{|NA_4|} = 2$？若存在，求出定点 A_4 的坐标；若不存在，请说明理由.

解：（1）设 M（x，y），则 $|MA_1| = \sqrt{(x-1)^2 + y^2}$，$|MA_2| = \sqrt{(x+2)^2 + y^2}$，

故 $\dfrac{|MA_1|}{|MA_2|} = \dfrac{\sqrt{(x-1)^2 + y^2}}{\sqrt{(x+2)^2 + y^2}} = \dfrac{\sqrt{2}}{2}$，

故 $2(x-1)^2 + 2y^2 = (x+2)^2 + y^2$，

化简得 $x^2 + y^2 - 8x - 2 = 0$；

（2）设 $N(x, y)$，$A_4(m, n)$，

故 $|NA_3| = \sqrt{(x+1)^2 + y^2}$，$|NA_4| = \sqrt{(x-m)^2 + (y-n)^2}$.

因为 $\dfrac{|NA_3|}{|NA_4|} = 2$，故 $\dfrac{\sqrt{(x+1)^2 + y^2}}{\sqrt{(x-m)^2 + (y-n)^2}} = 2$，

即 $x^2 + y^2 - \dfrac{8m+2}{3} \cdot x - \dfrac{8n}{3} \cdot y + \dfrac{4m^2 + 4n^2 - 1}{3} = 0$，

而点 N 在圆 $(x-3)^2 + y^2 = 4$ 上，即 $x^2 + y^2 - 6x + 5 = 0$.

对照可知，$\begin{cases} \dfrac{8m+2}{3} = 6, \\ \dfrac{8n}{3} = 0, \\ \dfrac{4m^2 + 4n^2 - 1}{3} = 5, \end{cases}$ 解得 $\begin{cases} m = 2, \\ n = 0, \end{cases}$

故存在定点 $A_4(2, 0)$，使得 $\dfrac{|NA_3|}{|NA_4|} = 2$.

总结：在平面上给定相异两点 A，B，设点 P 在同一平面上且满足 $|PA| = \lambda |PB|$，当 $\lambda > 0$ 且 $\lambda \neq 1$ 时，点 P 的轨迹是个圆，这个圆我们称作阿波罗尼斯圆.

题型三：两定点 A，B，动点 P 满足 $|PA|^2 + |PB|^2$ 是定值，确定隐圆（距离平方圆）

例3：如图1所示，在平面直角坐标系 xOy 中，已知圆 C：$x^2 + y^2 - 4x = 0$ 及点 $A(-1, 0)$，$B(1, 2)$.

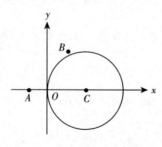

图1

（1）在圆 C 上是否存在点 P，使得 $PA^2 + PB^2 = 12$？若存在，求点 P 的个数；若不存在，说明理由；

（2）若圆 C 上存在唯一的点 Q，使得 $\overrightarrow{QA} \cdot \overrightarrow{QB} + 2 = \lambda$，求 λ 的值.

解：（1）圆 C 的标准方程为 $(x-2)^2 + y^2 = 4$，所以圆心 $C(2,0)$，半径为 2. 假设圆 C 上存在点 P，设 $P(x,y)$，则 $(x-2)^2 + y^2 = 4$，

$PA^2 + PB^2 = (x+1)^2 + (y-0)^2 + (x-1)^2 + (y-2)^2 = 12$，

即 $x^2 + y^2 - 2y - 3 = 0$，即 $x^2 + (y-1)^2 = 4$.

因为 $|2-2| < \sqrt{(2-0)^2 + (0-1)^2} < 2+2$，

所以圆 $(x-2)^2 + y^2 = 4$ 与圆 $x^2 + (y-1)^2 = 4$ 相交，所以点 P 的个数为 2.

（2）设 $Q(x_0, y_0)$，则 $\lambda = \overrightarrow{QA} \cdot \overrightarrow{QB} + 2 = x_0^2 - 1 + y_0^2 - 2y_0 + 2 = x_0^2 + (y_0 - 1)^2$.

由题意知，圆 C 与圆 $x_0^2 + (y_0 - 1)^2 = \lambda$ 有且只有一个公共点，

故 $\sqrt{(2-0)^2 + (1-0)^2} = |\sqrt{\lambda} - 2|$ 或 $\sqrt{(2-0)^2 + (1-0)^2} = |\sqrt{\lambda} + 2|$，

解得 $\sqrt{\lambda} = 2 + \sqrt{5}$ 或 $\sqrt{\lambda} = \sqrt{5} - 2$，

所以 $\lambda = 9 - 4\sqrt{5}$ 或 $\lambda = 9 + 4\sqrt{5}$.

总结：满足条件两定点 A，B，动点 P 满足 $|PA|^2 + |PB|^2$ 是定值的轨迹为圆；在解决与圆相关的综合问题时，要注意充分利用圆的几何性质或一些简单的轨迹知识将问题转化为直线与圆或圆与圆的位置关系问题.

第㉗讲　离心率的取值范围问题

一、常用结论与方法

离心率是刻画椭圆的扁平程度和双曲线的开口大小的一个量．求离心率的大小和范围问题是高考的热点和难点．离心率问题既可以考查圆锥曲线的定义和性质，又可以综合考查平面几何、三角函数、平面向量等内容，还可以考查考生的逻辑推理能力、运算能力、空间想象能力，更可以考查数形结合、转化与化归、函数与方程等数学思想方法．因此，备受命题者青睐．

（一）求离心率的常用方法

求圆锥曲线的离心率主要围绕寻找参数的比例关系（只需找出其中两个参数的关系即可），方法通常有以下两个方向：

（1）利用几何性质：如果题目中存在焦点三角形（曲线上的点与两焦点连线组成的三角形），那么可考虑寻求焦点三角形三边的比例关系，两条焦半径与 a 有关，另一条边为焦距，从而可求解；

（2）利用坐标运算：如果从题目中的条件难以发掘几何关系，那么可考虑将点的坐标用 a，b，c 进行表示，再利用条件列出等式求解（要习惯将 a，b，c 看作常数）；

（3）通过取特殊值或特殊位置，求出离心率（一般在坐标轴中完成）．

（二）常用结论

（1）椭圆离心率 $e = \dfrac{c}{a} = \sqrt{\dfrac{c^2}{a^2}} = \sqrt{1 - \dfrac{b^2}{a^2}} < 1\ (a^2 - b^2 = c^2)$；

（2）双曲线离心率 $e = \dfrac{c}{a} = \sqrt{\dfrac{c^2}{a^2}} = \sqrt{1 + \dfrac{b^2}{a^2}} > 1\ (a^2 + b^2 = c^2)$；

（3）设圆锥曲线 C 的焦点 F 在 x 轴上，过点 F 且斜率为 k 的直线 l 交曲线

C 于 A，B 两点，若 $\overrightarrow{AF} = \lambda \overrightarrow{FB}(\lambda > 0)$，则 $e = \sqrt{1 + k^2} \left| \dfrac{\lambda - 1}{\lambda + 1} \right|$．设直线倾斜

角为 θ，则有 $|e\cos\theta| = \left| \dfrac{\lambda - 1}{\lambda + 1} \right|$．特别地，对于抛物线有 $|\cos\theta| = \left| \dfrac{\lambda - 1}{\lambda + 1} \right|$．

二、典型例题

（一）利用位置关系建立不等式

例1：过椭圆 $C: \dfrac{x^2}{a^2} + \dfrac{y^2}{b^2} = 1$ （$a > b > 0$）的右焦点作 x 轴的垂线，交 C 于

A，B 两点，直线 l 过 C 的左焦点和上顶点．若以 AB 为直径的圆与 l 存在公共

点，则 C 的离心率的取值范围是（　　　　）

A. $\left(0, \dfrac{\sqrt{5}}{5}\right]$ 　　　　　　　　B. $\left[\dfrac{\sqrt{5}}{5}, 1\right)$

C. $\left(0, \dfrac{\sqrt{2}}{2}\right]$ 　　　　　　　　D. $\left[\dfrac{\sqrt{2}}{2}, 1\right)$

答案：A.

解析：由题设知，直线 $l: \dfrac{x}{-c} + \dfrac{y}{b} = 1$，即 $bx - cy + bc = 0$，以 AB 为直径的

圆的圆心为 $(c, 0)$．根据题意，将 $x = c$ 代入椭圆 C 的方程，得 $y = \pm \dfrac{b^2}{a}$，即

圆的半径 $r = \dfrac{b^2}{a}$．又圆与直线 l 有公共点，所以 $\dfrac{2bc}{\sqrt{b^2 + c^2}} \leqslant \dfrac{b^2}{a}$，化简得 $2c \leqslant b$，

平方整理得 $a^2 \geqslant 5c^2$，所以 $e = \dfrac{c}{a} \leqslant \dfrac{\sqrt{5}}{5}$．又 $0 < e < 1$，所以 $0 < e \leqslant \dfrac{\sqrt{5}}{5}$．故选 A.

（二）用角度关系建立不等式

例2：已知椭圆 $\dfrac{x^2}{a^2} + \dfrac{y^2}{b^2} = 1$ （$a > b > 0$）上一点 A 关于原点的对称点为点 B，

F 为其右焦点．若 $AF \perp BF$，设 $\angle ABF = \alpha$，且 $\alpha \in \left[\dfrac{\pi}{6}, \dfrac{\pi}{4}\right]$，则该椭圆的离心

率 e 的取值范围是（　　　　）

A. $\left[\dfrac{\sqrt{2}}{2}, 1\right]$ 　　　　　　　　B. $\left[\dfrac{\sqrt{2}}{2}, \sqrt{3} - 1\right]$

C. $\left[\dfrac{\sqrt{2}}{2}, \dfrac{\sqrt{3}}{2}\right]$ D. $\left[\dfrac{\sqrt{3}}{3}, \dfrac{\sqrt{6}}{3}\right]$

答案：B.

解析：设椭圆 $\dfrac{x^2}{a^2} + \dfrac{y^2}{b^2} = 1(a > b > 0)$ 的左焦点为 F_1. 因为 $AF \perp BF$，

所以四边形 AF_1BF 为矩形，所以 $AB = FF_1 = 2c$. 因为 $\angle ABF = \alpha$，

所以 $AF = 2c\sin\alpha, BF = 2c\cos\alpha$. 由椭圆的定义得 $2a = 2c\sin\alpha + 2c\cos\alpha$，

所以 $e = \dfrac{c}{a} = \dfrac{1}{\sin\alpha + \cos\alpha} = \dfrac{1}{\sqrt{2}\sin\left(\alpha + \dfrac{\pi}{4}\right)}$.

因为 $\alpha \in \left[\dfrac{\pi}{6}, \dfrac{\pi}{4}\right]$，

所以 $\alpha + \dfrac{\pi}{4} \in \left[\dfrac{5\pi}{12}, \dfrac{\pi}{2}\right]$，

所以 $\sin\left(\alpha + \dfrac{\pi}{4}\right) \in \left[\dfrac{\sqrt{2} + \sqrt{6}}{4}, 1\right]$，

所以 $\sqrt{2}\sin\left(\alpha + \dfrac{\pi}{4}\right) \in \left[\dfrac{1 + \sqrt{3}}{2}, \sqrt{2}\right]$，

所以 $e \in \left[\dfrac{\sqrt{2}}{2}, \sqrt{3} - 1\right]$. 故选：B.

（三）利用长度（面积）关系建立不等式

例3：（2023·甘肃兰州·高三期末）已知椭圆 $\dfrac{x^2}{a^2} + \dfrac{y^2}{b^2} = 1(a > b > 0)$ 上

存在点 P，使得 $|PF_1| = 3|PF_2|$，其中 F_1，F_2 分别为椭圆的左、右焦点，则

该椭圆的离心率的取值范围是（   ）

A. $\left(0, \dfrac{1}{4}\right]$ B. $\left(\dfrac{1}{4}, 1\right)$

C. $\left(0, \dfrac{1}{2}\right)$ D. $\left[\dfrac{1}{2}, 1\right)$

答案：D.

分析：由已知条件结合椭圆定义，用 a 表示出 $|PF_1|$ 和 $|PF_2|$，再借助焦

点三角形建立不等关系求解即得.

解析：因点 P 在椭圆 $\dfrac{x^2}{a^2} + \dfrac{y^2}{b^2} = 1$ 上，则 $|PF_1| + |PF_2| = 2a$．

又 $|PF_1| = 3|PF_2|$，

于是得 $|PF_1| = \dfrac{3}{2}a$，$|PF_2| = \dfrac{1}{2}a$，

而 $|PF_1| - |PF_2| \leqslant |F_1F_2| = 2c$，当且仅当点 P 在椭圆右顶点时取 " $=$ "，

即 $\dfrac{3}{2}a - \dfrac{1}{2}a \leqslant 2c$，解得 $e = \dfrac{c}{a} \geqslant \dfrac{1}{2}$，

所以，椭圆的离心率取值范围是 $\left[\dfrac{1}{2},\ 1 \right)$．故选：D．

第❷❽讲　椭圆与双曲线第二定义及其应用

一、常用结论与方法

（一）椭圆与双曲线的第二定义

平面内，若动点 M 与定点 $F(c,0)$ 的距离与它到定直线 $l: x = \dfrac{a^2}{c}$ 的距离之

比是常数 $e = \dfrac{c}{a}$（$a>0$，$c>0$，$a \neq c$）. 当 $0<e<1$ 时，动点 M 的轨迹是椭圆；

当 $e>1$ 时，动点 M 的轨迹是双曲线.

（1）代数推导过程.

① 设 $M(x,y)$，点 M 到定直线 $l: x = \dfrac{a^2}{c}$ 的距离为 d，

则 $\dfrac{MF}{d} = \dfrac{\sqrt{(x-c)^2+y^2}}{\left| x - \dfrac{a^2}{c} \right|} = \dfrac{c}{a}$，

去分母，得 $a\sqrt{(x-c)^2+y^2} = c\left| x - \dfrac{a^2}{c} \right|$，等式两边同时平方，整理得

$(a^2 - c^2)x^2 + a^2 y^2 = a^2(a^2 - c^2)$，

等式两边除以 $a^2(a^2-c^2)$，得 $\dfrac{x^2}{a^2} + \dfrac{y^2}{a^2-c^2} = 1$.

② 当 $0<e<1$ 时，$a>c$，令 $b^2 = a^2 - c^2$ 得，椭圆的标准方程为 $\dfrac{x^2}{a^2} + \dfrac{y^2}{b^2} = 1$，

故动点 M 的轨迹是椭圆. 当 $e>1$ 时，$a<c$，令 $b^2 = c^2 - a^2$ 得，椭圆的标准方程

为 $\dfrac{x^2}{a^2} - \dfrac{y^2}{b^2} = 1$，故动点 M 的轨迹是双曲线.

（2）定点 $F(c,0)$ 是椭圆或双曲线的焦点，定直线 $l: x = \dfrac{a^2}{c}$ 称作椭圆或双

曲线的准线，$e = \dfrac{c}{a}$ 是对应椭圆或双曲线的离心率.

① 根据对称性，椭圆或双曲线上的任意一点到左焦点 $F(-c, 0)$ 与左准线 $l: x = -\dfrac{a^2}{c}$ 的距离之比也是常数 $e = \dfrac{c}{a}$ ($a > 0$，$c > 0$，$a \neq c$).

② 运用第二定义时，要注意焦点与准线是对应的，即左焦点对应左准线，右焦点对应右准线.

（二）椭圆与双曲线的第二定义的应用

（1）若 M 是椭圆或双曲线上任意一点，设点 M 到焦点 F_1 对应准线的距离为 d_1，M 到焦点 F_2 对应准线的距离为 d_2，则 $\dfrac{MF_1}{d_1} = \dfrac{MF_2}{d_2} = e$，即 $|MF_1| = ed_1$，$|MF_2| = ed_2$. 这样就可以将椭圆或双曲线上的点到焦点的距离问题转化为该点到准线的问题来解决，使问题得到简化；

（2）焦准距（焦点到相应准线的距离）$p = \left| c - \dfrac{a^2}{c} \right| = \dfrac{b^2}{c}$；

（3）利用椭圆与双曲线的第二定义可实现双曲线上的点到焦点的距离与到准线的距离间的相互转化.

二、典型例题

例 1：已知 $A(-2, \sqrt{3})$，F 是 $\dfrac{x^2}{16} + \dfrac{y^2}{12} = 1$ 的右焦点，点 M 为椭圆的动点，求 $|MA| + 2|MF|$ 的最小值，并求出此时点 M 的坐标.

分析：此题主要在于 $2|MF|$ 的转化，由第二定义知，$\left| \dfrac{MF}{d} \right| = e = \dfrac{1}{2}$，可得出 $2|MF| = d$，即为 M 到 $l: x = \dfrac{a^2}{c}$（右准线）的距离. 将问题转化为点到直线的距离可使题目变得简单，求最小值可较快求出.

解：过点 M 作 $MN \perp l$ 于 N，l 为右准线：$x = 8$.

由第二定义知，$\left| \dfrac{MF}{d} \right| = e = \dfrac{1}{2}$，$\therefore 2|MF| = d = |MN|$.

$\because |MA| + 2|MF| = |MA| + |MN|$，

要使 $|MA| + 2|MF|$ 为最小值，即 $|MA| + |MN|$ 为"最小".

由图 1 可知, 当 A, M, N 共线,

即 $AM \perp l$ 时, $|MA| + 2|MF|$ 为最小, 且最小值为 A 到 l 的距离 10.

此时, 可设 $M(x_0, \sqrt{3})$, 代入椭圆方程中, 解得 $x_0 = 2\sqrt{3}$.

故当 $M(2\sqrt{3}, \sqrt{3})$ 时, $|MA| + 2|MF|$ 的最小值为 10.

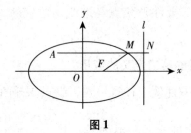

图 1

例 2: 设 $P(x_0, y_0)$ 为椭圆 $\dfrac{x^2}{a^2} + \dfrac{y^2}{b^2} = 1$ $(a > b > 0)$ 的一点, 离心率为 e, P 到左焦点 F_1 和右焦点 F_2 的距离分别为 r_1, r_2. 求证: $r_1 = a + ex_0$, $r_2 = a - ex_0$.

证明: 由第二定义可知, $\dfrac{|PF_1|}{\left| x_0 + \dfrac{a^2}{c} \right|} = e$.

即 $r_1 = |PF_1| = e \cdot \left| x_0 + \dfrac{a^2}{c} \right| = e\left(x_0 + \dfrac{a^2}{c} \right) = ex_0 + a$.

又 $|PF_1| + |PF_2| = 2a$, $\therefore r_2 = 2a - r_1 = 2a - (a + ex_0) = a - ex_0$.

注: ①上述结论 $r_1 = a + ex_0$, $r_2 = a - ex_0$ 称为椭圆中的焦半径公式.

② $|PF_1| = r_1 = a + ex_0$, 由 $-a \leqslant x_0 \leqslant a$ 得出

$r_1 \leqslant a + ea = a + c$, 且 $r_1 \geqslant a + e \cdot (-a) = a - c$,

即 $a - c \leqslant |PF_1| \leqslant a + c$.

例 3: 已知椭圆 C: $\dfrac{x^2}{a^2} + \dfrac{y^2}{b^2} = 1$ $(a > b > 0)$ 经过点 $(0, -\sqrt{3})$, 半焦距为 c, 点 F 是椭圆的右焦点, 点 F 到左顶点的距离和到直线 $x = \dfrac{a^2}{c}$ 的距离相等. 过点 F 的直线 l 交椭圆于 A, B 两点 (A 点位于 x 轴下方), 且 $|AF| = 2|BF|$, 则直线 l 的斜率为 (　　)

A. 1 　　　　　　　　　　B. 2

C. $\dfrac{\sqrt{5}}{2}$ 　　　　　　　　D. $\sqrt{5}$

答案：C.

分析： 由题意可确定 $b=\sqrt{3}$，进而根据点 F 到左顶点的距离和到右准线的距离相等列式求得 a，即得椭圆方程．结合 $|AF|=2|BF|$，转化为到准线的距离之比，构造三角形求解．

解析： 设椭圆 C：$\dfrac{x^2}{a^2}+\dfrac{y^2}{b^2}=1$（$a>b>0$）的焦距为 $2c$，由题意知 $b=\sqrt{3}$.

由点 F 到左顶点的距离和到右准线的距离相等，得 $a+c=\dfrac{a^2}{c}-c$.

又 $a^2=b^2+c^2$，联立 $a+c=\dfrac{a^2}{c}-c$，解得 $a=2$，$c=1$，

∴ 椭圆 C 的标准方程为 $\dfrac{x^2}{4}+\dfrac{y^2}{3}=1$.

如图 2，由题意可知直线 l 的斜率一定存在，$F(1,0)$.

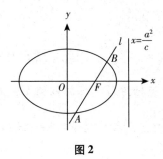

图 2

由于 $|AF|=2|BF|$（A 点位于 x 轴下方），可知直线 l 的斜率 $k>0$.

设直线 l 的方程为 $y=k(x-1)$，设 $A(x_1,y_1)$，$B(x_2,y_2)$，

联立 $\begin{cases} y=k(x-1)，\\ 3x^2+4y^2=12，\end{cases}$

可得 $(3+4k^2)x^2-8k^2x+4k^2-12=0$，$\Delta=144(k^2+1)>0$，

则 $x_1+x_2=\dfrac{8k^2}{3+4k^2}$，$x_1x_2=\dfrac{4k^2-12}{3+4k^2}$.

由 $|AF|=2|BF|$，得 $y_1=-2y_2$，即 $x_1+2x_2=3$，联立 $x_1+x_2=\dfrac{8k^2}{3+4k^2}$，

解得 $x_1=\dfrac{4k^2-9}{3+4k^2}$，$x_2=\dfrac{9+4k^2}{3+4k^2}$，

代入 $x_1 x_2 = \dfrac{4k^2 - 12}{3 + 4k^2}$ 中，即 $\dfrac{4k^2 - 9}{3 + 4k^2} \times \dfrac{9 + 4k^2}{3 + 4k^2} = \dfrac{4k^2 - 12}{3 + 4k^2}$，

解得 $k = \dfrac{\sqrt{5}}{2} \left(k = -\dfrac{\sqrt{5}}{2} \text{舍去} \right)$.

故选：C.

例4： 双曲线 $x^2 - \dfrac{y^2}{3} = 1$ 的右支上一点 P，到左焦点 F_1 与到右焦点 F_2 的距离之比为 $2:1$，求点 P 的坐标.

解： 设点 $P(x_0, y_0)$ $(x_0 > 0)$，双曲线的左准线为 l_1：$x = -\dfrac{1}{2}$，右准线为

l_2：$x = \dfrac{1}{2}$，则点 P 到 l_1，l_2 的距离分别为 $d_1 = x_0 + \dfrac{1}{2}$，$d_2 = x_0 - \dfrac{1}{2}$.

所以，$\dfrac{|PF_1|}{|PF_2|} = \dfrac{d_1}{d_2} = \dfrac{x_0 + \dfrac{1}{2}}{x_0 - \dfrac{1}{2}} = 2$，解得 $x_0 = \dfrac{3}{2}$.

将其代入原方程，得 $y_0 = \pm \dfrac{\sqrt{15}}{2}$. 因此，点 P 的坐标为 $\left(\dfrac{3}{2}, \pm \dfrac{\sqrt{15}}{2} \right)$.

例5： 已知点 P 在以坐标轴为对称轴的椭圆上，点 P 到两焦点的距离分别为 $\dfrac{4\sqrt{5}}{3}$ 和 $\dfrac{2\sqrt{5}}{3}$，过点 P 作焦点所在轴的垂线恰好过椭圆的一个焦点，求椭圆的离心率.

解： 设点 $P(x_0, y_0)$，依题意得 $x_0 = c$.

设 P 到焦点 F_1 对应准线的距离为 d_1，P 到焦点 F_2 对应准线的距离为 d_2，则由椭圆的第二定义，得 $\dfrac{|PF_1|}{d_1} = \dfrac{|PF_2|}{d_2} = e$，即 $|PF_1| = ed_1$，$|PF_2| = ed_2$，

所以，$\dfrac{|PF_1|}{|PF_2|} = \dfrac{d_1}{d_2} = \dfrac{\left| x_0 + \dfrac{a^2}{c} \right|}{\left| x_0 - \dfrac{a^2}{c} \right|} = \dfrac{\dfrac{4\sqrt{5}}{3}}{\dfrac{2\sqrt{5}}{3}} = 2$，

解得 $x_0 = \dfrac{a^2}{3c} = c$，据题意椭圆，所以 $a > c$，故另一解舍去.

所以 $e = \sqrt{\dfrac{c^2}{a^2}} = \dfrac{\sqrt{3}}{3}$.

第㉙讲　圆锥曲线中的垂径定理与第三定义

一、常用结论与方法

（1）椭圆垂径定理：已知 A，B 是椭圆 $\dfrac{x^2}{a^2}+\dfrac{y^2}{b^2}=1$（$a>b>0$）上任意两点，

且弦 AB 不平行 x 轴，M 为线段 AB 的中点，则有 $k_{AB}\cdot k_{OM}=-\dfrac{b^2}{a^2}=e^2-1$.

证明（点差法）：设 $A(x_1,\ y_1)$，$B(x_2,\ y_2)$，则 $M\left(\dfrac{x_1+x_2}{2},\ \dfrac{y_1+y_2}{2}\right)$，

$k_{OM}=\dfrac{y_1+y_2}{x_1+x_2}$，$k_{AB}=\dfrac{y_1-y_2}{x_1-x_2}$，$k_{AB}\cdot k_{OM}=\dfrac{y_1^2-y_2^2}{x_1^2-x_2^2}$.

$\because A$，B 在椭圆上，代入 A，B 坐标得

$\dfrac{x_1^2}{a^2}+\dfrac{y_1^2}{b^2}=1$①，$\dfrac{x_2^2}{a^2}+\dfrac{y_2^2}{b^2}=1$②，

两式相减得，$\dfrac{x_1^2-x_2^2}{a^2}+\dfrac{y_1^2-y_2^2}{b^2}=0$，整理得，$\dfrac{y_1^2-y_2^2}{x_1^2-x_2^2}=-\dfrac{b^2}{a^2}$，

$\therefore k_{AB}\cdot k_{OM}=-\dfrac{b^2}{a^2}=e^2-1$.

另外，椭圆焦点在 y 轴上时，$k_{AB}\cdot k_{OM}=-\dfrac{a^2}{b^2}$.

（2）双曲线垂径定理：$k_{AB}\cdot k_{OM}=\dfrac{b^2}{a^2}=e^2-1$.

（3）抛物线中同样存在类似性质：$k_{AB}\cdot y_M=p$.

（4）第三定义：平面内与两个定点 $A_1(-a,\ 0)$，$A_2(a,\ 0)$ 的斜率乘积等于常数 e^2-1 的点的轨迹叫作椭圆或双曲线（不含两个顶点）．其中两定点分别为椭圆或双曲线的顶点．当常数大于 -1 小于 0 时为椭圆，此时 $e^2-1=-\dfrac{b^2}{a^2}$；

当常数大于 0 时为双曲线，此时 $e^2 - 1 = \dfrac{b^2}{a^2}$.

【第三定义推广】平面内与两个关于原点对称的点 $A(m, n)$，$B(-m, -n)$ 的斜率乘积等于常数 $e^2 - 1$ 的点的轨迹叫作椭圆或双曲线（图 1）. 当常数大于 -1 而小于 0 时为椭圆，此时 $e^2 - 1 = -\dfrac{b^2}{a^2}$；当常数大于 0 时为双曲线，此时 $e^2 - 1 = \dfrac{b^2}{a^2}$.

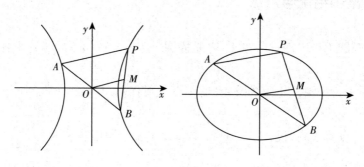

图 1

二、典型例题

例 1：椭圆 C：$\dfrac{x^2}{a^2} + \dfrac{y^2}{b^2} = 1$（$a > b > 0$）的左顶点为 A，点 P，Q 均在 C 上，且关于 y 轴对称. 若直线 AP，AQ 的斜率之积为 $\dfrac{1}{4}$，则椭圆 C 的离心率为（   ）

A. $\dfrac{\sqrt{3}}{2}$ 　　　　　　　　B. $\dfrac{\sqrt{2}}{2}$

C. $\dfrac{1}{2}$ 　　　　　　　　D. $\dfrac{1}{3}$

答案：A.

解析：

方法一：设而不求

设 $P(x_1, y_1)$，则 $Q(-x_1, y_1)$.

由 $k_{AP} \cdot k_{AQ} = \dfrac{1}{4}$ 得，$k_{AP} \cdot k_{AQ} = \dfrac{y_1}{x_1 + a} \cdot \dfrac{y_1}{-x_1 + a} = \dfrac{y_1^2}{-x_1^2 + a^2} = \dfrac{1}{4}$.

由 $\dfrac{x_1^2}{a^2} + \dfrac{y_1^2}{b^2} = 1$，得 $y_1^2 = \dfrac{b^2(a^2 - x_1^2)}{a^2}$，所以 $\dfrac{\dfrac{b^2(a^2 - x_1^2)}{a^2}}{-x_1^2 + a^2} = \dfrac{1}{4}$，即 $\dfrac{b^2}{a^2} = \dfrac{1}{4}$，

所以椭圆 C 的离心率 $e = \dfrac{c}{a} = \sqrt{1 - \dfrac{b^2}{a^2}} = \dfrac{\sqrt{3}}{2}$. 故选 A.

方法二：第三定义

设右端点为 B，连接 PB，由椭圆的对称性知，$k_{PB} = -k_{AQ}$，

故 $k_{AP} \cdot k_{AQ} = k_{PA} \cdot (-k_{PB}) = -\dfrac{1}{4}$.

由椭圆第三定义，得 $k_{PA} \cdot k_{PB} = -\dfrac{b^2}{a^2}$，故 $\dfrac{b^2}{a^2} = \dfrac{1}{4}$，

所以椭圆 C 的离心率 $e = \dfrac{c}{a} = \sqrt{1 - \dfrac{b^2}{a^2}} = \dfrac{\sqrt{3}}{2}$. 故选 A.

例2：已知直线 l 与椭圆 $\dfrac{x^2}{6} + \dfrac{y^2}{3} = 1$ 在第一象限交于 A，B 两点，l 与 x 轴、y 轴

分别交于 M，N 两点，且 $|MA| = |NB|$，$|MN| = 2\sqrt{3}$，则直线 l 的方程为_____.

答案：$x + \sqrt{2}y - 2\sqrt{2} = 0$.

解析：

方法一：弦中点问题（点差法）

如图 2，令 AB 的中点为 E，设 $A(x_1, y_1)$，$B(x_2, y_2)$，

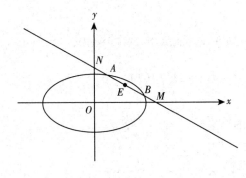

图 2

利用结论得到 $k_{OE} \cdot k_{AB} = -\dfrac{1}{2}$.

设直线 AB：$y = kx + m$，$k < 0$，$m > 0$，

令 $x = 0$ 得 $y = m$，令 $y = 0$ 得 $x = -\dfrac{m}{k}$，

即 $M\left(-\dfrac{m}{k},\ 0\right)$，$N\ (0,\ m)$，所以 $E\left(-\dfrac{m}{2k},\ \dfrac{m}{2}\right)$，

即 $k \times \dfrac{\dfrac{m}{2}}{-\dfrac{m}{2k}} = -\dfrac{1}{2}$，解得 $k = -\dfrac{\sqrt{2}}{2}$ 或 $k = \dfrac{\sqrt{2}}{2}$（舍去）.

又 $|MN| = 2\sqrt{3}$，即 $|MN| = \sqrt{m^2 + (\sqrt{2}m)^2} = 2\sqrt{3}$，

解得 $m = 2$ 或 $m = -2$（舍去），

所以直线 l 的方程：$y = -\dfrac{\sqrt{2}}{2}x + 2$，即 $x + \sqrt{2}y - 2\sqrt{2} = 0$.

方法二：直线与圆锥曲线相交的常规方法

由题意知，点 E 既为线段 AB 的中点又是线段 MN 的中点.

设 $A(x_1,\ y_1)$，$B(x_2,\ y_2)$，设直线 AB：$y = kx + m$，$k < 0$，$m > 0$，

则 $M\left(-\dfrac{m}{k},\ 0\right)$，$N\ (0,\ m)$，$E\left(-\dfrac{m}{2k},\ \dfrac{m}{2}\right)$.

因为 $|MN| = 2\sqrt{3}$，所以 $|OE| = \sqrt{3}$，

联立直线 AB 与椭圆方程可得，$\begin{cases} y = kx + m, \\ \dfrac{x^2}{6} + \dfrac{y^2}{3} = 1, \end{cases}$

消掉 y 得，$(1 + 2k^2)\ x^2 + 4mkx + 2m^2 - 6 = 0$，

其中 $\Delta = (4mk)^2 - 4(1 + 2k^2)\ (2m^2 - 6)\ > 0$，$x_1 + x_2 = -\dfrac{4mk}{1 + 2k^2}$，

$\therefore AB$ 的中点 E 的横坐标 $x_E = -\dfrac{2mk}{1 + 2k^2}$.

又 $\because E\left(-\dfrac{m}{2k},\ \dfrac{m}{2}\right)$，$\therefore x_E = -\dfrac{2mk}{1 + 2k^2} = -\dfrac{m}{2k}$.

$\because k<0$，$m>0$，$\therefore k=-\dfrac{\sqrt{2}}{2}$.

又$\because |OE|=\sqrt{\left(-\dfrac{m}{2k}\right)^{2}+\left(\dfrac{m}{2}\right)^{2}}=\sqrt{3}$，解得 $m=2$.

所以直线 l 的方程：$y=-\dfrac{\sqrt{2}}{2}x+2$，即 $x+\sqrt{2}y-2\sqrt{2}=0$.

第❸⓪讲　抛物线焦点弦的性质

一、常用结论与方法

抛物线的焦点弦具有丰富的性质，是抛物线这一节最重要的考点之一，下面给出常见的抛物线焦点弦性质．

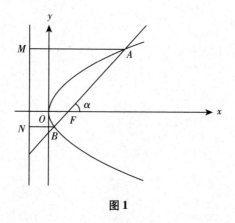

图1

假设抛物线方程为 $y^2 = 2px$，过抛物线焦点的直线 l 与抛物线交于 A，B 两点，其坐标分别为 $A(x_1，y_1)$，$B(x_2，y_2)$．

性质 1： $|AF| = x_A + \dfrac{p}{2}$， $|BF| = x_B + \dfrac{p}{2}$， $|AB| = x_A + x_B + p$．

证明：性质 1 的证明很简单，由抛物线的定义即可证得．如图 1 所示，过 A，B 向准线引垂线，垂足分别为 M，N．由定义可知， $|AM| = |AF|$， $|BN| = |BF|$，代入坐标即可证得相关结论．

性质 2：抛物线 $y^2 = 2px$ 的焦点为 F，$A(x_1，y_1)$，$B(x_2，y_2)$ 是过 F 的直线与抛物线的两个交点，则有： $x_1 x_2 = \dfrac{p^2}{4}$， $y_1 y_2 = -p^2$．

证明：$A\left(\dfrac{y_1^2}{2p},\ y_1\right)$，$B\left(\dfrac{y_2^2}{2p},\ y_2\right)$，则 AB 的方程为 $y - y_1 = \dfrac{2p}{y_1 + y_2}\left(x - \dfrac{y_1^2}{2p}\right)$，

整理可得 $(y - y_1)(y_1 + y_2) = 2px - y_1^2$，

即可得 AB 的方程为 $(y_1 + y_2) \cdot y = 2px + y_1 y_2$．

由于直线 AB 过焦点，代入焦点坐标可得 $y_1 y_2 = -p^2$．

再代入抛物线方程，可得 $x_1 x_2 = \dfrac{p^2}{4}$．

一般地，如果直线 l 恒过定点 $M(m,\ 0)$，且与抛物线 $y^2 = 2px$（$p > 0$）交于 A，B 两点，那么 $x_A x_B = m^2$，$y_A y_B = -2pm$．

于是，若 $OA \perp OB \Rightarrow AB$ 恒过定点 $(2p,\ 0)$．

性质 3：已知倾斜角为 θ 的直线 l 经过抛物线 $y^2 = 2px$ 的焦点 F，且与抛物线交于 A，B 两点，则

（1）$|AF| = \dfrac{p}{1 - \cos\theta}$，$|BF| = \dfrac{p}{1 + \cos\theta}$，$\dfrac{1}{|FA|} + \dfrac{1}{|FB|} = \dfrac{2}{p}$；

（2）$|AB| = \dfrac{2p}{\sin^2\theta}$，$S_{\triangle OAB} = \dfrac{p^2}{2\sin\theta}$，$|AB| = 2p\left(1 + \dfrac{1}{k^2}\right)$．

证明：设准线 l 交 x 轴于点 P，过点 A 作 $AM \perp x$ 轴于 M，作 $AN \perp l$ 于 N，由抛物线定义可知，$|AF| = |AN|$．其中，$|PF| = p$，$|MF| = |AF| \cdot |\cos\theta|$．

所以 $|AN| = |PF| + |FM| = p + |AF|\cos\theta$，$|AF| = p + |AF|\cos\theta$，

故 $|AF| = \dfrac{p}{1 - \cos\theta}$．

同理，$|BF| = \dfrac{p}{1 + \cos\theta}$，所以 $|AB| = |AF| + |BF| = \dfrac{2p}{1 - \cos^2\theta} = \dfrac{2p}{\sin^2\theta}$．

性质 4：抛物线的通径．

（1）通径长为 $2p$；

（2）焦点弦中，通径最短；

（3）通径越长，抛物线开口越大．

由性质 3 易得，证明略．

性质 5：已知直线 l 经过抛物线 $y^2 = 2px$ 的焦点 F，且与抛物线交于 A，B 两点，若弦 AB 中点的坐标为 $(x_0,\ y_0)$，则 $|AB| = 2\left(x_0 + \dfrac{p}{2}\right)$．

证明：设 A，B 的坐标为 $(x_1，y_1)$，$(x_2，y_2)$.

由抛物线定义得，$|AB| = |AF| + |BF| = x_1 + x_2 + p$，

故 $|AB| = 2\left(x_0 + \dfrac{p}{2}\right)$.

性质 6：以焦点弦为直径的圆与准线相切.

证明：设焦点弦的中点为 $M(x_0，y_0)$，则 M 到准线的距离为 $x_0 + \dfrac{p}{2}$，由性质 5 可证得.

二、典型例题

例 1：（2017 年全国高考 Ⅰ 卷）已知 F 为抛物线 C：$y^2 = 4x$ 的焦点，过 F 作两条互相垂直的直线 l_1，l_2，直线 l_1 与 C 交于 A，B 两点，直线 l_2 与 C 交于 D，E 两点，则 $|AB| + |DE|$ 的最小值为（　　）

A. 16　　　　　　　　　　B. 14

C. 12　　　　　　　　　　D. 10

答案：**A**.

解析：

方法一：设 $A(x_1，y_1)$，$B(x_2，y_2)$，$C(x_3，y_3)$，$D(x_4，y_4)$，直线 l_1 的方程为 $y = k_1(x - 1)$，

联立方程组，得 $\begin{cases} y^2 = 4x， \\ y = k_1(x - 1)， \end{cases}$ 整理，得 $k_1^2 x^2 - 2k_1^2 x - 4x + k_1^2 = 0$，

$\therefore x_1 + x_2 = -\dfrac{-2k_1^2 - 4}{k_1^2} = \dfrac{2k_1^2 + 4}{k_1^2}$.

同理，直线 l_2 与抛物线的交点满足 $x_3 + x_4 = \dfrac{2k_2^2 + 4}{k_2^2}$.

由抛物线定义可知，$|AB| + |DE| = x_1 + x_2 + x_3 + x_4 + 2p = \dfrac{2k_1^2 + 4}{k_1^2} + \dfrac{2k_2^2 + 4}{k_2^2}$

$+ 4 = \dfrac{4}{k_1^2} + \dfrac{4}{k_2^2} + 8 \geqslant 2\sqrt{\dfrac{16}{k_1^2 + k_2^2}} + 8 = 16$.

当且仅当 $k_1 = -k_2 = 1$（或 -1）时，取得等号. 即 $|AB| + |DE|$ 的最小值为 16. 故选 A.

方法二：设 l_1 的倾斜角为 α，则直线 l_2 的倾斜角为 $\dfrac{\pi}{2}+\alpha$，则

$$|AB|+|DE|=\dfrac{4}{\sin^2\alpha}+\dfrac{4}{\sin^2\left(\alpha+\dfrac{\pi}{2}\right)}=\dfrac{4}{\sin^2\alpha}+\dfrac{4}{\cos^2\alpha}\geqslant\dfrac{(2+2)^2}{\sin^2\alpha+\cos^2\alpha}=16.$$

故选 A.

例 2：(2022 年新高考 II 卷) 已知 O 为坐标原点，过抛物线 $C：y^2=2px$（$p>0$）的焦点 F 的直线与 C 交于 A，B 两点，点 A 在第一象限，点 $M(p，0)$，若 $|AF|=|AM|$，则（　　）

A. 直线 AB 的斜率为 $2\sqrt{6}$　　　　B. $|OB|=|OF|$

C. $|AB|>4|OF|$　　　　D. $\angle OAM+\angle OBM<180°$

答案：ACD.

解析：

选项 A，设 FM 的中点为 N，则 $x_A=x_N=\dfrac{\dfrac{p}{2}+p}{2}=\dfrac{3}{4}p$，所以 $y_A^2=2px_A=2p\cdot$

$\dfrac{3}{4}p=\dfrac{3}{2}p^2$（$y_A>0$），所以 $y_A=\dfrac{\sqrt{6}}{2}p$，故 $k_{AB}=\dfrac{\dfrac{\sqrt{6}}{2}p}{\dfrac{3}{4}p-\dfrac{p}{2}}=2\sqrt{6}.$

选项 B，$\dfrac{1}{|AF|}+\dfrac{1}{|BF|}=\dfrac{2}{p}\Rightarrow\dfrac{1}{\dfrac{3}{4}p+\dfrac{p}{2}}+\dfrac{1}{|BF|}=\dfrac{2}{p}\Rightarrow|BF|=\dfrac{5}{6}p=x_B+$

$\dfrac{p}{2}\Rightarrow x_B=\dfrac{p}{3}$，所以 $y_B^2=2p\cdot\dfrac{p}{3}=\dfrac{2p^2}{3}$，所以 $|OB|=x_B^2+y_B^2=\dfrac{p^2}{9}+\dfrac{2p^2}{3}=\dfrac{7p^2}{9}$

$\neq|OF|.$

选项 C，$|AB|=\dfrac{3}{4}p+\dfrac{p}{3}+p=\dfrac{25}{12}p>2p=4|OF|.$

选项 D，由选项 A，B 知，$A\left(\dfrac{3}{4}p，\dfrac{\sqrt{6}}{2}p\right)$，$B\left(\dfrac{p}{3}，-\dfrac{\sqrt{6}}{3}p\right)$，所以 $\overrightarrow{OA}\cdot\overrightarrow{OB}=$

$\left(\dfrac{3}{4}p，\dfrac{\sqrt{6}}{2}p\right)\cdot\left(\dfrac{p}{3}，-\dfrac{\sqrt{6}}{3}p\right)=\dfrac{p^2}{4}-p^2=-\dfrac{3}{4}p^2<0$，所以 $\angle AOB$ 为钝角.

又 $\overrightarrow{MA}\cdot\overrightarrow{MB}=\left(-\dfrac{p}{4}，\dfrac{\sqrt{6}}{2}p\right)\cdot\left(-\dfrac{p}{3}，-\dfrac{\sqrt{6}}{3}p\right)=\dfrac{p^2}{12}-p^2=-\dfrac{11}{12}p^2<0$，所以

$\angle AMB$ 为钝角；所以 $\angle OAM + \angle OBM < 180°$.

故选 ACD.

例3：（2018 年全国高考 II 卷）设抛物线 C：$y^2 = 4x$ 的焦点为 F，过 F 且斜率为 $k(k > 0)$ 的直线 l 与 C 交于 A，B 两点，$|AB| = 8$.

（1）求直线 l 的方程；

（2）求过点 A，B 且与 C 的准线相切的圆的方程.

解：（1）设直线 l 的方程为 $y = k(x - 1)$ $(k > 0)$，A，B 坐标为 (x_1, y_1)，(x_2, y_2)，联立方程可得

$$\begin{cases} y = k(x - 1), \\ y^2 = 4x, \end{cases} \text{整理，得 } k^2x^2 - (2k^2 + 4)x + k^2 = 0.$$

$\Delta = 16k^2 + 16 = 0$，故 $x_1 + x_2 = \dfrac{2k^2 + 4}{k^2}$.

所以 $|AB| = |AF| + |BF| = (x_1 + 1) + (x_2 + 1) = \dfrac{4k^2 + 4}{k^2}$.

由题设知 $\dfrac{4k^2 + 4}{k^2} = 8$，解得 $k = 1$，故直线 l 的方程为 $y = x - 1$.

（2）由（1）可得 AB 中点的坐标为 $(3, 2)$，所以 AB 的垂直平分线方程为 $y = -x + 5$，设所求圆的圆心坐标为 (x_0, y_0)，则

$$\begin{cases} y_0 = -x_0 + 5, \\ (x_0 + 1)^2 = \dfrac{(y_0 - x_0 + 1)^2}{2} + 16, \end{cases} \text{解得} \begin{cases} x_0 = 3, \\ y_0 = 2, \end{cases} \text{或} \begin{cases} x_0 = 11, \\ y_0 = -6. \end{cases}$$

因此所求圆的方程为 $(x - 3)^2 + (y - 2)^2 = 16$ 或 $(x - 11)^2 + (y + 6)^2 = 144$.

例4：已知抛物线 C：$y^2 = 2px$ $(p > 0, p \neq 4)$，过点 $A(2, 0)$ 且斜率为 k 的直线与抛物线 C 相交于 P，Q 两点.

（1）设点 B 在 x 轴上，分别记直线 PB，QB 的斜率为 k_1，k_2，若 $k_1 + k_2 = 0$，求点 B 的坐标；

（2）过抛物线 C 的焦点 F 作直线 PQ 的平行线与抛物线 C 相交于 M，N 两点，求 $\dfrac{|MN|}{|AP| \cdot |AQ|}$ 的值.

解：（1）由题意，直线 PQ 的方程为 $y = k(x - 2)$，其中 $k \neq 0$.

设 $B(m, 0)$，$P\left(\dfrac{y_1^2}{2p}, y_1\right)$，$Q\left(\dfrac{y_2^2}{2p}, y_2\right)$，联立 $\begin{cases} y = k(x-2), \\ y^2 = 2px, \end{cases}$

消去 x，得 $y^2 - \dfrac{2p}{k}y - 4p = 0.$

$\therefore \Delta = \dfrac{4p^2}{k^2} + 16p > 0$，$y_1 + y_2 = \dfrac{2p}{k}$，$y_1 y_2 = -4p.$

$\because k_1 + k_2 = 0,$

$\therefore \dfrac{y_1}{\dfrac{y_1^2}{2p} - m} + \dfrac{y_2}{\dfrac{y_2^2}{2p} - m} = 0$，即 $\dfrac{y_1 y_2 (y_1 + y_2)}{2p} - m(y_1 + y_2) = 0,$

$\therefore \left(\dfrac{-4p}{2p} - m\right) \cdot \dfrac{2p}{k} = 0$，即 $(m+2) \cdot \dfrac{2p}{k} = 0.$

$\because p > 0$，$\therefore m = -2,$

$\therefore$ 点 B 的坐标为 $(-2, 0).$

（2）由题意，直线 MN 的方程为 $y = k\left(x - \dfrac{p}{2}\right)$，其中 $k = \tan\theta$，θ 为倾斜

角，则 $\sin\theta = \dfrac{|k|}{\sqrt{1+k^2}}$，$\therefore |AP| \cdot |AQ| = \dfrac{-y_1 y_2}{\sin^2\theta} = \dfrac{4p}{\dfrac{k^2}{1+k^2}} = \left(1 + \dfrac{1}{k^2}\right) \cdot 4p.$

设 $M\left(\dfrac{y_3^2}{2p}, y_3\right)$，$N\left(\dfrac{y_4^2}{2p}, y_4\right)$，联立 $\begin{cases} y = k\left(x - \dfrac{p}{2}\right), \\ y^2 = 2px, \end{cases}$

消去 x，得 $y^2 - \dfrac{2p}{k}y - p^2 = 0,$

$\therefore \Delta = \dfrac{4p^2}{k^2} + 4p^2 > 0$，$y_3 + y_4 = \dfrac{2p}{k}$，$y_3 y_4 = -p^2,$

$\therefore |MN| = \sqrt{1 + \dfrac{1}{k^2}}|y_3 - y_4| = \sqrt{1 + \dfrac{1}{k^2}}\sqrt{(y_3 + y_4)^2 - 4y_3 y_4} = \left(1 + \dfrac{1}{k^2}\right) \cdot 2p,$

$\therefore \dfrac{|MN|}{|AP| \cdot |AQ|} = \dfrac{\left(1 + \dfrac{1}{k^2}\right) \cdot 2p}{\left(1 + \dfrac{1}{k^2}\right) \cdot 4p} = \dfrac{1}{2}.$

第③讲 圆锥曲线的切线与蒙日圆

一、常用结论与方法

(一)过圆锥曲线上一点的切线(单切线)

1. 过椭圆上一点的切线问题(单切线)

过椭圆 $\dfrac{x^2}{a^2}+\dfrac{y^2}{b^2}=1$ 上一点 $P(x_0,y_0)$ 与椭圆相切的直线为 l,其斜率为 k,则有以下结论:

(1) $k=-\dfrac{b^2}{a^2}\cdot\dfrac{x_0}{y_0}$;

(2) $k\cdot k_{OP}=-\dfrac{b^2}{a^2}$;

(3) 直线 l 的方程为 $\dfrac{xx_0}{a^2}+\dfrac{yy_0}{b^2}=1$.

证明:

(1) 证法一(导数法): $\dfrac{x^2}{a^2}+\dfrac{y^2}{b^2}=1\Rightarrow b^2x^2+a^2y^2=a^2b^2$,

对方程 $b^2x^2+a^2y^2=a^2b^2$ 的两边对 x 求导,得 $2b^2x+2a^2yy'=0$,

则 $y'=-\dfrac{b^2x}{a^2y}$,即切线斜率为 $k=-\dfrac{b^2x_0}{a^2y_0}$.

证法二(判别式法):当切线斜率存在时,设在 $P(x_0,y_0)$ 处的切线方程为 $y-y_0=k(x-x_0)$,

联立方程组,得 $\begin{cases}y-y_0=k(x-x_0),\\[2mm]\dfrac{x^2}{a^2}+\dfrac{y^2}{b^2}=1,\end{cases}$ 整理,得 $(b^2+a^2k^2)x^2+2a^2k(y_0-kx_0)x+a^2(y_0-kx_0)^2-a^2b^2=0$,

$$\Delta = \left[2a^2(y_0 - kx_0)k\right]^2 - 4(b^2 + a^2k^2)\left[a^2(y_0 - kx_0)^2 - a^2b^2\right] = 0,$$

即 $\Delta = (a^2 - x_0^2)k^2 + 2x_0y_0k + b^2 - y_0^2 = 0①,$

由点 $P(x_0,\ y_0)$ 在椭圆上，则 $\dfrac{x_0^2}{a^2} + \dfrac{y_0^2}{b^2} = 1 \Rightarrow \begin{cases} a^2 - x_0^2 = \dfrac{a^2y_0^2}{b^2}, \\ b^2 - y_0^2 = \dfrac{b^2x_0^2}{a^2}, \end{cases}$ ②

②代入①得 $\left(\dfrac{ay_0}{b}k + \dfrac{bx_0}{a}\right)^2 = 0 \Rightarrow k = -\dfrac{b^2}{a^2} \cdot \dfrac{x_0}{y_0}.$

(2) 由 (1) 得 $k = -\dfrac{b^2 x_0}{a^2 y_0}$，又 $k_{OP} = \dfrac{y_0}{x_0}$，则 $k \cdot k_{OP} = -\dfrac{b^2}{a^2}.$

(3) 由 (1) 得 $k = -\dfrac{b^2 x_0}{a^2 y_0}$，则切线方程：$y - y_0 = -\dfrac{b^2 x_0}{a^2 y_0}(x - x_0),$

整理，得 $a^2 y y_0 + b^2 x_0 x = a^2 y_0^2 + b^2 x_0^2 = a^2 b^2$，则 $\dfrac{xx_0}{a^2} + \dfrac{yy_0}{b^2} = 1.$

2. 过双曲线上一点的切线问题（单切线）

过双曲线 $\dfrac{x^2}{a^2} - \dfrac{y^2}{b^2} = 1$ 上一点 $P(x_0,\ y_0)$ 与双曲线相切的直线为 l，其斜率为 k，则有

(1) $k = \dfrac{b^2}{a^2} \cdot \dfrac{y_0}{x_0}$；

(2) $k \cdot k_{OP} = \dfrac{b^2}{a^2}$；

(3) 直线 l 的方程为 $\dfrac{xx_0}{a^2} - \dfrac{yy_0}{b^2} = 1.$

3. 过抛物线上一点的切线问题（单切线）

过抛物线 $y^2 = 2px$ 上一点 $P(x_0,\ y_0)$ 与抛物线相切的直线为 l，其斜率为 k，则有

(1) $k = \dfrac{p}{y_0}$；

(2) 直线 l 的方程为 $y_0 y = p(x + x_0).$

（二）过圆锥曲线外一点的切线问题（双切线）

1. 过椭圆外一点的切线问题（双切线）

过椭圆 $\dfrac{x^2}{a^2} + \dfrac{y^2}{b^2} = 1$ 外一点 $P(x_0, y_0)$ 向椭圆引两条切线 PA，PB，两切点为 A，B.

（1）切点弦 AB 的直线方程为 $\dfrac{xx_0}{a^2} + \dfrac{yy_0}{b^2} = 1$；

（2）当 $PA \perp PB$ 时，点 P 在定圆：$x^2 + y^2 = a^2 + b^2$（蒙日圆）上.

蒙日圆：在椭圆中，任意两条垂直的切线的交点都在同一个圆上，这个圆叫蒙日圆.

证明：（1）$A(x_1, y_1)$，$B(x_2, y_2)$，$P(x_0, y_0)$，

$\dfrac{x^2}{a^2} + \dfrac{y^2}{b^2} = 1 \Rightarrow b^2 x^2 + a^2 y^2 = a^2 b^2$.

对方程 $b^2 x^2 + a^2 y^2 = a^2 b^2$ 的两边对 x 求导，得 $2b^2 x + 2a^2 y y' = 0$，

则 $y' = -\dfrac{b^2 x}{a^2 y}$，即在点 (x, y) 处的切线斜率：$k = -\dfrac{b^2 x}{a^2 y}$，

则切线 PA 的方程：$y - y_1 = -\dfrac{b^2}{a^2} \cdot \dfrac{x_1}{y_1}(x - x_1)$，

即 $a^2 y_1 y + b^2 x_1 x = a^2 y_1^2 + b^2 x_1^2 = a^2 b^2$，

则切线 PA 的方程：$\dfrac{x_1 x}{a^2} + \dfrac{y_1 y}{b^2} = 1$，

同理，可得切线 PB 的方程：$\dfrac{x_2 x}{a^2} + \dfrac{y_2 y}{b^2} = 1$.

又 $P(x_0, y_0)$ 在两条切线上，将点 P 代入两切线方程：$\begin{cases} \dfrac{x_1 x_0}{a^2} + \dfrac{y_1 y_0}{b^2} = 1, \\ \dfrac{x_1 x_0}{a^2} + \dfrac{y_1 y_0}{b^2} = 1, \end{cases}$

则 A，B 两点均在直线 $\dfrac{x_0 x}{a^2} + \dfrac{y_0 y}{b^2} = 1$，

则 AB 的直线方程为 $\dfrac{x_0 x}{a^2} + \dfrac{y_0 y}{b^2} = 1$.

（2）当切线斜率存在时，设在 $P(x_0, y_0)$ 处的切线方程为 $y - y_0 = k(x - x_0)$.

联立方程组得 $\begin{cases} y - y_0 = k(x - x_0), \\ \dfrac{x^2}{a^2} + \dfrac{y^2}{b^2} = 1, \end{cases}$ 整理得, $(b^2 + a^2 k^2)x^2 + 2a^2 k(y_0 - kx_0)x$

$+ a^2(y_0 - kx_0)^2 - a^2 b^2 = 0$,

$\Delta = [2a^2(y_0 - kx_0)k]^2 - 4(b^2 + a^2 k^2)[a^2(y_0 - kx_0)^2 - a^2 b^2] = 0$,

即 $\Delta = (a^2 - x_0^2)k^2 + 2x_0 y_0 k + b^2 - y_0^2 = 0(*)$,

切线 PA, PB 的斜率 k_{PA}, k_{PB} 为方程（$*$）的两个根，

由 $PA \perp PB$, 则 $k_{PA} \cdot k_{PB} = \dfrac{b^2 - y_0^2}{a^2 - x_0^2} = -1$, 即 $x_0^2 + y_0^2 = a^2 + b^2$,

则点 P 在定圆: $x^2 + y^2 = a^2 + b^2$ 上.

2. 过双曲线外一点的切线问题（双切线）

过双曲线 $\dfrac{x^2}{a^2} - \dfrac{y^2}{b^2} = 1$ 外一点 $P(x_0, y_0)$ 向双曲线引两条切线 PA, PB, 两切点为 A, B.

（1）切点弦 AB 的直线方程为 $\dfrac{xx_0}{a^2} - \dfrac{yy_0}{b^2} = 1$；

（2）当 $PA \perp PB$ 时，点 P 在定圆: $x^2 + y^2 = a^2 - b^2$ 上 $\left(\dfrac{x^2}{a^2} - \dfrac{y^2}{b^2} = 1(a > b) \text{ 时成立} \right)$.

证明：（1）$A(x_1, y_1)$, $B(x_2, y_2)$, $P(x_0, y_0)$,

$\dfrac{x^2}{a^2} - \dfrac{y^2}{b^2} = 1 \Rightarrow b^2 x^2 - a^2 y^2 = a^2 b^2$.

对方程 $b^2 x^2 - a^2 y^2 = a^2 b^2$ 的两边对 x 求导，得 $2b^2 x - 2a^2 yy' = 0$,

则 $y' = \dfrac{b^2 x}{a^2 y}$, 即在点 (x, y) 处的切线斜率: $k = \dfrac{b^2 x}{a^2 y}$,

则切线 PA 的方程: $y - y_1 = \dfrac{b^2}{a^2} \cdot \dfrac{x_1}{y_1}(x - x_1)$,

即 $a^2 y_1 y - b^2 x_1 x = a^2 y_1^2 - b^2 x_1^2 = -a^2 b^2$,

则切线 PA 的方程: $\dfrac{x_1 x}{a^2} - \dfrac{y_1 y}{b^2} = 1$,

同理，可得切线 PB 的方程：$\dfrac{x_2x}{a^2} - \dfrac{y_2y}{b^2} = 1$.

又 $P(x_0, y_0)$ 在两条切线上，将点 P 代入两切线方程，$\begin{cases} \dfrac{x_1x_0}{a^2} - \dfrac{y_1y_0}{b^2} = 1, \\[3mm] \dfrac{x_1x_0}{a^2} - \dfrac{y_1y_0}{b^2} = 1, \end{cases}$

则 A，B 两点均在直线 $\dfrac{x_0x}{a^2} - \dfrac{y_0y}{b^2} = 1$，则 AB 的直线方程：$\dfrac{x_0x}{a^2} - \dfrac{y_0y}{b^2} = 1$.

（2）当切线斜率存在时，

设在 $P(x_0, y_0)$ 处的切线方程：$y - y_0 = k(x - x_0)$.

联立方程组得 $\begin{cases} y - y_0 = k(x - x_0), \\[3mm] \dfrac{x^2}{a^2} - \dfrac{y^2}{b^2} = 1, \end{cases}$ 整理，得 $(b^2 - a^2k^2)x^2 - 2a^2k(y_0 - kx_0)x$

$- a^2(y_0 - kx_0)^2 - a^2b^2 = 0$,

$\Delta = [2a^2(y_0 - kx_0)k]^2 + 4(b^2 - a^2k^2)[a^2(y_0 - kx_0)^2 + a^2b^2] = 0$,

即 $\Delta = (a^2 - x_0^2)k^2 + 2x_0y_0k - b^2 - y_0^2 = 0(*)$,

切线 PA，PB 的斜率 k_{PA}，k_{PB} 为方程（$*$）的两个根，

由 $PA \perp PB$，则 $k_{PA} \cdot k_{PB} = \dfrac{-b^2 - y_0^2}{a^2 - x_0^2} = -1$，即 $x_0^2 + y_0^2 = a^2 - b^2(a > b)$,

则点 P 在定圆：$x^2 + y^2 = a^2 - b^2$ 上.

3. 过抛物线外一点的切线问题（双切线）

过抛物线 $y^2 = 2px$ 外一点 $P(x_0, y_0)$ 向抛物线引两条切线 PA，PB，两切点为 A，B.

（1）切点弦 AB 的直线方程：$y_0y = p(x + x_0)$；

（2）当 $PA \perp PB$ 时，点 P 在抛物线 $y^2 = 2px$ 的准线 $x = -\dfrac{p}{2}$ 上，且 $PF \perp AB$.

阿基米德三角形：已知 A，B 为抛物线 $x^2 = 2py$ 上两点，以 $A(x_1, y_1)$，$B(x_2, y_2)$ 为切点的抛物线的两条切线交于点 P，则 $\triangle ABP$ 为阿基米德三角形.

证明：（1）$A(x_1, y_1)$，$B(x_2, y_2)$，$P(x_0, y_0)$,

对方程 $y^2 = 2px$ 的两边对 x 求导，得 $2yy' - 2p = 0$,

则 $y' = \dfrac{p}{y}$，即在点 (x, y) 处的切线斜率：$k = \dfrac{p}{y}$，

则切线 PA 的方程：$y - y_1 = \dfrac{p}{y_1}(x - x_1)$，即 $y_1 y = p(x + x_1)$．

同理，可得切线 PB 的方程：$y_2 y = p(x + x_2)$．

又 $P(x_0, y_0)$ 在两条切线上，将点 P 代入两切线方程：$\begin{cases} y_1 y_0 = p(x_0 + x_1), \\ y_2 y_0 = p(x_0 + x_2), \end{cases}$

则 A，B 两点均在直线 $y_0 y = p(x + x_0)$，则 AB 的直线方程：$y_0 y = p(x + x_0)$．

（2）当切线斜率存在时，

设在 $P(x_0, y_0)$ 处的切线方程：$y - y_0 = k(x - x_0)$，

联立方程组得 $\begin{cases} y - y_0 = k(x - x_0), \\ y^2 = 2px, \end{cases}$ 整理，得 $k^2 x^2 + [2k(y_0 - kx_0) - 2p]x +$

$(y_0 - kx_0)^2 = 0$，

$\Delta = 4[(y_0 - kx_0)k - p]^2 - 4k^2(y_0 - kx_0)^2 = 0$，

即 $2px_0 k^2 - 2py_0 k + p^2 = 0(*)$，

切线 PA，PB 的斜率 k_{PA}，k_{PB} 为方程（$*$）的两个根．

由 $PA \perp PB$，则 $k_{PA} \cdot k_{PB} = \dfrac{p^2}{2px_0} = -1$，即 $x_0 = -\dfrac{p}{2}$，

则点 P 在抛物线 $y^2 = 2px$ 的准线：$x = -\dfrac{p}{2}$ 上．

此时，$k_{AB} \cdot k_{PF} = \dfrac{p}{y_0} \cdot \dfrac{y_0}{x_0 - \dfrac{p}{2}} = -1$，则 $PF \perp AB$．

二、典型例题

类型一：过圆锥曲线上一点切线问题

例1：已知椭圆 C：$\dfrac{x^2}{a^2} + \dfrac{y^2}{b^2} = 1$（$a > b > 0$）的焦距为 2，且长轴长与短轴长

之比为 $\sqrt{2} : 1$．

（1）求椭圆 C 的方程；

（2）若不与坐标轴平行的直线 l 与椭圆 C 相切于点 P，O 为坐标原点，求

直线 OP 与直线 l 的斜率之积.

解：（1）设椭圆 C 的焦距为 $2c$，则由已知得 $2c = 2$，且 $\dfrac{2a}{2b} = \sqrt{2}$.

又 $a^2 = b^2 + c^2$，

所以 $a^2 = 2$，$b^2 = 1$，

所以椭圆 C 的方程为 $\dfrac{x^2}{2} + y^2 = 1$.

（2）方法一：由题意，可设 l 的方程为 $y = kx + m$（$k \neq 0$），

与椭圆 C 的方程联立，消去 y，整理，得 $(1 + 2k^2)\,x^2 + 4kmx + 2m^2 - 2 = 0$ ①，由直线 l 与椭圆 C 相切，可得 $\Delta = (4km)^2 - 4\,(1 + 2k^2)\,(2m^2 - 2) = 0$，整理得 $m^2 = 1 + 2k^2$②.

将②代入①得 $(mx + 2k)^2 = 0$.

设 $P(x_0, y_0)$，则 $x_0 = -\dfrac{2k}{m}$，$y_0 = \dfrac{1}{m}$，因此直线 OP 的斜率：$k_{OP} = -\dfrac{1}{2k}$.

又因为直线 l 的斜率为 k，

所以直线 OP 与直线 l 的斜率之积：$k_l \cdot k_{OP} = -\dfrac{1}{2k} \cdot k = -\dfrac{1}{2}$.

方法二：设 $P(x_0, y_0)$，对方程 $\dfrac{x^2}{2} + y^2 = 1$ 的两边对 x 求导得，

$y' = -\dfrac{x}{2y}$，即在 $P(x_0, y_0)$ 处切线斜率为 $k_l = -\dfrac{x_0}{2y_0}$，$k_{OP} = \dfrac{y_0}{x_0}$，

$k_l \cdot k_{OP} = -\dfrac{x_0}{2y_0} \cdot \dfrac{y_0}{x_0} = -\dfrac{1}{2}$.

类型二：过圆锥曲线外一点切线问题（蒙日圆）

例2：设 O 是坐标原点，以 F_1，F_2 为焦点的椭圆 C：$\dfrac{x^2}{a^2} + \dfrac{y^2}{b^2} = 1$（$a > b > 0$）的长轴长为 $2\sqrt{2}$，以 $|F_1F_2|$ 为直径的圆和 C 恰好有两个交点.

（1）求 C 的方程；

（2）P 是 C 外的一点，过 P 的直线 l_1，l_2 均与 C 相切，且 l_1，l_2 的斜率之积为 m.

① 当 $m = -1$ 时，证明 P 在一个定圆上；

② $-1 \leqslant m \leqslant -\dfrac{1}{2}$，记 u 为 $|PO|$ 的最小值，求 u 的取值范围.

解：（1）由题意，$2a = 2\sqrt{2}$，即 $a = \sqrt{2}$.

又以 $|F_1 F_2|$ 为直径的圆和 C 恰好有两个交点，即 $b = c$.

又 $\because b^2 + c^2 = a^2 = 2$，

$\therefore b = c = 1$，

$\therefore$ 椭圆 C 的方程为 $\dfrac{x^2}{2} + y^2 = 1$.

（2）由题意，l_1，l_2 的斜率存在且不为零，

设过点 $P(x_0, y_0)$ 的切线 $l : y - y_0 = k(x - x_0)$，

联立方程组得 $\begin{cases} y - y_0 = k\ (x - x_0), \\ \dfrac{x^2}{2} + y^2 = 1, \end{cases}$

消去 y，得 $(1 + 2k^2)\ x^2 + 4k\ (y_0 - kx_0)\ x + 2(y_0 - kx_0)^2 - 2 = 0$.

$\because l$ 与 C 相切，

$\therefore \Delta = 16k^2(y_0 - kx_0)^2 - 8(1 + 2k^2)\ \left[(y_0 - kx_0)^2 - 1 \right]\ = 0$，

整理成关于 k 的一元二次方程得 $(2 - x_0^2)k^2 + 2x_0 y_0 k + 1 - y_0^2 = 0 (x_0 \neq \pm\sqrt{2})$.

设 l_1，l_2 的斜率分别为 k_1，k_2，

易知 k_1，k_2 为方程 $(2 - x_0^2)k^2 + 2x_0 y_0 k + 1 - y_0^2 = 0 (x_0 \neq \pm\sqrt{2})$ 的两根，

$\therefore k_1 k_2 = \dfrac{y_0^2 - 1}{x_0^2 - 2} = m$.

① $m = -1$ 时，$x_0^2 + y_0^2 = 3$，即点 P 在一个定圆上；

② $y_0^2 = mx_0^2 + 1 - 2m$，则记 $|OP|^2 = x_0^2 + y_0^2 = (1 + m)x_0^2 + 1 - 2m$.

当 $x_0 = 0$ 时，有为 $|PO|_{\min} = u = \sqrt{1 - 2m}$，

又 $-1 \leqslant m \leqslant -\dfrac{1}{2}$，

则 $\sqrt{2} \leqslant u \leqslant \sqrt{3}$，

即 u 的取值范围为 $\left[\sqrt{2}, \sqrt{3} \right]$.

第❸❷讲　圆锥曲线中的非对称韦达定理问题

一、常用结论与方法

在一些定点、定值、定线问题中，还常出现需要证明类似 $\dfrac{(y_2-2)x_1}{(y_1+2)x_2}$ 为定值的情形，通过直线代换可得，$\dfrac{(y_2-2)x_1}{(y_1+2)x_2}=\dfrac{(kx_2+2)x_1}{(kx_1+6)x_2}=\dfrac{kx_1x_2+2x_1}{kx_1x_2+6x_2}$，但此时式子并不能完全整理为韦达定理的形式，这种式子一般称为"非对称韦达定理".

或者在处理斜率比值的时，$\dfrac{k_{PA}}{k_{PB}}=\dfrac{\dfrac{y_1-t}{x_1}}{\dfrac{y_2-t}{x_2}}=\dfrac{x_2y_1-tx_2}{x_1y_2-tx_1}=\dfrac{kx_1x_2+(m-t)x_2}{kx_1x_2+(m-t)x_1}$.

我们明明求得了韦达定理却无法代入，这时就需要通过所求得的韦达定理找到 x_1+x_2 和 $x_1\cdot x_2$ 之间的关系，将其中一个进行替换，常用手段是把乘法替换成加法.

这样的非对称形式，即韦达定理无法直接代入，可以通过韦达定理构造互化公式，先局部互化，然后可整理成对称型.

具体办法：

（1）联立方程后得到韦达定理：$\begin{cases}x_1+x_2=f(t)\\x_1x_2=g(t)\end{cases}\Rightarrow m(t)(x_1+x_2)=n(t)x_1x_2$，代入之后进行代换消元解题.

（2）利用点在椭圆方程上进行代换.

二、典型例题

例1：如图1，已知双曲线 $C:\dfrac{x^2}{a^2}-\dfrac{y^2}{3a^2}=1$ $(a>0)$ 的左顶点为 A，右焦点

为 F，P 是直线 l：$x = \dfrac{a}{2}$ 上一点，且 P 不在 x 轴上，以点 P 为圆心，线段 PF 的长为半径的圆弧 AF 交 C 的右支于点 N.

（1）证明：$\angle APN = 2\angle NPF$；

（2）取 $a = 1$，若直线 PF 与 C 的左、右两支分别交于 E，D 两点，过 E 作 l 的垂线，垂足为 R，试判断直线 DR 是否过定点. 若是，求出定点的坐标；若不是，请说明理由.

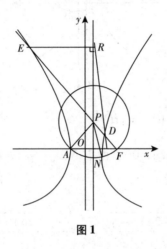

图 1

分析： 如图 2，（1）过 N 作 l 的垂线，垂足为 H，且与圆弧 AF 交于点 M，则 $MN /\!/ AF$. 结合圆的知识可得 $|AM| = |NF|$，$|MH| = |HN|$. 设点 N（x_0，y_0），则 $\dfrac{x_0^2}{a^2} - \dfrac{y_0^2}{3a^2} = 1$. 由 $\dfrac{|NF|}{|HN|} = 2$，可得 $|NF| = 2|HN|$，即得 $|AM| = |NF| = |MN|$（用双曲线的第二定义说明也可以），由相等弦长所对的圆心角相等，得 $\angle APM = \angle MPN = \angle NPF$，进而求解；

（2）设直线 PF 的方程为 $x = my + 2$，由题意可得 $m \in \left(-\infty, -\dfrac{\sqrt{3}}{3} \right) \cup$ $\left(\dfrac{\sqrt{3}}{3}, +\infty \right)$. 联立方程组，结合韦达定理可得 $y_1 + y_2$，$y_1 y_2$. 由题知，直线 DR 的方程为 $y - y_2 = \dfrac{y_2 - y_1}{\dfrac{1}{2} - x_1} \left(x - \dfrac{1}{2} \right)$，令 $y = 0$，化简即可求解.

（1）证明：如图 2，过 N 作 l 的垂线，垂足为 H，且与圆弧 AF 交于点 M，

则 $MN /\!/ AF.$ 连接 AM，PM，$NF.$ 因为在圆 P 中，$PH \perp AF$，$PH \perp MN$，

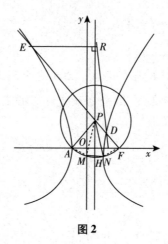

图 2

所以 $|AM| = |NF|$，$|MH| = |HN|$.

由题易知，右焦点 $F(2a，0)$，设点 $N(x_0，y_0)$，则 $\dfrac{x_0^2}{a^2} - \dfrac{y_0^2}{3a^2} = 1$，整理得 y_0^2

$= 3x_0^2 - 3a^2.$

因为 $\dfrac{|NF|}{|HN|} = \dfrac{\sqrt{(x_0 - 2a)^2 + y_0^2}}{\left| x_0 - \dfrac{a}{2} \right|} = \dfrac{\sqrt{(x_0 - 2a)^2 + 3x_0^2 - 3a^2}}{\left| x_0 - \dfrac{a}{2} \right|}$

$= \dfrac{\sqrt{(2x_0 - a)^2}}{\left| x_0 - \dfrac{a}{2} \right|} = \dfrac{|2x_0 - a|}{\left| x_0 - \dfrac{a}{2} \right|} = 2,$

所以 $|NF| = 2|HN|$，所以 $|AM| = |NF| = |MN|$.

这里，若用双曲线的第二定义说明也可以．如下：因为直线 $l: x = \dfrac{a}{2}$ 为双

曲线 $C: \dfrac{x^2}{a^2} - \dfrac{y^2}{3a^2} = 1(a > 0)$ 的准线．根据双曲线的第二定义可知，$\dfrac{|NF|}{|HN|} = \dfrac{c}{a}$

$= 2$，即 $|NF| = 2|HN|$，即得 $|AM| = |NF| = |MN|$.

在圆 P 中，由相等弦长所对的圆心角相等，得 $\angle APM = \angle MPN = \angle NPF$，

所以 $\angle APN = 2\angle NPF$.

(2) 解：由题知双曲线 $C: x^2 - \dfrac{y^2}{3} = 1$，渐近线：$y = \pm\dfrac{\sqrt{3}}{3}x$，右焦点：

$F(2,0)$，直线 PF 的斜率不为 0，设直线 PF 的方程为 $x = my + 2$，

因为直线 PF 与 C 的左，右两支分别交于 E，D 两点，则 $m \in \left(-\infty,\ -\dfrac{\sqrt{3}}{3} \right) \cup$

$\left(\dfrac{\sqrt{3}}{3},\ +\infty \right)$.

设 $D(x_1, y_1)$，$E(x_2, y_2)$，$R\left(\dfrac{1}{2},\ y_2 \right)$ $(y_1 \neq y_2)$，

联立方程组 $\begin{cases} x = my + 2, \\ x^2 - \dfrac{y^2}{3} = 1, \end{cases}$ 得 $(3m^2 - 1)y^2 + 12my + 9 = 0$，

则有 $y_1 + y_2 = \dfrac{12m}{3m^2 - 1}$，$y_1 y_2 = -\dfrac{9}{3m^2 - 1}$.

由题可知，直线 DR 的方程为 $y - y_2 = \dfrac{y_2 - y_1}{\dfrac{1}{2} - x_1}\left(x - \dfrac{1}{2} \right)$，

令 $y = 0$，

得 $x = \dfrac{x_1 y_2 - \dfrac{1}{2} y_1}{y_2 - y_1} = \dfrac{(my_1 + 2)y_2 - \dfrac{1}{2} y_1}{y_2 - y_1} = \dfrac{my_1 y_2 + 2y_2 - \dfrac{1}{2} y_1}{y_2 - y_1}$

$= \dfrac{-\dfrac{3}{4}(y_1 + y_2) + 2y_2 - \dfrac{1}{2} y_1}{y_2 - y_1}$

$= \dfrac{\dfrac{5}{4}(y_2 - y_1)}{y_2 - y_1} = \dfrac{5}{4}$，

所以直线 DR 过定点 $\left(\dfrac{5}{4},\ 0 \right)$.

例2：椭圆 $C: \dfrac{x^2}{a^2} + \dfrac{y^2}{b^2} = 1 (a > b > 0)$ 的长轴长为 4，且椭圆 C 过点 $\left(\sqrt{3},\ \dfrac{\sqrt{3}}{2} \right)$.

（1）求椭圆 C 的标准方程；

（2）如图 3，已知 A，B 为椭圆 C 的左、右顶点，过右焦点 F 且斜率不为 0 的直线交椭圆 C 于点 M，N，直线 AM 与直线 $x = 4$ 交于点 P，记 PA，PF，BN

的斜率分别为 k_1，k_2，k_3，问 $\dfrac{k_1+k_3}{k_2}$ 是不是定值．如果是，求出该定值；如果不是，请说明理由．

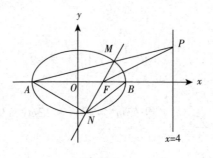

图 3

解：（1）由题意得 $2a=4$，解得 $a=2$，

将 $\left(\sqrt{3}, \dfrac{\sqrt{3}}{2}\right)$ 代入椭圆方程 $C：\dfrac{x^2}{4}+\dfrac{y^2}{b^2}=1$，得 $\dfrac{3}{4}+\dfrac{3}{4b^2}=1$，解得 $b^2=3$，

故椭圆方程为 $C：\dfrac{x^2}{4}+\dfrac{y^2}{3}=1$．

（2）因为 $a=2$，$c=\sqrt{4-3}=1$，所以 $F(1, 0)$，$A(-2, 0)$，$B(2, 0)$．

设直线 $MN：x=my+1$，

联立 $x=my+1$ 与 $C：\dfrac{x^2}{4}+\dfrac{y^2}{3}=1$ 可得，$(3m^2+4)y^2+6my-9=0$，

$\Delta=36m^2+36(3m^2+4)>0$ 恒成立．

设 $M(x_1, y_1)$，$N(x_2, y_2)$，则 $y_1+y_2=\dfrac{-6m}{3m^2+4}$，$y_1y_2=\dfrac{-9}{3m^2+4}$，

直线 $AM：\dfrac{y}{y_1}=\dfrac{x+2}{x_1+2}$，令 $x=4$，得 $y=\dfrac{6y_1}{x_1+2}$，故 $P\left(4, \dfrac{6y_1}{x_1+2}\right)$，

$k_1=\dfrac{y_1}{x_1+2}$，$k_2=\dfrac{\dfrac{6y_1}{x_1+2}-0}{4-1}=\dfrac{2y_1}{x_1+2}$，$k_3=\dfrac{y_2}{x_2-2}$，

则 $\dfrac{k_1+k_3}{k_2}=\dfrac{\dfrac{y_1}{x_1+2}+\dfrac{y_2}{x_2-2}}{\dfrac{2y_1}{x_1+2}}=\dfrac{1}{2}+\dfrac{y_2}{x_2-2}\cdot\dfrac{x_1+2}{2y_1}=\dfrac{1}{2}+\dfrac{y_2(my_1+3)}{2y_1(my_2-1)}$

$$= \frac{1}{2} + \frac{my_1y_2 + 3y_2}{2my_1y_2 - 2y_1} = \frac{1}{2} + \frac{\dfrac{-9m}{3m^2+4} + 3y_2}{\dfrac{-18m}{3m^2+4} - 2y_1} = \frac{1}{2} - \frac{3(3m^2+4)y_2 - 9m}{2(3m^2+4)y_1 + 18m}$$

$$= \frac{(3m^2+4)(y_1 - 3y_2) + 18m}{2(3m^2+4)y_1 + 18m} = \frac{(3m^2+4)\left[-3(y_1+y_2) + 4y_1\right] + 18m}{2(3m^2+4)y_1 + 18m}$$

$$= \frac{(3m^2+4)\left(\dfrac{18m}{3m^2+4} + 4y_1\right) + 18m}{2(3m^2+4)y_1 + 18m} = \frac{4(3m^2+4)y_1 + 36m}{2(3m^2+4)y_1 + 18m} = 2 .$$

$\therefore \dfrac{k_1 + k_3}{k_2}$ 为定值 2.

总结：

求解定值问题常见方法：

（1）从特殊入手，求出定值，再证明这个值与变量无关；

（2）直接推理计算，并在计算推理的过程中消去变量，从而得到定值.

例 3：已知椭圆 $C: \dfrac{x^2}{a^2} + \dfrac{y^2}{b^2} = 1$（$a > b > 0$）的左、右顶点分别为 A，B，离

心率为 $\dfrac{1}{2}$，点 $P\left(1, \dfrac{3}{2}\right)$ 为椭圆上一点.

（1）求椭圆 C 的标准方程；

（2）如图 4 所示，过点 $C(0, 1)$ 且斜率大于 1 的直线 l 与椭圆交于 M，N 两

点，记直线 AM 的斜率为 k_1，直线 BN 的斜率为 k_2，若 $k_1 = 2k_2$，求直线 l 的斜率.

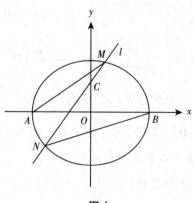

图 4

解：（1）因为椭圆的离心率为 $\dfrac{1}{2}$，所以 $a = 2c$.

又因为 $a^2 = b^2 + c^2$，所以 $b = \sqrt{3}c$.

所以椭圆的标准方程：$\dfrac{x^2}{4c^2} + \dfrac{y^2}{3c^2} = 1$.

又因为点 $P\left(1, \dfrac{3}{2}\right)$ 为椭圆上一点，所以 $\dfrac{1}{4c^2} + \dfrac{\frac{9}{4}}{3c^2} = 1$，解得 $c = 1$.

所以椭圆 C 的标准方程：$\dfrac{x^2}{4} + \dfrac{y^2}{3} = 1$.

（2）由椭圆的对称性可知直线 l 的斜率一定存在，设其方程为 $y = kx + 1$.

设 $M(x_1, y_1)$，$N(x_2, y_2)$，

联立方程组，消去 y 可得，$(3 + 4k^2)x^2 + 8kx - 8 = 0$，

由根与系数关系可知 $x_1 + x_2 = -\dfrac{8k}{3 + 4k^2}$，$x_1 x_2 = -\dfrac{8}{3 + 4k^2}$.

因为 $k_1 = \dfrac{y_1}{x_1 + 2}$，$k_2 = \dfrac{y_2}{x_2 - 2}$，且 $k_1 = 2k_2$，所以 $\dfrac{y_1}{x_1 + 2} = \dfrac{2y_2}{x_2 - 2}$.

即 $\dfrac{y_1^2}{(x_1 + 2)^2} = \dfrac{4y_2^2}{(x_2 - 2)^2}$①.

又因为 $M(x_1, y_1)$，$N(x_2, y_2)$ 在椭圆上，

所以 $y_1^2 = \dfrac{3}{4}(4 - x_1^2)$，$y_2^2 = \dfrac{3}{4}(4 - x_2^2)$ ②.

将②代入①可得，$\dfrac{2 - x_1}{2 + x_1} = \dfrac{4(2 + x_2)}{2 - x_2}$，即 $3x_1 x_2 + 10(x_1 + x_2) + 12 = 0$，

所以 $3\left(-\dfrac{8}{3 + 4k^2}\right) + 10\left(-\dfrac{8k}{3 + 4k^2}\right) + 12 = 0$，即 $12k^2 - 20k + 3 = 0$，

解得 $k = \dfrac{1}{6}$ 或 $k = \dfrac{3}{2}$，又因为 $k > 1$，所以 $k = \dfrac{3}{2}$.

例 4： 已知 $B(-1, 0)$，$C(1, 0)$ 为 $\triangle ABC$ 的两个顶点，P 为 $\triangle ABC$ 的重心，边 AC，AB 上的两条中线长度之和为 6.

（1）求点 P 的轨迹 T 的方程；

（2）已知点 $N(-3, 0)$，$E(-2, 0)$，$F(2, 0)$，直线 PN 与曲线 T 的另一个公共点为 Q，直线 EP 与 FQ 交于点 M. 试问：当点 P 变化时，点 M 是否恒在

一条定直线上？若是，请证明；若不是，请说明理由.

分析：（1）依题意 $|PB| + |PC| = 4$，根据椭圆的定义可知 P 的轨迹 T 是以 B，C 为焦点的椭圆（不包括长轴的端点），从而求出椭圆方程：$\dfrac{x^2}{4} + \dfrac{y^2}{3} = 1$（$x \neq \pm 2$）；

（2）设直线 PQ 的方程：$x = my - 3$，$P(x_1, y_1)$，$Q(x_2, y_2)$，联立直线与椭圆方程，消元、列出韦达定理，即可得到 $2my_1 y_2 = \dfrac{5}{3}(y_1 + y_2)$，再求出直线 PE，QF 的方程，联立求出交点的横坐标，整理可求出定直线方程.

解：（1）因为 P 为 $\triangle ABC$ 的重心，且边 AC，AB 上的两条中线长度之和为 6，所以 $|PB| + |PC| = \dfrac{2}{3} \times 6 = 4 > |BC|$，

故由椭圆的定义可知 P 的轨迹 T 是以 $B(-1, 0)$，$C(1, 0)$ 为焦点的椭圆（不包括长轴的端点），且 $a = 2$，$c = 1$，所以 $b = \sqrt{3}$，

所以 P 的轨迹 T 的方程为 $\dfrac{x^2}{4} + \dfrac{y^2}{3} = 1$（$x \neq \pm 2$）；

（2）设直线 PQ 的方程：$x = my - 3$，$P(x_1, y_1)$，$Q(x_2, y_2)$，

联立方程 $\begin{cases} x = my - 3, \\ \dfrac{x^2}{4} + \dfrac{y^2}{3} = 1, \end{cases}$ 整理，得 $(3m^2 + 4)y^2 - 18my + 15 = 0$，

则 $y_1 + y_2 = \dfrac{18m}{3m^2 + 4}$，$y_1 y_2 = \dfrac{15}{3m^2 + 4}$，

所以 $2my_1 y_2 = \dfrac{5}{3}(y_1 + y_2)$.

又直线 PE 的方程：$y = \dfrac{y_1}{x_1 + 2}(x + 2) = \dfrac{y_1}{my_1 - 1}(x + 2)$，

又直线 QF 的方程：$y = \dfrac{y_2}{x_2 - 2}(x - 2) = \dfrac{y_2}{my_2 - 5}(x - 2)$，

联立方程 $\begin{cases} y = \dfrac{y_1}{my_1 - 1}(x + 2), \\ y = \dfrac{y_2}{my_2 - 5}(x - 2), \end{cases}$ 解得 $x = \dfrac{2(2my_1 y_2 - y_2 - 5y_1)}{-y_2 + 5y_1}$，

把 $2my_1y_2 = \dfrac{5}{3}(y_1 + y_2)$ 代入上式得，$x = \dfrac{2\left(\dfrac{2}{3}y_2 - \dfrac{10}{3}y_1\right)}{-y_2 + 5y_1} = \dfrac{\dfrac{4}{3}(y_2 - 5y_1)}{-y_2 + 5y_1}$

$= -\dfrac{4}{3}$，所以当点 P 运动时，点 M 恒在定直线 $x = -\dfrac{4}{3}$ 上.

例 5：已知双曲线 C 的中心为坐标原点，左焦点为 $(-2\sqrt{5}, 0)$，离心率为 $\sqrt{5}$.

（1）求 C 的方程；

（2）记 C 的左、右顶点分别为 A_1，A_2，过点 $(-4, 0)$ 的直线与 C 的左支交于 M，N 两点，M 在第二象限，直线 MA_1 与 NA_2 交于点 P. 证明：点 P 在定直线上.

分析：（1）由题意求得 a，b 的值，即可确定双曲线方程：$\dfrac{x^2}{4} - \dfrac{y^2}{16} = 1$；

（2）设出直线方程，与双曲线方程联立，然后由点的坐标分别写出直线 MA_1 与 NA_2 的方程，联立直线方程，消去 y，结合韦达定理计算可得 $\dfrac{x + 2}{x - 2} = -\dfrac{1}{3}$，即交点的横坐标为定值，据此可证得点 P 在定直线 $x = -1$ 上.

（1）解：设双曲线方程 $\dfrac{x^2}{a^2} - \dfrac{y^2}{b^2} = 1 (a > 0,\ b > 0)$，

由焦点坐标可知 $c = 2\sqrt{5}$，

则由 $e = \dfrac{c}{a} = \sqrt{5}$ 可得，$a = 2$，$b = \sqrt{c^2 - a^2} = 4$，

所以双曲线方程为 $\dfrac{x^2}{4} - \dfrac{y^2}{16} = 1$.

（2）证明：如图 5，由（1）可得 $A_1(-2, 0)$，$A_2(2, 0)$. 设 $M(x_1,\ y_1)$，$N(x_2,\ y_2)$，

显然直线的斜率不为 0，

所以设直线 MN 的方程为 $x = my - 4$，且 $-\dfrac{1}{2} < m < \dfrac{1}{2}$，

与 $\dfrac{x^2}{4} - \dfrac{y^2}{16} = 1$ 联立可得 $(4m^2 - 1)y^2 - 32my + 48 = 0$，

且 $\Delta = 64(4m^2 + 3) > 0$，

则 $y_1 + y_2 = \dfrac{32m}{4m^2 - 1}$, $y_1 y_2 = \dfrac{48}{4m^2 - 1}$,

直线 MA_1 的方程为 $y = \dfrac{y_1}{x_1 + 2}(x + 2)$, 直线 NA_2 的方程为 $y = \dfrac{y_2}{x_2 - 2}(x - 2)$,

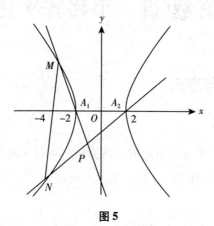

图 5

联立直线 MA_1 与直线 NA_2 的方程, 可得

$$\frac{x + 2}{x - 2} = \frac{y_2 \ (x_1 + 2)}{y_1 \ (x_2 - 2)} = \frac{y_2 \ (my_1 - 2)}{y_1 \ (my_2 - 6)} = \frac{my_1 y_2 - 2 \ (y_1 + y_2) \ + 2y_1}{my_1 y_2 - 6y_1}$$

$$= \frac{m \cdot \dfrac{48}{4m^2 - 1} - 2 \cdot \dfrac{32m}{4m^2 - 1} + 2y_1}{m \times \dfrac{48}{4m^2 - 1} - 6y_1} = \frac{\dfrac{-16m}{4m^2 - 1} + 2y_1}{\dfrac{48m}{4m^2 - 1} - 6y_1} = -\frac{1}{3}.$$

由 $\dfrac{x + 2}{x - 2} = -\dfrac{1}{3}$, 可得 $x = -1$, 即 $x_P = -1$,

据此可得点 P 在定直线 $x = -1$ 上运动.

第33讲　平移齐次化

一、常用结论与方法

（一）齐次化原理

情况1：当定点 P 在坐标原点时，若直线 $y = kx + m$ 与二次曲线 $ax^2 + by^2 + cxy + dx + ey + f = 0$ 相交于 A，B，如图1所示.

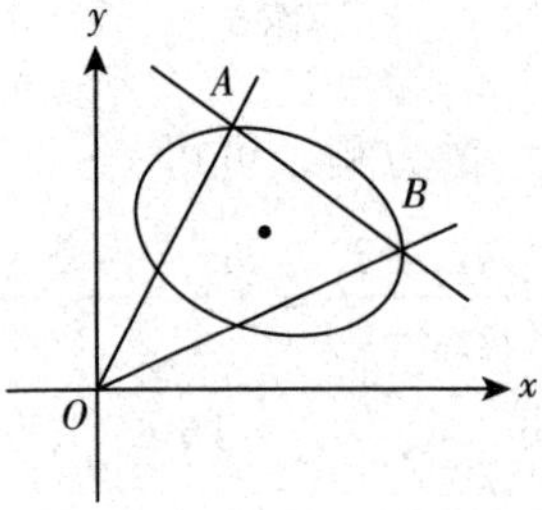

图1

设点 A，B 的坐标分别为 (x_1, y_1)，(x_2, y_2)，则 $k_{OA} = \frac{y_1}{x_1}$，$k_{OB} = \frac{y_2}{x_2}$.

现将二次曲线方程 $ax^2 + by^2 + cxy + dx + ey + f = 0$ 齐次化的方法如下：

首先将直线化出“1”：将直线 $y = kx + m$ 化为截距式 $\frac{y - kx}{m} = 1$；

其次利用“1”构建关于 x，y 的齐次方程，操作方法是二次曲线方程二次方项保持不变，一次方项同乘“1”，常数项同乘“1”的平方，则可把二次曲线方程变为：$Dy^2 + Exy + Fx^2 = 0$.

最后我们对该齐次式两边同时除以 x^2 可得，

$$D\left(\frac{y}{x}\right)^2 + E\frac{y}{x} + F = 0.$$

因为 A，B 是直线 $y = kx + m$ 与二次曲线 $ax^2 + by^2 + cxy + dx + ey + f = 0$

的交点,

所以点 $A(x_1, y_1)$, 点 $B(x_2, y_2)$ 满足方程 $D\left(\dfrac{y}{x}\right)^2 + E\dfrac{y}{x} + F = 0$,

因此 $k_{OA} = \dfrac{y_1}{x_1}$, $k_{OB} = \dfrac{y_2}{x_2}$ 是方程 $D\left(\dfrac{y}{x}\right)^2 + E\dfrac{y}{x} + F = 0$ 的两个根,

由韦达定理可得, $\begin{cases} k_{OA} + k_{OB} = -\dfrac{E}{D}, \\ k_{OA} \cdot k_{OB} = \dfrac{F}{D}, \end{cases}$ $\Delta = E^2 - 4DF > 0$.

情况 2:当定点 P 不在坐标原点时,如图 2 所示.

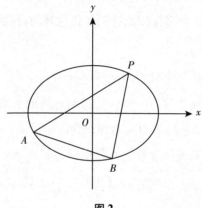

图 2

直线 $y = kx + z$ 与椭圆 $\dfrac{x^2}{a^2} + \dfrac{y^2}{b^2} = 1$($a > b > 0$)交于 A, B 两点,$P(x_0, y_0)$ 为椭圆上异于 A, B 的任意一点,若 $k_{AP} \cdot k_{BP} =$ 定值或 $k_{AP} + k_{BP} =$ 定值(不为 0),则直线 AB 会过定点(因为三条直线形似手电筒,就叫手电筒模型).

处理问题的步骤:

步骤 1:平移点 P 到原点,写出平移后的椭圆方程(左加右减,上减下加为曲线平移),设直线方程为 $mx + ny = 1$,并齐次化处理;

步骤 2:根据斜率之积或斜率之和与韦达定理的关系得到等式,求得 m, n 之间的关系;

步骤 3:得出定点,此时别忘了,还要平移回去.

（二）齐次化适用范围

由原理可知齐次化适用于处理解决曲线上的点与坐标系原点连线有关的斜率运算问题，常见类型如：

$$k_{PA} + k_{PB},\ k_{PA} \cdot k_{PB},\ k_{PA} - k_{PB},\ k_{PA}^2 + k_{PB}^2,\ \frac{1}{k_{PA}} + \frac{1}{k_{PB}},\ |k_{PA}| + |k_{PB}|,$$

前面两个考题相对比较常见，后面的则需要变形才能使用，变形如下：

$$k_{PA} - k_{PB} = \pm\sqrt{(k_{PA} + k_{PB})^2 - 4k_{PA} \cdot k_{PB}},$$

$$k_{PA}^2 + k_{PB}^2 = (k_{PA} + k_{PB})^2 - 2k_{PA} \cdot k_{PB},\ \frac{1}{k_{PA}} + \frac{1}{k_{PB}} = \frac{k_{PA} + k_{PB}}{k_{PA} \cdot k_{PB}}.$$

$|k_{PA}| + |k_{PB}|$ 这个需要根据韦达定理判断符号再变形. 在遇到上述关于斜率运算问题时，采取齐次化处理往往能达到简化运算的目的.

（三）步骤

（1）设：设两直线的斜率分别为 k_1 和 k_2；

（2）移：将直线和曲线整体平移，使得两直线的公共点落在原点，写出平移后曲线的方程，并将平移后的目标直线设为固定形式：$mx + ny = 1$；

（3）联：联立直线和曲线方程，得到形如：$py^2 + qxy + rx^2 = 0(p \neq 0)$，

方程两边同时除以 x^2，得到形如 $p\left(\dfrac{y}{x}\right)^2 + q\left(\dfrac{y}{x}\right) + r = 0 (p \neq 0)$；

（4）换：令 $k = \dfrac{y}{x}$，得到 $pk^2 + qk + r = 0$ （$p \neq 0$），则 k_1 和 k_2 是该方程的两根；

（5）达：韦达定理得到 $k_1 + k_2$ 和 $k_1 k_2$，从而得到 m 和 n 的关系.

（四）优点及缺点

优点：相比传统的韦达定理，计算量大大减少.

缺点：$mx + ny = 1$ 不能表示经过原点的直线.

二、典型例题

例1：如图3，已知抛物线 $y^2 = 4x$，$P(1, 2)$，直线 l 交抛物线于 A，B 两点，$PA \perp PB$，求证：直线 l 过定点.

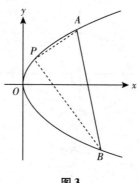

图 3

证明：如图 4，将图形向左平移 1 个单位长度，向下平移 2 个单位长度，平移后的抛物线方程为 $(y+2)^2 = 4(x+1)$，整理得，$y^2 + 4y - 4x = 0$．设平移后直线 $A'B'$ 方程为 $mx + ny = 1$，$A'(x_1,\ y_1)$，$B'(x_2,\ y_2)$，$\begin{cases} mx + ny = 1, \\ y^2 + 4y - 4x = 0, \end{cases}$ 联立得 $(1 + 4n)\left(\dfrac{y}{x}\right)^2 + (4m - 4n)\left(\dfrac{y}{x}\right) - 4m = 0$，于是 $k_{P'A'} \cdot k_{P'B'} = \dfrac{y_1}{x_1} \cdot \dfrac{y_2}{x_2} = \dfrac{-4m}{1 + 4n} = -1$，整理得，$4m - 4n = 1$，$\therefore\ mx + ny = 1$ 过定点 $(4, -4)$，右移 1 个单位长度，上移 2 个单位长度，直线 AB 过定点 $(5, -2)$．

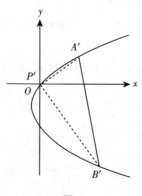

图 4

例 2：如图 5，已知椭圆 $\dfrac{x^2}{4} + \dfrac{y^2}{3} = 1$，点 $P\left(1,\ \dfrac{3}{2}\right)$，$A$，$B$ 为椭圆上两点，$k_{PA} + k_{PB} = 0$．求证：直线 AB 斜率为定值．

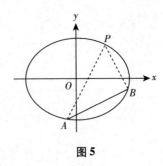

图 5

证明：

方法一：将图形向左平移 1 个单位长度，向下平移 $\dfrac{3}{2}$ 个单位长度，平移后

的椭圆为 $\dfrac{(x+1)^2}{4} + \dfrac{\left(y+\dfrac{3}{2}\right)^2}{3} = 1$，整理得，$4y^2 + 3x^2 + 6x + 12y = 0$.

设平移后直线 $A'B'$ 方程为 $mx + ny = 1$，$A'(x_1,\ y_1)$，$B'(x_2,\ y_2)$，

联立方程 $\begin{cases} mx + ny = 1, \\ 4y^2 + 3x^2 + 6x + 12y = 0, \end{cases}$ 整理，得 $4y^2 + 3x^2 + (6x + 12y)(mx +$

$ny) = 0$，

$(12n + 4)y^2 + 6(2m + n)xy + (6m + 3)x^2 = 0$，同时除以 x^2，

$(12n + 4)\left(\dfrac{y}{x}\right)^2 + 6(2m + n)\dfrac{y}{x} + (6m + 3) = 0$，$k_{P'A'} + k_{P'B'} = \dfrac{y_1}{x_1} + \dfrac{y_2}{x_2} =$

$\dfrac{-6(2m + n)}{12n + 4} = 0$，$-6(2m + n) = 0$，$mx + ny = 1$ 的斜率：$-\dfrac{m}{n} = \dfrac{1}{2}$，$\therefore$ 直线

AB 的斜率是 $\dfrac{1}{2}$，为定值.

方法二（换元法）：设 $A(x_1,\ y_1)$，$B(x_2,\ y_2)$，则 $k_{PA} + k_{PB} = \dfrac{y_1 - \dfrac{3}{2}}{x_1 - 1} +$

$\dfrac{y_2 - \dfrac{3}{2}}{x_2 - 1} = 0$，即建立以 $\dfrac{y - \dfrac{3}{2}}{x - 1}$ 为未知数的一元二次方程 $A\left(\dfrac{y - \dfrac{3}{2}}{x - 1}\right)^2 + B \cdot \dfrac{y - \dfrac{3}{2}}{x - 1} + C$

$= 0$，即可解答. 为了方便运算，设 $x - 1 = s$，$y - \dfrac{3}{2} = t$，代入椭圆 $\dfrac{x^2}{4} + \dfrac{y^2}{3} = 1$，

得 $3s^2+4t^2+6s+12t=0$，$\therefore$ 设直线 $ms+nt=6$ 可方便运算，$3s^2+4t^2+s$ $(ms+$

$nt)$ $+2t$ $(ms+nt)$ $=0$，化简，得 $(4+2n)$ $\left(\dfrac{t}{s}\right)^2+$ $(2m+n)$ $\left(\dfrac{t}{s}\right)+$ $(3+$

$m)$ $=0$，$\therefore$ $\dfrac{y_1-\dfrac{3}{2}}{x_1-1}+\dfrac{y_2-\dfrac{3}{2}}{x_2-1}=\dfrac{t_1}{s_1}+\dfrac{t_2}{s_2}=-\dfrac{2m+n}{4+2n}=0$，$x-1=s$，$y-\dfrac{3}{2}=t$，$n=$

$-2m$ 代入 $ms+nt=6$，得 $m(x-1)$ $-2m\left(y-\dfrac{3}{2}\right)=6$，$\therefore$ 直线 AB 的斜率是 $\dfrac{1}{2}$，

为定值.

例3：设 A，B 为曲线 C：$y=\dfrac{x^2}{4}$ 上两点，A 与 B 的横坐标之和为4.

（1）求直线 AB 的斜率；

（2）设 M 为曲线 C 上一点，C 在 M 处的切线与直线 AB 平行，且 $AM\perp BM$，求直线 AB 的方程.

解：（1）设 $A\left(x_1,\dfrac{x_1^2}{4}\right)$，$B\left(x_2,\dfrac{x_2^2}{4}\right)$ 为曲线 C：$y=\dfrac{x^2}{4}$ 上两点，

则直线 AB 的斜率为 $k=\dfrac{\dfrac{x_1^2}{4}-\dfrac{x_2^2}{4}}{x_1-x_2}=\dfrac{1}{4}$ (x_1+x_2) $=\dfrac{1}{4}\times 4=1$.

（2）方法一：设直线 AB 的方程为 $y=x+t$，代入曲线 C：$y=\dfrac{x^2}{4}$，可得

$x^2-4x-4t=0$，即有 $x_1+x_2=4$，$x_1x_2=-4t$，$\Delta=16+16t>0$，$t>-1$，再

由 $y=\dfrac{x^2}{4}$ 的导数为 $y'=\dfrac{1}{2}x$，设 $M\left(m,\dfrac{m^2}{4}\right)$，可得 M 处切线的斜率为 $\dfrac{1}{2}m$.

由 C 在 M 处的切线与直线 AB 平行，可得 $\dfrac{1}{2}m=1$，解得 $m=2$，即

$M(2,1)$，由 $AM\perp BM$ 可得，$k_{AM}\cdot k_{BM}=-1$，即为 $\dfrac{\dfrac{x_1^2}{4}-1}{x_1-2}\cdot\dfrac{\dfrac{x_2^2}{4}-1}{x_2-2}=-1$，化

为 $x_1x_2+2(x_1+x_2)+20=0$，即为 $-4t+8+20=0$，解得 $t=7$，则直线 AB 的方程为 $y=x+7$.

方法二：$y=\dfrac{x^2}{4}$，$y'=\dfrac{x}{2}=1$，$x=2$，$\therefore M(2,1)$，将曲线 C 的图像，点 A，

B，M 向左移 2 个单位长度，下移 1 个单位长度，得 C'：$y+1=\dfrac{(x+2)^2}{4}$，$A'B'$：$mx+ny=1$，$4y+4=x^2+4x+4$，$x^2+4(x-y)(mx+ny)=0$，$x^2+4(mx^2+nxy-mxy-ny^2)=0$，

$(1+4m)x^2+4(n-m)xy-4ny^2=0$，$x\neq 0$，同除以 x^2，得 $-4n\left(\dfrac{y}{x}\right)^2+$

$4(n-m)\dfrac{y}{x}+(1+4m)=0$，

$4nk^2-4(n-m)k-(1+4m)=0$，$mx+ny=1$，

直线 $A'B'$ 的斜率 $-\dfrac{m}{n}=1$，$m=-n$，$k_1k_2=\dfrac{-(1+4m)}{4n}=-1$，

$1+4m=4n$，$n=\dfrac{1}{8}$，$m=-\dfrac{1}{8}$，$-\dfrac{1}{8}x+\dfrac{1}{8}y=1$，

$\therefore$ 直线 $A'B'$ 的方程为 $x-y+8=0$，右移 2 个单位长度，上移 1 个单位长度，$(x-2)-(y-1)+8=0$，

即 $x-y+7=0$.

第 ㉞ 讲　圆锥曲线中极点极线问题

一、常用方法与结论

（一）从几何角度看极点与极线

定义 1：如图 1 所示，设 P 是不在圆锥曲线上的一点，过 P 点引两条割线依次交圆锥曲线于四点 E，F，G，H，连接 EH，FG 交于 N，连接 EG，FH 交于 M，则直线 MN 为点 P 关于圆锥曲线的极线. 若 P 为圆锥曲线上的点，则过 P 点的切线即为极线.

由图 1 同理可知，PM 为点 N 对应的极线，PN 为点 M 所对应的极线. 因而将 MNP 称为自极三点形. 设直线 MN 交圆锥曲线于 A，B 两点，则 PA，PB 恰为圆锥曲线的两条切线.

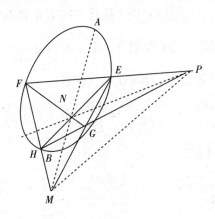

图 1

定理 1：

（1）当 P 在圆锥曲线 Γ 上时，则点 P 的极线是曲线 Γ 在 P 点处的切线；

（2）当 P 在 Γ 外时，过点 P 作 Γ 的两条切线，设其切点分别为 A，B，则

点 P 的极线是直线 AB（即切点弦所在的直线）；

（3）当 P 在 Γ 内时，过点 P 任作一割线交 Γ 于 A，B，设 Γ 在 A，B 处的切线交于点 Q，则点 P 的极线是动点 Q 的轨迹.

定理 2：如图 2 所示，设点 P 关于圆锥曲线 Γ 的极线为 l，过点 P 任作一割线交 Γ 于 A，B，交 l 于 Q，则 $\dfrac{PA}{AQ} = \dfrac{PB}{BQ}$ ①；反之，若有①成立，则称点 P，Q 调和分割线段 AB，或称点 P 与 Q 关于 Γ 调和共轭，或称点 P（或点 Q）关于圆锥曲线 Γ 的调和共轭点为点 Q（或点 P）．点 P 关于圆锥曲线 Γ 的调和共轭点的轨迹是一条直线，这条直线就是点 P 的极线.

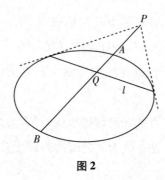

图 2

推论 1：如图 2 所示，设点 P 关于圆锥曲线 Γ 的调和共轭点为点 Q，则有 $\dfrac{2}{PQ} = \dfrac{1}{PA} + \dfrac{1}{PB}$ ②；反之，若有②成立，则点 P 与 Q 关于 Γ 调和共轭.

可以证明①与②是等价的．事实上，由①有

$$\frac{AQ}{PA} = \frac{BQ}{PB} \Rightarrow \frac{PQ - PA}{PA} = \frac{PB - PQ}{PB} \Rightarrow \frac{PQ}{PA} - 1 = 1 - \frac{PQ}{PB}$$

$$\Rightarrow PQ \cdot \left(\frac{1}{PA} + \frac{1}{PB} \right) = 2$$

$$\Rightarrow \frac{2}{PQ} = \frac{1}{PA} + \frac{1}{PB}.$$

推论 2：如图 3 所示，设点 P 关于有心圆锥曲线 Γ（设其中心为 O）的调和共轭点为点 Q，PQ 连线经过圆锥曲线的中心，则有 $OR^2 = OP \cdot OQ$，反之若有此式成立，则点 P 与 Q 关于 Γ 调和共轭.

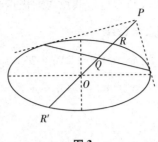

图 3

证明：设直线 PQ 与 Γ 的另一交点为 R'，

则 $\dfrac{PR}{RQ} = \dfrac{PR'}{R'Q} \Rightarrow \dfrac{OP - OR}{OR - OQ} = \dfrac{OP + OR}{OR + OQ}$，

化简即可得 $OR^2 = OP \cdot OQ$. 反之由此式可推出 $\dfrac{PR}{RQ} = \dfrac{PR'}{R'Q}$，即点 P 与 Q 关于

Γ 调和共轭.

推论 3：如图 4 所示，A，B 为圆锥曲线 Γ 的一条对称轴 l 上的两点（不在

Γ 上），若 A，B 关于 Γ 调和共轭，过 B 任作 Γ 的一条割线，交 Γ 于 P，Q 两

点，则 $\angle PAB = \angle QAB$.

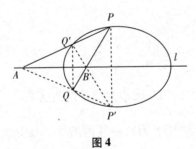

图 4

证明：因为 Γ 关于直线 l 对称，故在 Γ 上存在 P，Q 的对称点 P'，Q'. 若

P' 与 Q 重合，则 Q' 与 P 也重合，此时 P，Q 关于 l 对称，有 $\angle PAB = \angle QAB$；若

P' 与 Q 不重合，则 Q' 与 P 也不重合. 由于 A，B 关于 Γ 调和共轭，故 A，B 为

Γ 上完全四点形 $PQ'QP'$ 的对边交点，即 Q' 在 PA 上，故 AP，AQ 关于直线 l 对

称，也有 $\angle PAB = \angle QAB$.

定理 3：（配极原则）点 P 关于圆锥曲线 Γ 的极线 p 经过点 $Q \Leftrightarrow$ 点 Q 关于 Γ

的极线 q 经过点 P；直线 p 关于 Γ 的极点 P 在直线 q 上 $\Leftrightarrow$ 直线 q 关于 Γ 的极点

Q 在直线 p 上.

由此可知，共线点的极线必共点；共点线的极点必共线.

（二）从代数角度看极点与极线

定义 2：已知圆锥曲线 $\Gamma: Ax^2 + Cy^2 + 2Dx + 2Ey + F = 0$，则称点 $P(x_0,\ y_0)$ 和直线 $l: Ax_0x + Cy_0y + D(x + x_0) + E(y + y_0) + F = 0$ 是圆锥曲线 Γ 的一对极点和极线.

事实上，在圆锥曲线方程中，以 x_0x 替换 x^2，以 $\dfrac{x_0 + x}{2}$ 替换 x，以 y_0y 替换 y^2，以 $\dfrac{y_0 + y}{2}$ 替换 y 即可得到点 $P(x_0,\ y_0)$ 的极线方程.

特别地，

（1）对于椭圆 $\dfrac{x^2}{a^2} + \dfrac{y^2}{b^2} = 1$，与点 $P(x_0,\ y_0)$ 对应的极线方程为 $\dfrac{x_0x}{a^2} + \dfrac{y_0y}{b^2} = 1$；

（2）对于双曲线 $\dfrac{x^2}{a^2} - \dfrac{y^2}{b^2} = 1$，与点 $P(x_0,\ y_0)$ 对应的极线方程为 $\dfrac{x_0x}{a^2} - \dfrac{y_0y}{b^2} = 1$；

（3）对于抛物线 $y^2 = 2px$，与点 $P(x_0,\ y_0)$ 对应的极线方程为 $y_0y = p(x_0 + x)$；

（4）如果圆锥曲线是椭圆 $\dfrac{x^2}{a^2} + \dfrac{y^2}{b^2} = 1$，当 $P(x_0,\ y_0)$ 为其焦点 $F(c,\ 0)$ 时，极线恰为椭圆的准线；如果圆锥曲线是双曲线 $\dfrac{x^2}{a^2} - \dfrac{y^2}{b^2} = 1$，当 $P(x_0,\ y_0)$ 为其焦点 $F(c,\ 0)$ 时，极线恰为双曲线的准线；如果圆锥曲线是抛物线 $y^2 = 2px$，当 $P(x_0,\ y_0)$ 为其焦点 $F\left(\dfrac{p}{2},\ 0\right)$ 时，极线恰为抛物线的准线.

二、典型例题

例 1：在平面直角坐标系 xOy 中，如图 5 所示，已知椭圆 $\dfrac{x^2}{9} + \dfrac{y^2}{5} = 1$ 的左、右顶点为 A，B，右焦点为 F. 设过点 $T(t,\ m)$ 的直线 TA，TB 与此椭圆分别交于点 $M(x_1,\ y_1)$，$N(x_2,\ y_2)$，其中 $m > 0$，$y_1 > 0$，$y_2 < 0$.

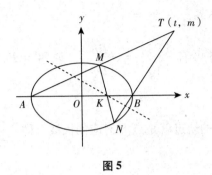

图 5

（1）设动点 P 满足 $|PF^2| - |PB^2| = 4$，求点 P 的轨迹；

（2）设 $x_1 = 2$，$x_2 = \dfrac{1}{3}$，求点 T 的坐标；

（3）设 $t = 9$，求证：直线 MN 必过 x 轴上的一定点（其坐标与 m 无关）.

解：（前面两问比较简单，这里从略）

（3）当 $t = 9$ 时，T 点坐标为 $(9, m)$，

连接 MN，设直线 AB 与 MN 的交点为 K，根据极点与极线的定义可知，点 T 对

应的极线经过 K. 又点 T 对应的极线方程为 $\dfrac{9 \cdot x}{9} + \dfrac{m \cdot y}{5} = 1$，即 $x + \dfrac{m \cdot y}{5} = 1$，

此直线恒过 x 轴上的定点 $K(1, 0)$，从而直线 MN 也恒过定点 $K(1, 0)$.

例 2：如图 6，设椭圆 $C: \dfrac{x^2}{a^2} + \dfrac{y^2}{b^2} = 1$ $(a > b > 0)$ 过点 $M(\sqrt{2}, 1)$，且左焦

点为 $F_1(-\sqrt{2}, 0)$.

（1）求椭圆 C 的方程；

（2）当过点 $P(4, 1)$ 的动直线 l 与椭圆 C 交于两个不同的点 A，B 时，在线

段 AB 上取点 Q，满足 $|\overrightarrow{AP}| \cdot |\overrightarrow{QB}| = |\overrightarrow{AQ}| \cdot |\overrightarrow{PB}|$，证明：点 Q 总在某定直线上.

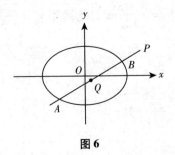

图 6

（1）解：易求得答案 $\dfrac{x^2}{4} + \dfrac{y^2}{2} = 1$.

（2）证明：由条件可有 $\dfrac{|\vec{PA}|}{|\vec{AQ}|} = \dfrac{|\vec{PB}|}{|\vec{BQ}|}$，说明点 P，Q 关于椭圆 C 调和共轭.

根据定理 2，点 Q 的轨迹就是点 P 对应的极线，即 $\dfrac{4 \cdot x}{4} + \dfrac{1 \cdot y}{2} = 1$，化简得 $2x + y - 2 = 0$.

故点 Q 总在定直线 $2x + y - 2 = 0$ 上.

例 3：如图 7，已知椭圆 C：$\dfrac{x^2}{24} + \dfrac{y^2}{16} = 1$，直线 l：$\dfrac{x}{12} + \dfrac{y}{8} = 1$，$P$ 是 l 上一点，射线 OP 交椭圆于点 R，又点 Q 在 OP 上，且满足 $|OQ| \cdot |OP| = |OR|^2$，当点 P 在 l 上移动时，求点 Q 的轨迹方程，并说明轨迹是什么曲线.

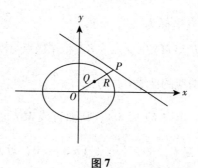

图 7

解：由 $|OR|^2 = |OP| \cdot |OQ|$ 可知点 P，Q 关于椭圆 C 调和共轭，而点 Q 可看作是点 P 的极线与直线 OP 的交点. 设 $P(12t, 8 - 8t)$，则 P 对应的极线方程为 $\dfrac{12t \cdot x}{24} + \dfrac{(8 - 8t) \cdot y}{16} = 1$，化简得 $tx + (1 - t)y = 2$ ①.

又直线 OP 的方程为 $y = \dfrac{8 - 8t}{12t}x$，化简得 $y = \dfrac{2 - 2t}{3t}x$ ②.

由①②联立，得 $\begin{cases} x = \dfrac{6t}{5t^2 - 4t + 2}, \\ y = \dfrac{4 - 4t}{5t^2 - 4t + 2}, \end{cases}$ 消去 t 得 $2x^2 + 3y^2 = 4x + 6y$，可化为

$$\frac{(x-1)^2}{\frac{5}{2}} + \frac{(y-1)^2}{\frac{5}{3}} = 1 \ (x, \ y \ 不同时为 \ 0), \ 故点 \ Q \ 的轨迹是以 \ (1, \ 1) \ 为中$$

心，长半轴长、短半轴长分别为 $\frac{\sqrt{10}}{2}$ 和 $\frac{\sqrt{15}}{3}$，且长轴平行于 x 轴的椭圆，但需

去掉坐标原点．

例 4：如图 8，已知抛物线 $x^2 = 4y$ 的焦点为 F，A，B 是抛物线上的两动点，

过 A，B 两点分别作抛物线的切线，并设其交点为 P．

(1) 证明 $\overrightarrow{FP} \cdot \overrightarrow{AB}$ 为定值；

(2) 设 $\triangle ABP$ 的面积为 S，求 S 的最小值．

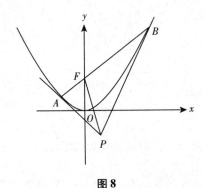

图 8

(1) 证明：显然，点 P 关于抛物线的极线为 AB，故可设点 $P(x_0, \ -1)$，

再设 $A(x_1, \ y_1)$，$B(x_2, \ y_2)$，F，A，B 三点对应的极线方程分别为 $y = -1$，$x_1 x = 2 (y_1 + y)$，$x_2 x = 2 (y_2 + y)$，由于 A，B，F 三点共线，故相应的三极线共点于 $P(x_0, \ -1)$，将 $y = -1$ 代入后面两个极线方程得，

$$\begin{cases} x_1 x_0 = 2 (y_1 - 1), \\ x_2 x_0 = 2 (y_2 - 1), \end{cases} 两式相减得 (x_1 - x_2) x_0 = 2 (y_1 - y_2).$$

又 $\overrightarrow{FP} = (x_0, \ -2)$，$\overrightarrow{AB} = (x_2 - x_1, \ y_2 - y_1)$，

故 $\overrightarrow{FP} \cdot \overrightarrow{AB} = x_0 (x_2 - x_1) - 2 (y_2 - y_1) = 0$．

(2) 解：设 AB 的方程为 $y = kx + 1$，与抛物线的极线方程 $x_0 x = 2 (y_0 + y)$ 对比可知直线 AB 对应的极点为 $P(2k, \ -1)$，把 $y = kx + 1$ 代入 $x^2 = 4y$ 并由弦长公式得 $|AB| = 4 (1 + k^2)$，所以 $S_{\triangle ABP} = \frac{1}{2} |AB| |FP| = 2 (1 + k^2) \sqrt{4 (1 + k^2)}$．

显然，当 $k=0$ 时，S 取最小值 4.

例 5：如图 9，设抛物线 C：$y=x^2$ 的焦点为 F，动点 P 在直线 l：$x-y-2=0$ 上运动，过 P 作抛物线的两条切线 PA，PB，且与抛物线分别相切于 A，B 两点.

（1）求 $\triangle APB$ 的重心 G 的轨迹方程；

（2）证明 $\angle PFA = \angle PFB$.

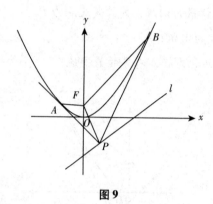

图 9

（1）解：设点 $P(x_0, y_0)$，$A(x_1, y_1)$，$B(x_2, y_2)$，

与 $\dfrac{y_0+y}{2}=x_0 x$ 对比，可知直线 l：$x-y-2=0$ 对应的极点为 $\left(\dfrac{1}{2}, 2\right)$，

P 为直线 l 上的动点，则点 P 对应的极线 AB 必恒过点 $\left(\dfrac{1}{2}, 2\right)$.

设 AB：$y-2=k\left(x-\dfrac{1}{2}\right)$，可化为 $\dfrac{y+\dfrac{k}{2}-2}{2}=\dfrac{k}{2}x$，故直线 AB 对应的极点为

$P\left(\dfrac{k}{2}, \dfrac{k}{2}-2\right)$，将直线 AB 的方程代入抛物线方程得 $x^2-kx+\dfrac{k}{2}-2=0$，由此

得 $x_1+x_2=k$，$y_1+y_2=k(x_1+x_2-1)+4=k^2-k+4$，$\triangle APB$ 的重心 G 的轨迹

方程为

$$
\begin{cases}
x=\dfrac{x_1+x_2+\dfrac{k}{2}}{3}=\dfrac{k+\dfrac{k}{2}}{3}=\dfrac{k}{2}, \\[4mm]
y=\dfrac{y_1+y_2+\dfrac{k}{2}-2}{3}=\dfrac{k^2-k+4+\dfrac{k}{2}-2}{3}=\dfrac{k^2-\dfrac{k}{2}+2}{3},
\end{cases}
$$

消去 k 即得，$y = \dfrac{1}{3}(4x^2 - x + 2)$。

（2）证明：设 $A(x_1, x_1^2)$，$B(x_2, x_2^2)$，由（1）知 $x_1 + x_2 = k$，$x_1 x_2 = \dfrac{k}{2} - 2$，

又 $F\left(0, \dfrac{1}{4}\right)$，由（1）知 $P\left(\dfrac{k}{2}, \dfrac{k}{2} - 2\right)$，即 $P\left(\dfrac{x_1 + x_2}{2}, x_1 x_2\right)$，所以 $\overrightarrow{FA} =$

$\left(x_1, x_1^2 - \dfrac{1}{4}\right)$，$\overrightarrow{FP} = \left(\dfrac{x_1 + x_2}{2}, x_1 x_2 - \dfrac{1}{4}\right)$，$\overrightarrow{FB} = \left(x_2, x_2^2 - \dfrac{1}{4}\right)$。

$$\cos\angle PFA = \frac{\overrightarrow{FP} \cdot \overrightarrow{FA}}{|\overrightarrow{FP}| \cdot |\overrightarrow{FA}|} = \frac{\dfrac{x_1 + x_2}{2} x_1 + \left(x_1 x_2 - \dfrac{1}{4}\right)\left(x_1^2 - \dfrac{1}{4}\right)}{|\overrightarrow{FP}|\sqrt{x_1^2 + \left(x_1^2 - \dfrac{1}{4}\right)^2}}$$

$$= \frac{\left(x_1 x_2 + \dfrac{1}{4}\right)\left(x_1^2 + \dfrac{1}{4}\right)}{|\overrightarrow{FP}|\left(x_1^2 + \dfrac{1}{4}\right)} = \frac{x_1 x_2 + \dfrac{1}{4}}{|\overrightarrow{FP}|}。$$

同理，$\cos\angle PFB = \dfrac{\overrightarrow{FP} \cdot \overrightarrow{FB}}{|\overrightarrow{FP}| \cdot |\overrightarrow{FB}|} = \dfrac{x_1 x_2 + \dfrac{1}{4}}{|\overrightarrow{FP}|}$。

所以有 $\angle PFA = \angle PFB$。

第㉟讲　定值问题

一、常用结论与方法

在解析几何题目中，有些几何量与参数无关，这类问题被称为定值问题. 定值问题是高考的热点问题，难度较大，一般作为压轴题的形式出现. 求解定值问题的两大途径：

（1）可由特例得出一个值（此值一般就是定值），然后证明定值：将问题转化为证明待证式与参数（某些变量）无关.

（2）先将式子用动点坐标或动线中的参数表示，再利用其满足的约束条件使其绝对值相等的正负项抵消或分子与分母约分得定值.

二、典型例题

例1：（2020年新高考Ⅰ卷改编）已知椭圆 C：$\dfrac{x^2}{6}+\dfrac{y^2}{3}=1$，点 M，N 在 C 上，点 A（2，1），且 $AM\perp AN$，$AD\perp MN$，D 为垂足. 证明：存在定点 Q，使得 $|DQ|$ 为定值.

证明：设 M（x_1，y_1），N（x_2，y_2）.

若直线 MN 与 x 轴不垂直，

设直线 MN 的方程为 $y=kx+m$，代入 $\dfrac{x^2}{6}+\dfrac{y^2}{3}=1$，

得 $(1+2k^2)x^2+4kmx+2m^2-6=0$.

于是 $x_1+x_2=-\dfrac{4km}{1+2k^2}$，$x_1x_2=\dfrac{2m^2-6}{1+2k^2}$①.

由 $AM\perp AN$，得 $\overrightarrow{AM}\cdot\overrightarrow{AN}=0$，

故 $(x_1-2)(x_2-2)+(y_1-1)(y_2-1)=0$，

整理得 $(k^2+1)\,x_1x_2+(km-k-2)\,(x_1+x_2)+(m-1)^2+4=0.$

将①代入上式，可得

$(k^2+1)\,\dfrac{2m^2-6}{1+2k^2}-(km-k-2)\,\dfrac{4km}{1+2k^2}+(m-1)^2+4=0,$

整理得 $(2k+3m+1)\,(2k+m-1)=0.$

因为 $A\,(2,1)$ 不在直线 MN 上，

所以 $2k+m-1\neq0,$

所以 $2k+3m+1=0,\ k\neq1.$

所以直线 MN 的方程为 $y=k\left(x-\dfrac{2}{3}\right)-\dfrac{1}{3}\ (k\neq1).$

所以直线 MN 过定点 $P\left(\dfrac{2}{3},\ -\dfrac{1}{3}\right).$

若直线 MN 与 x 轴垂直，可得 $N\,(x_1,\ -y_1).$

由 $\overrightarrow{AM}\cdot\overrightarrow{AN}=0$，得 $(x_1-2)\,(x_1-2)+(y_1-1)\,(-y_1-1)=0.$

又 $\dfrac{x_1^2}{6}+\dfrac{y_1^2}{3}=1$，所以 $3x_1^2-8x_1+4=0,$

解得 $x_1=2$（舍去），或 $x_1=\dfrac{2}{3},$

此时直线 MN 过点 $P\left(\dfrac{2}{3},\ -\dfrac{1}{3}\right).$

令 Q 为 AP 的中点，即 $Q\left(\dfrac{4}{3},\ \dfrac{1}{3}\right).$

若 D 与 P 不重合，

则由题设知 AP 是 $\mathrm{Rt}\triangle ADP$ 的斜边，故 $|DQ|=\dfrac{1}{2}|AP|=\dfrac{2\sqrt{2}}{3}.$

若 D 与 P 重合，则 $|DQ|=\dfrac{1}{2}|AP|.$

综上，存在点 $Q\left(\dfrac{4}{3},\ \dfrac{1}{3}\right)$，使得 $|DQ|$ 为定值.

例2：已知抛物线 C：$x^2=4y$，设点 $M\,(1,1)$，过点 M 作两条不同的直线分别交抛物线 C 于 A，B 两点和 D，E 两点，且满足 $|MA|\cdot|MB|=|MD|\cdot|ME|$. 求证：$k_{AB}+k_{DE}$ 为定值.

证明：由题知直线 AB，DE 的斜率存在，

所以设直线 AB 的方程为 $y-1=k_1(x-1)$，$A(x_1, y_1)$，$B(x_2, y_2)$，

直线 DE 的方程为 $y-1=k_2(x-1)$，$D(x_3, y_3)$，$E(x_4, y_4)$，

则 $|MA|=\sqrt{(x_1-1)^2+(y_1-1)^2}=\sqrt{1+k_1^2}\cdot|x_1-1|$，

$|MB|=\sqrt{1+k_1^2}\cdot|x_2-1|$，

即 $|MA|\cdot|MB|=(1+k_1^2)|x_1-1|\cdot|x_2-1|=(1+k_1^2)|x_1x_2-(x_1+x_2)+1|$.

将直线 AB 的方程 $y-1=k_1(x-1)$ 与抛物线的方程 $x^2=4y$ 联立，

消去 y 得 $x^2-4k_1x+4k_1-4=0$，

则 $\Delta=16k_1^2-4(4k_1-4)=16(k_1^2-k_1+1)>0$，

则 $x_1+x_2=4k_1$，$x_1x_2=4k_1-4$，

则 $|MA|\cdot|MB|=(1+k_1^2)\cdot|x_1x_2-(x_1+x_2)+1|=3(1+k_1^2)$.

同理，可得 $|MD|\cdot|ME|=3(1+k_2^2)$.

$\because |MA|\cdot|MB|=|MD|\cdot|ME|$，

$\therefore k_1^2=k_2^2$，即 $(k_1+k_2)(k_1-k_2)=0$，

又 $\because k_1\neq k_2$，$\therefore k_1+k_2=0$，

即 $k_{AB}+k_{DE}=0$ 为定值.

例3：(2023年临沂模拟改编) 已知椭圆 C：$\dfrac{x^2}{4}+\dfrac{y^2}{3}=1$，若点 A，B，D，E

在 C 上，且 $\overrightarrow{AB}=2\overrightarrow{DE}$，$AD$ 与 BE 交于点 P，点 P 在椭圆 $\dfrac{x^2}{12}+\dfrac{y^2}{9}=1$ 上. 证明：

$\triangle PAB$ 的面积为定值.

证明：设 $A(x_1, y_1)$，$B(x_2, y_2)$，$P(x_0, y_0)$，

由题意知，$\dfrac{x_0^2}{12}+\dfrac{y_0^2}{9}=1$.

由 $\overrightarrow{AB}=2\overrightarrow{DE}$，可知 D，E 分别为 AP，BP 的中点，

所以，$D\left(\dfrac{x_1+x_0}{2}, \dfrac{y_1+y_0}{2}\right)$，$E\left(\dfrac{x_2+x_0}{2}, \dfrac{y_2+y_0}{2}\right)$.

由 $\begin{cases} \dfrac{x_1^2}{4}+\dfrac{y_1^2}{3}=1, \\ \dfrac{1}{4}\left(\dfrac{x_1+x_0}{2}\right)^2+\dfrac{1}{3}\left(\dfrac{y_1+y_0}{2}\right)^2=1, \end{cases}$

得，$\dfrac{x_0^2}{4} + \dfrac{y_0^2}{3} + \dfrac{x_0 x_1}{2} + \dfrac{2 y_0 y_1}{3} - 3 = 0.$

$\because \dfrac{x_0^2}{12} + \dfrac{y_0^2}{9} = 1,\ \therefore \dfrac{x_0^2}{4} + \dfrac{y_0^2}{3} = 3,$

$\therefore 3 x_0 x_1 + 4 y_0 y_1 = 0.$

同理，$3 x_0 x_2 + 4 y_0 y_2 = 0,$

所以 A，B 都在直线 $3 x_0 x + 4 y_0 y = 0$ 上.

由 $\begin{cases} 3 x_0 x + 4 y_0 y = 0, \\ \dfrac{x^2}{4} + \dfrac{y^2}{3} = 1, \end{cases}$

得 $x^2 = \dfrac{16 y_0^2}{3 x_0^2 + 4 y_0^2},\ y^2 = \dfrac{9 x_0^2}{3 x_0^2 + 4 y_0^2}.$

又因为直线 AB 过坐标原点，

所以 $|AB| = 2\sqrt{x^2 + y^2} = 2\sqrt{\dfrac{9 x_0^2 + 16 y_0^2}{3 x_0^2 + 4 y_0^2}},$

又点 P 到直线 AB 的距离 $d = \dfrac{3 x_0^2 + 4 y_0^2}{\sqrt{9 x_0^2 + 16 y_0^2}},$

所以 $S_{\triangle PAB} = \dfrac{1}{2}|AB| d = \dfrac{1}{2} \times 2\sqrt{\dfrac{9 x_0^2 + 16 y_0^2}{3 x_0^2 + 4 y_0^2}} \cdot \dfrac{3 x_0^2 + 4 y_0^2}{\sqrt{9 x_0^2 + 16 y_0^2}} = \sqrt{3 x_0^2 + 4 y_0^2}.$

又 $\because \dfrac{x_0^2}{12} + \dfrac{y_0^2}{9} = 1,\ \therefore 3 x_0^2 + 4 y_0^2 = 36,$

故 $S_{\triangle PAB} = 6.$ 所以 $\triangle PAB$ 的面积为定值.

第36讲　定直线问题

一、常用结论与方法

解析几何中的定线问题是高考考查的热点，难度较大，是高考的压轴题形式之一，定线问题的类型一般是证明或探究动点在直线上．解决定线问题的核心在于确定动点的轨迹方程，主要方法有：

（1）待定系数法．设出含参数的直线方程，利用条件消去参数，得到系数确定动点的坐标，确定直线．

（2）设点法．设出动点的坐标，通过动点满足的条件消去参数，得到动点的轨迹方程，从而确定直线．

二、典型例题

例1：（2023年新高考Ⅱ卷改编）如图1，已知双曲线 C：$\dfrac{x^2}{4}-\dfrac{y^2}{16}=1$．记 C 的左、右顶点分别为 A_1，A_2，过点（-4，0）的直线与 C 的左支交于 M，N 两点，M 在第二象限，直线 MA_1 与 NA_2 交于点 P．证明：点 P 在定直线上．

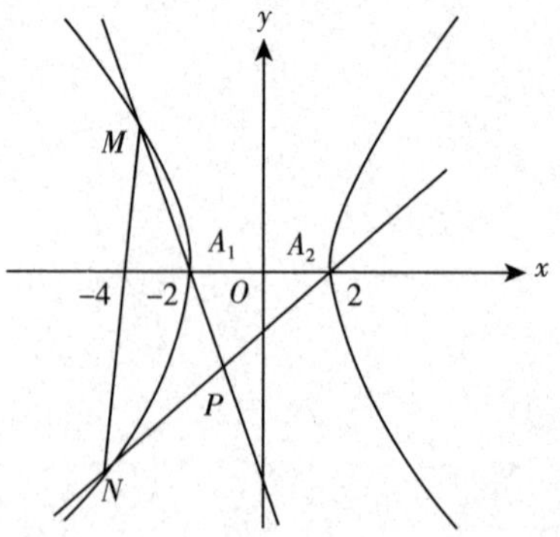

图1

证明：由双曲线的方程可得 $A_1(-2,0)$，$A_2(2,0)$，

设 $M(x_1,y_1)$，$N(x_2,y_2)$，

显然直线的斜率不为 0，所以设直线 MN 的方程为 $x=my-4$，

且 $-\dfrac{1}{2}<m<\dfrac{1}{2}$，与 $\dfrac{x^2}{4}-\dfrac{y^2}{16}=1$ 联立可得，$(4m^2-1)y^2-32my+48=0$，

且 $\Delta=64(4m^2+3)>0$，

则 $y_1+y_2=\dfrac{32m}{4m^2-1}$，$y_1y_2=\dfrac{48}{4m^2-1}$，

直线 MA_1 的方程为 $y=\dfrac{y_1}{x_1+2}(x+2)$，直线 NA_2 的方程为 $y=\dfrac{y_2}{x_2-2}(x-2)$，

联立直线 MA_1 与直线 NA_2 的方程可得.

$$\frac{x+2}{x-2}=\frac{y_2(x_1+2)}{y_1(x_2-2)}=\frac{y_2(my_1-2)}{y_1(my_2-6)}=\frac{my_1y_2-2(y_1+y_2)+2y_1}{my_1y_2-6y_1}$$

$$=\frac{m\cdot\dfrac{48}{4m^2-1}-2\cdot\dfrac{32m}{4m^2-1}+2y_1}{m\cdot\dfrac{48}{4m^2-1}-6y_1}=\frac{\dfrac{-16m}{4m^2-1}+2y_1}{\dfrac{48m}{4m^2-1}-6y_1}=-\frac{1}{3},$$

由 $\dfrac{x+2}{x-2}=-\dfrac{1}{3}$ 可得，$x=-1$，即 $x_P=-1$，

据此可得点 P 在定直线 $x=-1$ 上运动.

例2： 已知双曲线 C：$x^2-\dfrac{y^2}{3}=1$，设 A_1，A_2 是 C 的左、右顶点，过点 $\left(\dfrac{1}{2},0\right)$ 的直线 l 与 C 交于 M，N 两点，试探究直线 A_1M 与 A_2N 的交点 S 是否在某条定直线上. 若是，求出该定直线方程，若不是，请说明理由.

解：易知 $A_1(-1,0)$，$A_2(1,0)$，

设直线 MN 的方程为 $x=ty+\dfrac{1}{2}$，$M(x_1,y_1)$，$N(x_2,y_2)$，

联立 $\begin{cases}x=ty+\dfrac{1}{2},\\ x^2-\dfrac{y^2}{3}=1,\end{cases}$ 得 $(3t^2-1)y^2+3ty-\dfrac{9}{4}=0.$

故 $y_1+y_2=\dfrac{-3t}{3t^2-1}$，$y_1y_2=-\dfrac{9}{4(3t^2-1)}$，故 $ty_1y_2=\dfrac{3}{4}(y_1+y_2)$，

直线 A_1M: $y = \dfrac{y_1}{x_1 + 1}(x + 1)$，直线 A_2N: $y = \dfrac{y_2}{x_2 - 1}(x - 1)$，

联立两直线方程，

解得 $x_S = \dfrac{x_1 y_2 + x_2 y_1 - y_1 + y_2}{x_1 y_2 - x_2 y_1 + y_1 + y_2} = \dfrac{\left(ty_1 + \dfrac{1}{2}\right)y_2 + \left(ty_2 + \dfrac{1}{2}\right)y_1 - y_1 + y_2}{\left(ty_1 + \dfrac{1}{2}\right)y_2 - \left(ty_2 + \dfrac{1}{2}\right)y_1 + y_1 + y_2}$

$= \dfrac{2ty_1 y_2 + \dfrac{3}{2}y_2 - \dfrac{1}{2}y_1}{\dfrac{3}{2}y_2 + \dfrac{1}{2}y_1} = \dfrac{\dfrac{3}{2}(y_1 + y_2) + \dfrac{3}{2}y_2 - \dfrac{1}{2}y_1}{\dfrac{3}{2}y_2 + \dfrac{1}{2}y_1} = \dfrac{y_1 + 3y_2}{\dfrac{3}{2}y_2 + \dfrac{1}{2}y_1} = 2$，

故直线 A_1M 与直线 A_2N 的交点 S 在定直线 $x = 2$ 上.

例3：如图 2，已知椭圆 C：$\dfrac{x^2}{4} + \dfrac{y^2}{3} = 1$，过点 $P(1, 2)$ 的直线 l 交 C 于 A，B 两点时，在线段 AB 上取点 M，满足 $|AP| \cdot |MB| = |AM| \cdot |PB|$，证明：点 M 总在某定直线上.

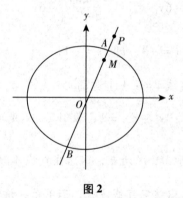

图 2

证明：设点 $A(x_1, y_1)$，$B(x_2, y_2)$，$M(x, y)$.

因为 $|AP| \cdot |MB| = |AM| \cdot |PB|$.

记 $\lambda = \dfrac{|AP|}{|PB|} = \dfrac{|AM|}{|MB|}$，则 $\lambda > 0$ 且 $\lambda \neq 1$.

又因为点 P 在椭圆外，且 P，A，M，B 四点共线，

所以 $\overrightarrow{AP} = -\lambda \overrightarrow{PB}$，$\overrightarrow{AM} = \lambda \overrightarrow{MB}$，

所以 $(1 - x_1, 2 - y_1) = \lambda(1 - x_2, 2 - y_2)$，$(x - x_1, y - y_1) = \lambda(x_2 - x, y_2 - y)$，

所以 $\begin{cases} 1-x_1=\lambda\ (1-x_2), \\ 2-y_1=\lambda\ (2-y_2), \end{cases} \begin{cases} x-x_1=\lambda\ (x_2-x), \\ y-y_1=\lambda\ (y_2-y), \end{cases}$

所以 $\begin{cases} \dfrac{x_1-\lambda x_2}{1-\lambda}=1, \\ \dfrac{y_1-\lambda y_2}{1-\lambda}=2, \end{cases} \begin{cases} x=\dfrac{x_1+\lambda x_2}{1+\lambda}, \\ y=\dfrac{y_1+\lambda y_2}{1+\lambda}. \end{cases}$

又因为 $\begin{cases} \dfrac{x_1^2}{4}+\dfrac{y_1^2}{3}=1, \\ \dfrac{x_2^2}{4}+\dfrac{y_2^2}{3}=1, \end{cases}$ 则 $\begin{cases} \dfrac{x_1^2}{4}+\dfrac{y_1^2}{3}=1, \\ \dfrac{\lambda^2 x_2^2}{4}+\dfrac{\lambda^2 y_2^2}{3}=\lambda^2, \end{cases}$

作差可得，$\dfrac{x_1^2-\lambda^2 x_2^2}{4}+\dfrac{y_1^2-\lambda^2 y_2^2}{3}=1-\lambda^2,$

即 $\dfrac{(x_1-\lambda x_2)\ (x_1+\lambda x_2)}{4\ (1-\lambda)\ (1+\lambda)}+\dfrac{(y_1-\lambda y_2)\ (y_1+\lambda y_2)}{3\ (1-\lambda)\ (1+\lambda)}=1,$

即 $\dfrac{x}{4}+\dfrac{2y}{3}=1,$ 即 $3x+8y-12=0,$

故点 M 总在定直线 $3x+8y-12=0$ 上.

第 **37** 讲　放缩法证明数列不等式

一、常用结论与方法

（一）放缩的目的

一是通过放缩使数列的和变换成比如裂项相消等可以简单求和的形式，这样可以方便比较大小.

二是两者之间无法直接比较大小，这样我们需要通过寻找一个媒介，来间接比较大小.

（二）放缩的原则

放缩必然会导致数变大或变小的情况，我们的原则是越精确越好. 在证明过程中，为了使放缩更精确，往往令第一项不变，从第二项或者第三项开始放缩（例题会有讲解）.

（三）放缩的方法

（1）当我们要证明多项式 $M < A$ 时，我们无法直接证明两者的大小，这时我们可以将多项式 M 放大为 N_1，当我们能够证明 $N_1 < A$，也间接证明了 $M < A$. 切不可将 M 缩小为 N_2，即使能够证明 $N_2 < A$，M 与 A 的关系也无法得证.

（2）当我们要证明多项式 $M > A$ 时，这时我们可以将多项式 M 缩小为 N_1，当我们能够证明 $N_1 > A$，也间接证明了 $M > A$. 需要放缩的多项式多以分式形式出现，要使得分式的值变大，就是将分母变小，常见是将分母减去一个正数，比如 1.

（四）常见的放缩形式

（1）$\dfrac{1}{n^2} < \dfrac{1}{(n-1)n} = \dfrac{1}{n-1} - \dfrac{1}{n}(n \geqslant 2)$；

(2) $\dfrac{1}{n^2} > \dfrac{1}{n(n+1)} = \dfrac{1}{n} - \dfrac{1}{n+1}$ ；

(3) $\dfrac{1}{n^2} = \dfrac{4}{4n^2} < \dfrac{4}{4n^2-1} = 2\left(\dfrac{1}{2n-1} - \dfrac{1}{2n+1}\right)$ ；

(4) $\dfrac{1}{\sqrt{n}} = \dfrac{2}{\sqrt{n}+\sqrt{n}} < \dfrac{2}{\sqrt{n-1}+\sqrt{n}} = 2(-\sqrt{n-1}+\sqrt{n})$ ，$n \geqslant 2$ ；

(5) $\dfrac{1}{\sqrt{n}} = \dfrac{2}{\sqrt{n}+\sqrt{n}} > \dfrac{2}{\sqrt{n}+\sqrt{n+1}} = 2(-\sqrt{n}+\sqrt{n+1})$ ；

(6) $\dfrac{1}{\sqrt{n}} = \dfrac{2}{\sqrt{n}+\sqrt{n}} < \dfrac{2}{\sqrt{n-\dfrac{1}{2}}+\sqrt{n+\dfrac{1}{2}}} = \dfrac{2\sqrt{2}}{\sqrt{2n-1}+\sqrt{2n+1}}$

$\qquad = \sqrt{2}(-\sqrt{2n-1}+\sqrt{2n+1})$ ；

(7) $\dfrac{2^n}{(2^n-1)^2} = \dfrac{2^n}{(2^n-1)(2^n-1)} < \dfrac{2^n}{(2^n-1)(2^n-2)} = \dfrac{2^{n-1}}{(2^n-1)(2^{n-1}-1)}$

$\qquad = \dfrac{1}{2^{n-1}-1} - \dfrac{1}{2^n-1}$ ，$n \geqslant 2$ ；

(8) $\dfrac{1}{2^n-1} < \dfrac{2^{n-1}}{(2^{n-1}-1)(2^n-1)} = \dfrac{1}{2^{n-1}-1} - \dfrac{1}{2^n-1}$ ，$n \geqslant 2$.

二、典型例题

类型一：裂项放缩

例1：求证：$\dfrac{1}{1^2} + \dfrac{1}{2^2} + \dfrac{1}{3^2} + \cdots + \dfrac{1}{n^2} < 2$.

证明：因为 $\dfrac{1}{n^2} < \dfrac{1}{n^2-n} = \dfrac{1}{n(n-1)} = \dfrac{1}{n-1} - \dfrac{1}{n}$，$n \geqslant 2$ ，

所以 $\dfrac{1}{1^2} + \dfrac{1}{2^2} + \dfrac{1}{3^2} + \cdots + \dfrac{1}{n^2} < \dfrac{1}{1^2} + \dfrac{1}{2^2-2} + \dfrac{1}{3^2-3} + \cdots + \dfrac{1}{n^2-n}$

$= 1 + 1 - \dfrac{1}{2} + \dfrac{1}{2} - \dfrac{1}{3} + \cdots + \dfrac{1}{n-1} - \dfrac{1}{n} = 2 - \dfrac{1}{n} < 2$.

所以原式得证. 为何第一项没有经过放缩，因为分母不能为 0，所以只能从第二项进行放缩.

总结：证明数列之和小于常数 2，式子左侧我们进行放大处理，各个分式

分母减去 n，可以变换成裂项相消的形式，同时又能作为媒介与 2 比较大小．裂项目消过程中要注意从第几项开始放缩．

例 2：已知 $a_n = \dfrac{n}{2}$，$b_n = n^2$，设 $c_n = \dfrac{1}{a_n + b_n}$，求证：$c_1 + c_2 + \cdots + c_n < \dfrac{4}{3}$．

证明：已知 $a_n = \dfrac{n}{2}$，$b_n = n^2$，因为

$$c_n = \frac{2}{2n^2 + n} = \frac{2}{n(2n + 1)} = \frac{4}{2n(2n + 1)} < \frac{4}{(2n - 1)(2n + 1)}$$

$$= 2\left(\frac{1}{2n - 1} - \frac{1}{2n + 1}\right),$$

所以 $c_1 + c_2 + \cdots + c_n < \dfrac{2}{3} + 2\left(\dfrac{1}{3} - \dfrac{1}{5} + \dfrac{1}{5} - \dfrac{1}{7} + \cdots + \dfrac{1}{2n - 1} - \dfrac{1}{2n + 1}\right)$

$$= \frac{2}{3} + \frac{2}{3} - \frac{2}{2n + 1} < \frac{4}{3} \text{，故不等式得证．}$$

例 3：已知数列 $\{a_n\}$ 满足 $a_1 = 1$，$a_{n-1} = \dfrac{n - 1}{n} a_n$，$n \geqslant 2$，$n \in \mathbf{N}^*$．

（1）求 a_n；

（2）若数列 $\{b_n\}$ 满足 $b_1 = \dfrac{1}{3}$，$b_{n+1} = b_n + \dfrac{1}{a_n^2}$，$n \in \mathbf{N}^*$，求证：$b_n < \dfrac{25}{12}$．

（1）解：由题意，$\dfrac{a_n}{a_{n-1}} = \dfrac{n}{n - 1}$，$n \geqslant 2$，

所以 $a_n = a_1 \times \dfrac{a_2}{a_1} \times \dfrac{a_3}{a_2} \times \cdots \times \dfrac{a_n}{a_{n-1}} = 1 \times \dfrac{2}{1} \times \dfrac{3}{2} \times \cdots \times \dfrac{n}{n - 1} = n$，

$a_1 = 1$ 也适合．

所以 $a_n = n$，$n \in \mathbf{N}^*$．

（2）证明：由已知 $b_1 = \dfrac{1}{3} < \dfrac{25}{12}$，$b_2 = b_1 + 1 = \dfrac{4}{3} < \dfrac{25}{12}$，

$b_3 = b_2 + \dfrac{1}{2^2} = \dfrac{4}{3} + \dfrac{1}{4} = \dfrac{19}{12} < \dfrac{25}{12}$，

当 $n \geqslant 3$ 时，$b_{n+1} - b_n = \dfrac{1}{n^2} < \dfrac{1}{n(n - 1)} = \dfrac{1}{n - 1} - \dfrac{1}{n}$，

因此，$b_{n+1} = b_3 + (b_4 - b_3) + (b_5 - b_4) + \cdots + (b_{n+1} - b_n)$

$$< \frac{19}{12} + \left(\frac{1}{2} - \frac{1}{3}\right) + \left(\frac{1}{3} - \frac{1}{4}\right) + \cdots + \left(\frac{1}{n - 1} - \frac{1}{n}\right) = \frac{25}{12} - \frac{1}{n} < \frac{25}{12},$$

则 $b_n = b_{n+1} - \dfrac{1}{n^2} < \dfrac{25}{12}$.

综上，$b_n < \dfrac{25}{12}$.

类型二：等比放缩

所谓等比放缩就是数列本身并非为标准的等比数列，我们将数列的通项经过一定的放缩使之成为一个等比数列，然后再求和，我们通过例题进行观察了解.

例 4：证明 $\dfrac{1}{2^1 - 1} + \dfrac{1}{2^2 - 1} + \dfrac{1}{2^3 - 1} + \cdots + \dfrac{1}{2^n - 1} < \dfrac{5}{3}$.

证明：令 $a_n = \dfrac{1}{2^n - 1}$，则 $\dfrac{a_{n+1}}{a_n} = \dfrac{2^n - 1}{2^{n+1} - 1} < \dfrac{2^n - 1}{2^{n+1} - 2} = \dfrac{1}{2} \Rightarrow a_{n+1} < \dfrac{1}{2} a_n$.

又因为 $a_1 = 1$，$a_2 = \dfrac{1}{3}$，由于不等式右边分母为 3，因此可从第三项开始放缩，得

$$a_1 + a_2 + \cdots + a_n < a_1 + a_2 + \dfrac{1}{2} a_2 + \cdots + \left(\dfrac{1}{2}\right)^{n-2} a_2$$

$$= 1 + \dfrac{\dfrac{1}{3}\left(1 - \dfrac{1}{2^{n-1}}\right)}{1 - \dfrac{1}{2}} < \dfrac{5}{3}，\text{故不等式得证.}$$

例 5：已知数列 $\{a_n\}$ 满足：$a_1 = 2$，$a_{n+1} = 2a_n + 2^{n+1}$，$n \in \mathbf{N}^*$.

（1）求证：$\left\{\dfrac{a_n}{2^n}\right\}$ 是等差数列并求 a_n；

（2）求数列 $\{a_n\}$ 的前 n 项和 S_n；

（3）求证：$\dfrac{1}{a_2 - a_1} + \dfrac{1}{a_3 - a_2} + \dfrac{1}{a_4 - a_3} + \cdots + \dfrac{1}{a_{n+1} - a_n} < \dfrac{1}{2}$.

（1）证明：$\dfrac{a_{n+1}}{2^{n+1}} - \dfrac{a_n}{2^n} = \dfrac{2a_n + 2^{n+1}}{2^{n+1}} - \dfrac{a_n}{2^n} = \dfrac{2a_n}{2^{n+1}} + 1 - \dfrac{a_n}{2^n} = 1$，

$\therefore \left\{\dfrac{a_n}{2^n}\right\}$ 是首项为 $\dfrac{a_1}{2^1} = 1$，公差为 1 的等差数列，

$\therefore \dfrac{a_n}{2^n} = 1 + (n-1)1 = n$，$\therefore a_n = n \cdot 2^n$.

(2) 解：$\because S_n = 1 \times 2^1 + 2 \times 2^2 + 3 \times 2^3 + \cdots + n \cdot 2^n$，

$\therefore 2S_n = 1 \times 2^2 + 2 \times 2^3 + 3 \times 2^4 + \cdots + n \cdot 2^{n+1}$，

两式相减，得 $-S_n = 2^1 + 2^2 + 2^3 + \cdots 2^n - n \cdot 2^{n+1}$，

$-S_n = \dfrac{2(1-2^n)}{1-2} - n \cdot 2^{n+1}$，

$\therefore S_n = 2^{n+1}(n-1) + 2$.

(3) 证明：$\because a_n = n \cdot 2^n$，$\therefore a_{n+1} = (n+1) \cdot 2^{n+1}$，

$\therefore a_{n+1} - a_n = (n+2) \cdot 2^n$.

当 $n \in \mathbf{N}^*$ 时，$n + 2 > 2$，$\therefore (n+2) \cdot 2^n > 2^{n+1}$，

$\therefore \dfrac{1}{(n+2) \cdot 2^n} < \dfrac{1}{2^{n+1}}$，

$\therefore \dfrac{1}{a_2 - a_1} + \dfrac{1}{a_3 - a_2} + \dfrac{1}{a_4 - a_3} + \cdots \dfrac{1}{a_{n+1} - a_n} < \dfrac{1}{2^2} + \dfrac{1}{2^3} + \dfrac{1}{2^4} + \cdots \dfrac{1}{2^{n+1}}$

$= \dfrac{\dfrac{1}{4}\left[1 - \left(\dfrac{1}{2}\right)^n\right]}{1 - \dfrac{1}{2}} = \dfrac{1}{2}\left[1 - \left(\dfrac{1}{2}\right)^n\right] < \dfrac{1}{2}$.

类型三：函数型放缩

数列放缩较难的两类便是形如数列的前 n 项和与函数 $f(n)$ 的不等关系，即 $a_1 + a_2 + \cdots + a_n < f(n)$ 或者数列前 n 项积与函数 $f(n)$ 的不等关系，即 $a_1 \cdot a_2 \cdots \cdots a_n < f(n)$ 的问题，其中，这里的前 n 项和与前 n 项积难求或者根本无法求.

面对这类题时，首先，我们可以将 $f(n)$ 看成某个数列的和或者积，然后通过比较通项的大小来解决；其次，我们也可以对 a_n 进行变形，使之能求和或者求积. 往往第二种方法难以把握，对学生综合素质要求较高. 而第一种方法相对简单易行，所以本专题以"拆项"为主线详细讲解.

例 6： 已知数列 $a_1 = \dfrac{3}{2}$，$a_{n+1} = 3a_n - 1$，$n \in \mathbf{N}^*$.

(1) 若数列 $\{b_n\}$ 满足 $b_n = a_n - \dfrac{1}{2}$，求证：数列 $\{b_n\}$ 是等比数列；

(2) 若数列 $\{c_n\}$ 满足 $c_n = \log_3 a_n$，$T_n = c_1 + c_2 + \cdots + c_n$，求证：$T_n >$

$\dfrac{n(n-1)}{2}$.

证明：（1）由题可知 $a_{n+1} - \dfrac{1}{2} = 3\left(a_n - \dfrac{1}{2}\right)$，$n \in \mathbf{N}^*$，从而有 $b_{n+1} = 3b_n$，

$b_1 = a_1 - \dfrac{1}{2} = 1$，所以 $\{b_n\}$ 是以 1 为首项，3 为公比的等比数列.

（2）由（1）知 $b_n = 3^{n-1}$，

从而 $a_n = 3^{n-1} + \dfrac{1}{2}$，$c_n = \log_3\left(3^{n-1} + \dfrac{1}{2}\right)$.

设 $\dfrac{n(n-1)}{2}$ 为数列 d_n 的前 n 项和 Q_n，欲证 $T_n > \dfrac{n(n-1)}{2}$，

只需证 $c_n > d_n$.

当 $n = 1$ 时，经检验成立.

当 $n \geqslant 2$ 时，$d_n = Q_n - Q_{n-1} = \dfrac{n(n-1)}{2} - \dfrac{(n-1)(n-2)}{2} = n-1$，

易证 $\log_3\left(3^{n-1} + \dfrac{1}{2}\right) > \log_3 3^{n-1} = n-1$，所以 $c_n > d_n$，

所以 $T_n > \dfrac{n(n-1)}{2}$.

例 7： 设数列 $\{a_n\}$ 的前 n 项和为 S_n，$a_1 = 2$，且 S_n 满足 $2S_n = (n+1)a_n$，

$n \in \mathbf{N}^*$.

（1）求数列 $\{a_n\}$ 的通项公式；

（2）证明：对一切正整数 n，有 $\dfrac{a_1+1}{a_1} \times \dfrac{a_2+1}{a_2} \times \cdots \times \dfrac{a_n+1}{a_n} > \sqrt{n+1}$.

（1）解：当 $n \geqslant 2$ 时，$2S_n = (n+1)a_n$，$2S_{n-1} = na_{n-1}$，

两式相减得：$2a_n = (n+1)a_n - na_{n-1}$，

整理可得，$\dfrac{a_n}{n} = \dfrac{a_{n-1}}{n-1}$，而 $\dfrac{a_1}{1} = 2$，

所以 $\left\{\dfrac{a_n}{n}\right\}$ 是首项为 2，公比为 1 的等比数列，

故 $\dfrac{a_n}{n} = 2$，即 $a_n = 2n$，$n \in \mathbf{N}^*$.

（2）证明：设 $\sqrt{n+1}$ 为数列 b_n 的前 n 项积 T_n，欲证 $\dfrac{a_1+1}{a_1} \times \dfrac{a_2+1}{a_2} \times \cdots \times$

$\dfrac{a_n+1}{a_n} > \sqrt{n+1}$，只需证 $\dfrac{a_n+1}{a_n} > b_n$.

当 $n = 1$ 时，$\dfrac{3}{2} > \sqrt{2}$ 成立.

当 $n \geqslant 2$ 时，$b_n = \dfrac{T_n}{T_{n-1}} = \dfrac{\sqrt{n+1}}{\sqrt{n}}$，

$\dfrac{a_n+1}{a_n} = \dfrac{2n+1}{2n} > \sqrt{\dfrac{4n^2+4n}{4n^2}} = \sqrt{\dfrac{n+1}{n}}$，

$\therefore \dfrac{a_1+1}{a_1} \times \dfrac{a_2+1}{a_2} \times \cdots \times \dfrac{a_n+1}{a_n} > \sqrt{n+1}$. 得证.

第 ③⑧ 讲　导数中的六个常备函数

一、常用结论与方法

（一）常考函数的图像与性质

表1

常考函数	图像	性质
(1)$f(x) = xe^x$ 定义域：$(-\infty, +\infty)$ 值域：$[-e^{-1}, +\infty)$		单调减区间：$(-\infty, -1)$ 单调增区间：$(-1, +\infty)$ 极小值点：$x_0 = -1$，无极大值点 极小值：$f(x_0) = -e^{-1}$，无极大值
(2)$f(x) = x^2 e^x$ 定义域：$(-\infty, +\infty)$ 值域：$(0, +\infty)$		单调减区间：$(-2, 0)$ 单调增区间：$(-\infty, -2)$ 及 $(0, +\infty)$ 极大值点：$x_1 = -2$，极小值点：$x_2 = 0$ 极大值：$f(x_1) = 4e^{-2}$，极小值：$f(x_2) = 0$

续 表

常考函数	图像	性质
(3)$f(x) = \dfrac{x}{e^x}$ 定义域：$(-\infty, +\infty)$ 值域：$(-\infty, e^{-1}]$		单调减区间：$(1, +\infty)$ 单调增区间：$(-\infty, 1)$ 极大值点：$x_0 = 1$，无极小值点 极大值：$f(x_0) = e^{-1}$，无极小值
(4)$f(x) = \dfrac{e^x}{x}$ 定义域：$(-\infty, 0) \cup (0, +\infty)$ 值域：$(-\infty, 0) \cup (e, +\infty)$		单调减区间：$(-\infty, 0)$ 及 $(0, 1)$ 单调增区间：$(1, +\infty)$ 极小值点：$x_0 = 1$，无极大值点 极小值：$f(x_0) = e$，无极大值
(5)$f(x) = x\ln x$ 定义域：$(0, +\infty)$ 值域：$[-e^{-1}, +\infty)$		单调减区间：$(0, e^{-1})$ 单调增区间：$(e^{-1}, +\infty)$ 极小值点：$x_0 = e^{-1}$，无极大值点 极小值：$f(x_0) = -e^{-1}$，无极大值

常考函数	图像	性质
$(6)f(x) = x^2\ln x$ 定义域：$(0, +\infty)$ 值域：$[-(2e)^{-1}, +\infty)$		单调减区间：$(0, e^{-\frac{1}{2}})$ 单调增区间：$(e^{-\frac{1}{2}}, +\infty)$ 极小值点：$x_0 = e^{-\frac{1}{2}}$，无极大值点 极小值：$f(x_0) = -(2e)^{-1}$，无极大值
$(7)f(x) = \dfrac{\ln x}{x}$ 定义域：$(0, +\infty)$ 值域：$(-\infty, e^{-1}]$		单调减区间：$(e, +\infty)$ 单调增区间：$(0, e)$ 极大值点：$x_0 = e$，无极小值点 极大值：$f(x_0) = e^{-1}$，无极小值
$(8)f(x) = \dfrac{x}{\ln x}$ 定义域：$(0, 1) \cup (1, +\infty)$ 值域：$(-\infty, 0) \cup (e, +\infty)$		单调减区间：$(0, 1)$ 及 $(1, e)$ 单调增区间：$(e, +\infty)$ 极小值点：$x_0 = e$，无极大值点 极小值：$f(x_0) = e$，无极大值

注：函数 $f(x) = \dfrac{x}{e^x}$ 比函数 $f(x) = \dfrac{e^x}{x}$ 简单，函数 $f(x) = \dfrac{\ln x}{x}$ 比函数 $f(x) = \dfrac{x}{\ln x}$ 简单，

所以在处理有关问题时尽量将函数转化为简单函数来处理.

（二）常考函数涉及的重要问题及解决方法

1. 含参数函数单调性问题及不等式的恒成立、有解问题的解决方法

（1）函数 $f(x)$ 在 (a, b)（或 $[a, b]$）上单调递增（减）

$\Rightarrow f'(x) \geqslant 0 (f'(x) \leqslant 0)$ 在 (a, b)（或 $[a, b]$）上恒成立；

方法一：完全分离参变量转化到函数的最值问题.

方法二：局部分离参变量转化到两函数的图像问题.

方法三：不分离转化到含参函数的最值问题或函数的根分布问题.

（2）函数 $f(x)$ 在 (a, b)（或 $[a, b]$）上存在单调递增（减）区间

$\Rightarrow f'(x) > 0 (f'(x) < 0)$ 在 (a, b)（或 $[a, b]$）上有解；

方法一：完全分离参变量转化到函数的最值问题.

方法二：局部分离参变量转化到两函数的图像问题.

方法三：不分离转化到含参函数的最值问题或函数的根分布问题.

（3）函数 $f(x)$ 的增区间（减区间）为 (a, b)（或 $[a, b]$）

$\Rightarrow f'(x) = 0$ 的两根为 a, b；

（4）函数 $f(x)$ 在 (a, b)（或 $[a, b]$）上不单调

$\Rightarrow f(x)$ 在 (a, b)（或 $[a, b]$）上存在极值

$\Rightarrow f'(x)$ 在 (a, b)（或 $[a, b]$）上存在变号零点.

2. 零点问题的处理方法

（1）将函数零点问题转化为方程根的问题，因式分解直接求出根，即为零点.

（2）运用导数研究函数的单调性和极值，利用单调性和极值定位函数图像来解决零点问题（不分离，含参讨论，适合解答题）.

（3）利用方程的同解转化为两个函数图像的交点问题（分离参变量），利用数形结合来解决（此种有完全分离和局部分离两种）.

（三）含参数函数有极值问题的解决方法

（1）函数 $f(x)$ 在 (a, b) 上有极值点（极值问题）

$\Rightarrow f'(x)$ 在 (a, b) 上有变号零点（方程有解或函数零点问题）.

（2）函数 $f(x)$ 在 (a, b) 上有唯一（两个不同）极值点

$\Rightarrow f'(x)$ 在 (a, b) 上有唯一（两个不同）变号零点.

（四）极值点偏移问题的解决方法（对称变换）

对称变换主要用来解决与两个极值点之和、积相关的不等式的证明问题．其解题要点如下：

（1）定函数（极值点为 x_0），即利用导函数符号的变化判断函数单调性，再确定函数极值点 x_0．

（2）构造函数，如证 $x_1 + x_2 > 2x_0$，即根据极值点构造对称函数 $F(x) = f(x) - f(2x_0 - x)$，若证 $x_1 x_2 > x_0^2$，则令 $F(x) = f(x) - f\left(\dfrac{2x_0}{x}\right)$．

（3）判断单调性，即利用导数讨论 $F(x)$ 的单调性．

（4）比较大小，即判断函数 $F(x)$ 在某段区间上的正负号，并得 $f(x)$ 与 $f(2x_0 - x)$ 的大小关系．

（5）转化，即利用函数 $f(x)$ 的单调性，将 $f(x)$ 与 $f(2x_0 - x)$ 的大小关系转化为 x 与 $2x_0 - x$ 之间的大小关系，进而得到所证或所求．

二、典型例题

类型一：含参数函数单调性问题及不等式的恒成立和有解问题

例 1：（1）已知函数 $f(x) = x \ln x - \dfrac{1}{2} a x^2 - x$ 在定义域内为减函数，则 a 的取值范围为＿＿＿＿＿＿＿；

（2）已知函数 $f(x) = \mathrm{e}^x - \dfrac{1}{2} a x^2$ 在 $(0, +\infty)$ 上存在减区间，则 a 的取值范围为＿＿＿＿＿＿＿．

答案：（1）$a \geqslant \dfrac{1}{\mathrm{e}}$；（2）$a > \mathrm{e}$．

解析：（1）$f'(x) = \ln x - ax \leqslant 0 \Rightarrow a \geqslant \dfrac{\ln x}{x}$．

令 $g(x) = \dfrac{\ln x}{x}$，$g(x)_{\max} = \dfrac{1}{\mathrm{e}}$，则 $a \geqslant \dfrac{1}{\mathrm{e}}$．

（2）$f'(x) = \mathrm{e}^x - ax < 0 \Rightarrow a > \dfrac{\mathrm{e}^x}{x}$．

令 $g(x) = \dfrac{\mathrm{e}^x}{x}$，在 $(0, +\infty)$ 上，$g(x)_{\min} = \mathrm{e}$，则 $a > \mathrm{e}$．

或 $f'(x) = e^x - ax < 0 \Rightarrow \dfrac{1}{a} < \dfrac{x}{e^x}$.

令 $g(x) = \dfrac{x}{e^x}$，在 $(0, +\infty)$ 上，$g(x)_{max} = \dfrac{1}{e}$，则 $a > e$.

类型二：函数的零点问题

例2： 若函数 $f(x) = x^2 e^x - a$ 恰有三个零点，则实数 a 的取值范围是
(   )

A. $\left(\dfrac{4}{e^2}, +\infty\right)$ 　　　　　　　B. $\left(0, \dfrac{4}{e^2}\right)$

C. $(0, 4e^2)$ 　　　　　　　D. $(0, +\infty)$

答案：B.

解析：令函数 $g(x) = x^2 e^x$，利用求导可得，

单调减区间：$(-2, 0)$，单调增区间：$(-\infty, -2)$ 及 $(0, +\infty)$，

极大值：$f(x_1) = 4e^{-2}$，极小值：$f(x_2) = 0$.

通过性质可得 $g(x)$ 图像如图1所示.

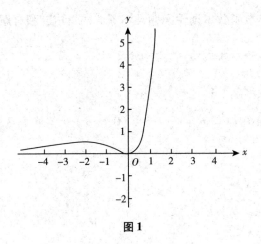

图1

函数 $f(x) = x^2 e^x - a$ 恰有三个零点，

即 $g(x) = x^2 e^x$ 与 $h(x) = a$ 有三个交点，

则实数 a 的取值范围是 $\left(0, \dfrac{4}{e^2}\right)$.

故选：B.

类型三：含参函数有极值问题

例3： 已知函数 $f(x) = \dfrac{x^2}{2} - \dfrac{e^{ax}}{a}$ 有两个极值点，则实数 a 的取值范围是

_____．

答案：$0 < a < \dfrac{1}{e}$．

解析：因为 $f(x) = \dfrac{x^2}{2} - \dfrac{e^{ax}}{a}$ ，

所以 $f'(x) = x - e^{ax}$．

由题可知 $f'(x) = x - e^{ax}$ 有两个不同的零点，

令 $f'(x) = 0$ ，则 $x = e^{ax} \Rightarrow \ln x = ax \Rightarrow a = \dfrac{\ln x}{x}$．

令 $g(x) = \dfrac{\ln x}{x}$ ，利用求导可得，

单调减区间：$(e, +\infty)$，单调增区间：$(0, e)$，

极大值点：$x_0 = e$，无极小值点；极大值：$f(x_0) = e^{-1}$，无极小值，

则 $g(x) = \dfrac{\ln x}{x}$ 与 $h(x) = a$ 有两个不同交点，可得 $0 < a < \dfrac{1}{e}$．

类型四：极值点偏移问题

例4： 已知函数 $f(x) = xe^{-x}(x \in \mathbf{R})$．

（1）求函数 $f(x)$ 的单调区间和极值；

（2）若 $x_1 \neq x_2$ ，且 $f(x_1) = f(x_2)$ ，证明：$x_1 + x_2 > 2$．

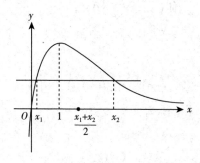

图2

（1）解：$f(x)$ 在 $(-\infty,1)$ 上单调递增，在 $(1,+\infty)$ 上单调增减，$f(x)$ 的极大值是 $f(1)=\dfrac{1}{e}$。

（2）证明：

方法一（判定定理）：$f'(x)=(1-x)e^{-x}(x\in \mathbf{R})$，易得 $f(x)$ 在 $(-\infty,1)$ 上单调递增，在 $(1,+\infty)$ 上单调递减，且 $x\to-\infty$ 时，$f(x)\to-\infty$，$f(0)=0$，$x\to+\infty$ 时，$f(x)\to 0$。函数 $f(x)$ 在 $x=1$ 处取得极大值 $f(1)$，且 $f(1)=\dfrac{1}{e}$。

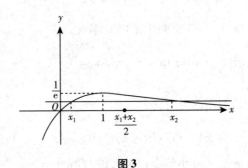

图3

由 $f(x_1)=f(x_2)$，$x_1\neq x_2$，不妨设 $x_1<x_2$，则必有 $0<x_1<1<x_2$，

构造函数 $F(x)=f(1+x)-f(1-x)$，$x\in(0,1]$，

则 $F'(x)=f'(1+x)-f'(1-x)=\dfrac{x}{e^{x+1}}(e^{2x}-1)>0$，

所以 $F(x)$ 在 $x\in(0,1]$ 上单调递增，$F(x)>F(0)=0$，

也即 $f(1+x)>f(1-x)$ 对 $x\in(0,1]$ 恒成立。

由 $0<x_1<1<x_2$，则 $1-x_1\in(0,1]$，

所以 $f(1+(1-x_1))=f(2-x_1)>f(1-(1-x_1))=f(x_1)=f(x_2)$，

即 $f(2-x_1)>f(x_2)$。

又因为 $2-x_1,x_2\in(1,+\infty)$，且 $f(x)$ 在 $(1,+\infty)$ 上单调递减，

所以 $2-x_1<x_2$，即可得 $x_1+x_2>2$。

方法二：欲证 $x_1+x_2>2$，即证 $2-x_1<x_2$，

由方法一知 $0<x_1<1<x_2$，故 $2-x_1,x_2\in(1,+\infty)$。

又因为 $f(x)$ 在 $(1,+\infty)$ 上单调递减，故只需证 $f(x_2)<f(2-x_1)$。

又 $f(x_1)=f(x_2)$，故即证 $f(x_1)<f(2-x_1)$，

构造函数 $H(x) = f(x) - f(2 - x)$，$x \in (0, 1)$，

则等价于证明 $H(x) < 0$ 在 $x \in (0, 1)$ 恒成立.

由 $H'(x) = f'(x) - f'(2 - x) = \dfrac{1 - x}{e^x}(1 - e^{2x-2}) > 0$，

则 $H(x)$ 在 $x \in (0, 1)$ 上单调递增，

所以 $H(x) < H(1) = 0$，即已证明 $H(x) < 0$ 对 $x \in (0, 1)$ 恒成立，

故原不等式 $x_1 + x_2 > 2$ 成立.

方法三：由 $f(x_1) = f(x_2)$，得 $x_1 e^{-x_1} = x_2 e^{-x_2}$，化简得 $e^{x_2 - x_1} = \dfrac{x_2}{x_1}$ ①，

不妨设 $x_2 > x_1$，由方法一知，$0 < x_1 < 1 < x_2$.

令 $t = x_2 - x_1$，则 $t > 0$，$x_2 = t + x_1$，代入①式，得 $e^t = \dfrac{t + x_1}{x_1}$，

反解出 $x_1 = \dfrac{t}{e^t - 1}$，

则 $x_1 + x_2 = 2x_1 + t = \dfrac{2t}{e^t - 1} + t$，故要证 $x_1 + x_2 > 2$，

即证 $\dfrac{2t}{e^t - 1} + t > 2$.

又因为 $e^t - 1 > 0$，等价于证明 $2t + (t - 2)(e^t - 1) > 0$ ②，

构造函数 $G(t) = 2t + (t - 2)(e^t - 1)$，$t > 0$，

则 $G'(t) = (t - 1)e^t + 1$，$G''(t) = te^t > 0$，

故 $G'(t)$ 在 $t \in (0, +\infty)$ 上单调递增，$G'(t) > G'(0) = 0$，

从而 $G(t)$ 也在 $t \in (0, +\infty)$ 上单调递增，$G(t) > G(0) = 0$，

即证②式成立，也即原不等式 $x_1 + x_2 > 2$ 成立.

方法四：由方法三中①式，两边同时取 e 为底的对数，

得 $x_2 - x_1 = \ln \dfrac{x_2}{x_1} = \ln x_2 - \ln x_1$，

也即 $\dfrac{\ln x_2 - \ln x_1}{x_2 - x_1} = 1$，

从而 $x_1 + x_2 = (x_1 + x_2) \dfrac{\ln x_2 - \ln x_1}{x_2 - x_1} = \dfrac{x_2 + x_1}{x_2 - x_1} \ln \dfrac{x_2}{x_1} = \dfrac{\dfrac{x_2}{x_1} + 1}{\dfrac{x_2}{x_1} - 1} \ln \dfrac{x_2}{x_1}$.

令 $t = \dfrac{x_2}{x_1}(t > 1)$，则欲证 $x_1 + x_2 > 2$ 等价于证明 $\dfrac{(t + 1)\ln t}{t - 1} > 2$③．

构造 $M(t) = \dfrac{(t + 1)\ln t}{t - 1} = \left(1 + \dfrac{2}{t - 1}\right)\ln t$，$t > 1$，

则 $M'(t) = \dfrac{t^2 - 1 - 2t\ln t}{t(t - 1)^2}$，

又令 $\varphi(t) = t^2 - 1 - 2t\ln t$，$t > 1$，

则 $\varphi'(t) = 2t - 2(\ln t + 1) = 2(t - 1 - \ln t)$，

由于 $t - 1 > \ln t$ 对 $\forall t \in (1, +\infty)$ 恒成立，故 $\varphi'(t) > 0$，

$\varphi(t)$ 在 $t \in (1, +\infty)$ 上单调递增，

所以 $\varphi(t) > \varphi(1) = 0$，从而 $M'(t) > 0$，

故 $M(t)$ 在 $t \in (1, +\infty)$ 上单调递增，

由洛必达法则知，

$\lim\limits_{x \to 1} M(t) = \lim\limits_{x \to 1} \dfrac{(t + 1)\ln t}{t - 1} = \lim\limits_{x \to 1} \dfrac{((t + 1)\ln t)'}{(t - 1)'} = \lim\limits_{x \to 1}\left(\ln t + \dfrac{t + 1}{t}\right) = 2$，

即证 $M(t) > 2$，即证③式成立，也即原不等式 $x_1 + x_2 > 2$ 成立．

第❸⑨讲 洛必达法则

一、常用结论与方法

洛必达法则

法则1：若函数 $f(x)$ 和 $g(x)$ 满足下列条件：

(1) $\lim\limits_{x \to a} f(x) = 0$ 及 $\lim\limits_{x \to a} g(x) = 0$；

(2) 在点 a 的去心邻域内，$f(x)$ 与 $g(x)$ 可导且 $g'(x) \neq 0$；

(3) $\lim\limits_{x \to a} \dfrac{f'(x)}{g'(x)} = l$．

那么 $\lim\limits_{x \to a} \dfrac{f(x)}{g(x)} = \lim\limits_{x \to a} \dfrac{f'(x)}{g'(x)} = l$．$\left(\dfrac{0}{0} \text{型} \right)$

法则2：若函数 $f(x)$ 和 $g(x)$ 满足下列条件：

(1) $\lim\limits_{x \to a} f(x) = \infty$ 及 $\lim\limits_{x \to a} g(x) = \infty$；

(2) 在点 a 的去心邻域内，$f(x)$ 与 $g(x)$ 可导且 $g'(x) \neq 0$；

(3) $\lim\limits_{x \to a} \dfrac{f'(x)}{g'(x)} = l$．

那么 $\lim\limits_{x \to a} \dfrac{f(x)}{g(x)} = \lim\limits_{x \to a} \dfrac{f'(x)}{g'(x)} = l$．$\left(\dfrac{\infty}{\infty} \text{型} \right)$

注意：

(1) 将上面公式中的 $x \to a$，$x \to \infty$ 换成 $x \to +\infty$，$x \to -\infty$，$x \to a^+$，$x \to a^-$，洛必达法则也成立．

(2) 洛必达法则可处理 $\dfrac{0}{0}$，$\dfrac{\infty}{\infty}$，$0 \cdot \infty$，1^{∞}，∞^0，0^0，$\infty - \infty$ 等极限类型．

(3) 在求极限前，首先要检查是否满足 $\dfrac{0}{0}$，$\dfrac{\infty}{\infty}$，$0 \cdot \infty$，1^{∞}，∞^0，0^0，$\infty - \infty$ 型的定式，否则滥用洛必达法则会出错．当不满足三个前提条件时，就不能使

用洛必达法则，应从另外途径求极限．

（4）若符合条件，洛必达法则可连续多次使用，直到求出极限为止．

即 $\lim\limits_{x \to a} \dfrac{f(x)}{g(x)} = \lim\limits_{x \to a} \dfrac{f'(x)}{g'(x)} = \lim\limits_{x \to a} \dfrac{f''(x)}{g''(x)} \cdots\cdots$

二、典型例题

例1：（全国高考）已知 $\dfrac{\ln x}{x + 1} + \dfrac{1}{x} > \dfrac{\ln x}{x - 1} + \dfrac{k}{x}$ 恒成立，求 k 的取值范围．

解：$\dfrac{\ln x}{x + 1} + \dfrac{1}{x} > \dfrac{\ln x}{x - 1} + \dfrac{k}{x} \Leftrightarrow k < \dfrac{2x\ln x}{1 - x^2} + 1$，记 $g(x) = \dfrac{2x\ln x}{1 - x^2} + 1$，

则 $g'(x) = \dfrac{2(x^2 + 1)\ln x + 2(1 - x^2)}{(1 - x^2)^2} = \dfrac{2(x^2 + 1)}{(1 - x^2)^2}\left(\ln x + \dfrac{1 - x^2}{x^2 + 1}\right)$.

记 $h(x) = \ln x + \dfrac{1 - x^2}{x^2 + 1}$，

则 $h'(x) = \dfrac{1}{x} - \dfrac{4x}{(1 + x^2)^2} = \dfrac{(1 - x^2)^2}{x(1 + x^2)^2} > 0$，

所以，$h(x)$ 在 $(0, +\infty)$ 单调递增，且 $h(1) = 0$，

所以 $x \in (0, 1)$ 时，$h(x) < 0$；$x \in (1, +\infty)$ 时，$h(x) > 0$．

即 $g(x)$ 在 $(0, 1)$ 上单调递减，在 $(1, +\infty)$ 上单调递增，

所以 $k \leq \lim\limits_{x \to 1} g(x) = \lim\limits_{x \to 1}\left(\dfrac{2x\ln x}{1 - x^2} + 1\right) = \lim\limits_{x \to 1} \dfrac{2x\ln x}{1 - x^2} + 1 = \lim\limits_{x \to 1} \dfrac{2 + 2\ln x}{-2x} + 1 = 1 - 1 = 0$，

所以 $k \leq 0$．

例2：（天津高考）已知 $\forall x \in [0, +\infty)$，$x - \ln(x + 1) \leq ax^2$ 恒成立，求 a 的取值范围．

解：$x - \ln(x + 1) \leq ax^2 \Leftrightarrow a \geq \dfrac{1}{x} - \dfrac{\ln(x + 1)}{x^2}$，记 $g(x) = \dfrac{1}{x} - \dfrac{\ln(x + 1)}{x^2}$，

则 $g'(x) = \dfrac{-\dfrac{x^2 + 2x}{x + 1} + 2\ln(x + 1)}{x^3}$.

记 $h(x) = -\dfrac{x^2 + 2x}{x + 1} + 2\ln(x + 1)$，则 $h'(x) = -\dfrac{x^2}{(x + 1)^2}$，

所以，当 $x \in [0, +\infty)$ 时，$h'(x) < 0$，$h(x)$ 单调递减，

所以 $h(x) \geqslant h(0) = 0$，即 $g'(x) \geqslant 0$，所以 $g_{\max}(x) = \lim_{x \to 0} g(0)$，

所以 $a \geqslant g_{\max}(x) = \lim_{x \to 0} g(0) = \lim_{x \to 0} \dfrac{1}{x} - \dfrac{\ln(x+1)}{x^2}$

$$= \lim_{x \to 0} \frac{x - \ln(x+1)}{x^2} = \lim_{x \to 0} \frac{1 - \dfrac{1}{x+1}}{2x} = \lim_{x \to 0} \frac{\dfrac{1}{(x+1)^2}}{2} = \frac{1}{2},$$

所以 $a \geqslant \dfrac{1}{2}$.

例3：（全国高考）已知 $x \in [0, \pi]$，$2\sin x - x\cos x - x > ax$ 恒成立，求 a 的取值范围.

解：当 $x = 0$ 时，$a \in \mathbf{R}$；

当 $x \in (0, \pi]$ 时，不等式可化为 $a \leqslant \dfrac{2\sin x}{x} - \cos x - 1$.

记 $h(x) = \dfrac{2\sin x}{x} - \cos x - 1$，

则 $h'(x) = \dfrac{2x\cos x + (x^2 - 2)\sin x}{x^2}$.

记 $\varphi(x) = 2x\cos x + (x^2 - 2)\sin x$，则 $\varphi'(x) = x^2\cos x$，

当 $x \in \left(0, \dfrac{\pi}{2}\right)$ 时，$\varphi'(x) > 0$；当 $x \in \left(\dfrac{\pi}{2}, \pi\right)$ 时，$\varphi'(x) < 0$.

因为 $\lim_{x \to 0} h(x) = \lim_{x \to 0} \dfrac{2\sin x}{x} - 2 = \lim_{x \to 0} 2\cos x - 2 = 0$，并且 $h(\pi) = 0$，所以 $h(x) \geqslant 0$. 这时 $a \leqslant 0$ 也符合题意. 综上可知，a 的取值范围是 $(-\infty, 0]$.

例4：（2023·山东潍坊·高三潍坊一中校考期中）已知函数 $f(x) = x - \sin x$.

（1）求函数 $f(x)$ 在点 $\left(\dfrac{\pi}{2}, f\left(\dfrac{\pi}{2}\right)\right)$ 处的切线方程；

（2）当 $x \geqslant 0$ 时，$f(x) \leqslant \mathrm{e}^x + bx - 1$ 恒成立，求实数 b 的取值范围.

解：（1）$f'(x) = 1 - \cos x$，所以切线的斜率 $k = f'\left(\dfrac{\pi}{2}\right) = 1 - \cos\left(\dfrac{\pi}{2}\right) = 1$.

又 $f\left(\dfrac{\pi}{2}\right) = \dfrac{\pi}{2} - \sin\left(\dfrac{\pi}{2}\right) = \dfrac{\pi}{2} - 1$，所以切线过点 $\left(\dfrac{\pi}{2}, \dfrac{\pi}{2} - 1\right)$，所以切线方程为 $y = x - 1$.

(2) 方法一：令 $h(x) = f(x) - e^x - bx + 1$，则 $h(x) = -e^x + (1-b)x - \sin x + 1$，$x \in [0, +\infty)$。$h'(x) = -e^x - \cos x + 1 - b$。令 $p(x) = h'(x)$，则 $p'(x) = -e^x + \sin x$。

因为 $x \in [0, +\infty)$，所以 $p'(x) \leqslant -1 + \sin x \leqslant 0$，$h'(x)$ 在 $[0, +\infty)$ 单调递减.

当 $b \geqslant -1$ 时，对 $\forall x \geqslant 0$，$h'(x) \leqslant h(0) = -1 - b \leqslant 0$，

所以 $h(x)$ 在 $[0, +\infty)$ 上单调递减，所以对 $\forall x \geqslant 0$，$h(x) \leqslant h(0) = 0$，符合题意;

当 $b < -1$ 时，因为 $h'(x)$ 在 $(0, +\infty)$ 上单调递减，$h'(0) = -1 - b > 0$，

故 $\exists x_0 \in (0, +\infty)$，使 $h'(x_0) = 0$，且 $x \in (0, x_0)$ 时，$h'(x) > 0$，$h(x)$ 单调递增，

所以 $h(x_0) > h(0) = 0$，与 $\forall x \geqslant 0$，$h(x) \leqslant 0$ 矛盾.

所以实数 b 的取值范围是 $[-1, +\infty)$.

方法二：$f(x) \leqslant e^x + bx - 1$，当 $x = 0$ 时，原不等式恒成立，

当 $x > 0$ 时，原不等式等价于 $b \geqslant \dfrac{x - \sin x - e^x + 1}{x} = 1 - \dfrac{\sin x + e^x - 1}{x}$.

令 $g(x) = 1 - \dfrac{\sin x + e^x - 1}{x}$，则 $g'(x) = \dfrac{\sin x + e^x - x\cos x - xe^x - 1}{x^2}$.

令 $h(x) = \sin x + e^x - x\cos x - xe^x - 1 = \sin x - x\cos x + e^x(1 - x) - 1$，

$h'(x) = \cos x - \cos x + x\sin x + e^x(1 - x - 1) = x(\sin x - e^x)$，

因为 $x > 0$，所以 $e^x > 1$，

所以 $h'(x) < 0$，

所以 $h(x)$ 在区间 $(0, +\infty)$ 上单调递减，即 $h(x) < h(0) = 0$，所以 $g'(x) < 0$，即 $g(x)$ 在区间 $(0, +\infty)$ 上单调递减.

由洛必达法则 $\lim\limits_{x \to 0} g(x) = \lim\limits_{x \to 0} \dfrac{x - \sin x - e^x + 1}{x} = \lim\limits_{x \to 0}(1 - \cos x - e^x) = -1$，

所以 $g(x) < -1$，所以实数 b 的取值范围是 $[-1, +\infty)$.

第 ㊵ 讲　泰勒展开式及其简单应用

一、常用结论与方法

（一）泰勒公式形式

泰勒公式是将一个在 x_0 处具有 n 阶导数的函数利用关于 $(x - x_0)$ 的 n 次多项式来逼近函数的方法.

若函数 $f(x)$ 在包含 x_0 的某个闭区间 $[a, b]$ 上具有 n 阶导数，且在开区间 (a, b) 上具有 $(n + 1)$ 阶导数，则对闭区间 $[a, b]$ 上任意一点 x，下式成立.

$$f(x) = f(x_0) + f'(x_0)(x - x_0) + \frac{f''(x_0)}{2!}(x - x_0)^2 + \cdots + \frac{f^{(n)}(x_0)}{n!}(x - x_0)^n$$
$$+ R_n(x).$$

其中：$f^{(n)}(x_0)$ 表示 $f(x)$ 在 $x = x_0$ 处的 n 阶导数，等号后的多项式称为函数 $f(x)$ 在 x_0 处的泰勒展开式，剩余的 $R_n(x)$ 是泰勒公式的余项，是 $(x - x_0)^n$ 的高阶无穷小量.

（二）麦克劳林公式

$$f(x) = f(0) + f'(0)x + \frac{f''(0)}{2!}x^2 + \cdots + \frac{f^{(n)}(0)}{n!}x^n + R_n(x).$$

虽然麦克劳林公式是泰勒中值定理的特殊形式，仅仅是取 $x_0 = 0$ 的特殊结果. 但由于麦克劳林公式使用方便，在高考中经常会涉及.

（三）常见函数的麦克劳林展开式

（1）$\mathrm{e}^x = 1 + x + \dfrac{x^2}{2!} + \cdots + \dfrac{x^n}{n!} + \dfrac{\mathrm{e}^{\theta x}}{(n + 1)!}x^{n+1}$；

（2）$\sin x = x - \dfrac{x^3}{3!} + \dfrac{x^5}{5!} - \cdots + (-1)^n \dfrac{x^{2n+1}}{(2n + 1)!} + o(x^{2n+1})$；

(3) $\cos x = 1 - \dfrac{x^2}{2!} + \dfrac{x^4}{4!} - \dfrac{x^6}{6!} + \cdots + (-1)^n \dfrac{x^{2n}}{(2n)!} + o(x^{2n})$;

(4) $\ln(1 + x) = x - \dfrac{x^2}{2} + \dfrac{x^3}{3} - \cdots + (-1)^n \dfrac{x^{n+1}}{n+1} + o(x^{n+1})$;

(5) $\dfrac{1}{1-x} = 1 + x + x^2 + \cdots + x^n + o(x^n)$;

(6) $(1 + x)^n = 1 + nx + \dfrac{n(n-1)}{2!}x^2 + o(x^2)$.

（四）两个超越不等式（注意解答题需先证明后使用）

(1) 对数型超越放缩：$\dfrac{x-1}{x} \leqslant \ln x \leqslant x - 1 \ (x > 0)$.

$\ln(1 + x) = x - \dfrac{1}{2}x^2 + \dfrac{1}{3}x^3 - \cdots + (-1)^{n-1} \dfrac{1}{n}x^n + R_n(x)$,

上式中等号右边只取第一项，得 $\ln(1 + x) \leqslant x (x > -1)$ …… 结论①.
用 $x - 1$ 替换上式结论①中的 x，得 $\ln x \leqslant x - 1 (x > 0)$ …… 结论②.
对于结论②左右两边同乘 "-1"，得 $-\ln x \geqslant 1 - x \Rightarrow \ln \dfrac{1}{x} \geqslant 1 - x$，

用 $\dfrac{1}{x}$ 替换 "x"，得 $1 - \dfrac{1}{x} \leqslant \ln x (x > 0)$ …… 结论③.

(2) 指数型超越放缩：$x + 1 \leqslant \mathrm{e}^x \leqslant \dfrac{1}{1-x}(x < 1)$.

$\mathrm{e}^x = 1 + x + \dfrac{x^2}{2!} + \cdots + \dfrac{x^n}{n!} + R_n(x)$,

上式中等号右边只取前两项得：$\mathrm{e}^x \geqslant 1 + x (x \in \mathbf{R})$ …… 结论①.
用 $-x$ 替换结论①中的 x，得 $\mathrm{e}^{-x} \geqslant 1 - x (x \in \mathbf{R})$ …… 结论②.

当 $x < 1$ 时，对于结论② $\mathrm{e}^{-x} \geqslant 1 - x \Rightarrow \dfrac{1}{\mathrm{e}^x} \geqslant 1 - x \Rightarrow \dfrac{1}{1-x} \geqslant \mathrm{e}^x$ …… 结论③.

当 $x > 1$ 时，对于结论② $\mathrm{e}^{-x} \geqslant 1 - x \Rightarrow \dfrac{1}{\mathrm{e}^x} \geqslant 1 - x \Rightarrow \dfrac{1}{1-x} \leqslant \mathrm{e}^x$ …… 结论④.

二、典型例题

例1：伟大的数学家欧拉28岁时解决了困扰数学界近一个世纪的"巴赛尔级数"难题. 当 $n \in \mathbf{N}^*$ 时，$\dfrac{\sin x}{x} = \left(1 - \dfrac{x^2}{\pi^2}\right)\left(1 - \dfrac{x^2}{4\pi^2}\right)\left(1 - \dfrac{x^2}{9\pi^2}\right)\cdots\left(1 - \dfrac{x^2}{n^2\pi^2}\right)$，又

根据泰勒展开式可以得到 $\sin x = x - \dfrac{x^3}{3!} + \dfrac{x^5}{5!} + \cdots + \dfrac{(-1)^{n-1}x^{2n-1}}{(2n-1)!}$，根据以上两

式可求得 $\dfrac{1}{1^2} + \dfrac{1}{2^2} + \dfrac{1}{3^2} + \cdots + \dfrac{1}{n^2} = ($　　$)$

A. $\dfrac{\pi^2}{6}$ B. $\dfrac{\pi^2}{3}$

C. $\dfrac{\pi^2}{8}$ D. $\dfrac{\pi^2}{4}$

答案：A.

解析：由 $\sin x = x - \dfrac{x^3}{3!} + \dfrac{x^5}{5!} + \cdots + \dfrac{(-1)^{n-1}x^{2n-1}}{(2n-1)!}$，两边同时除以 x，

得 $\dfrac{\sin x}{x} = 1 - \dfrac{x^2}{3!} + \dfrac{x^4}{5!} + \cdots + \dfrac{(-1)^{n-1}x^{2n-2}}{(2n-1)!}$.

又 $\dfrac{\sin x}{x} = \left(1 - \dfrac{x^2}{\pi^2}\right)\left(1 - \dfrac{x^2}{4\pi^2}\right)\left(1 - \dfrac{x^2}{9\pi^2}\right)\cdots\left(1 - \dfrac{x^2}{n^2\pi^2}\right)$，

展开式中 x^2 的系数为 $-\dfrac{1}{\pi^2}\left(\dfrac{1}{1^2} + \dfrac{1}{2^2} + \dfrac{1}{3^2} + \cdots + \dfrac{1}{n^2}\right)$，

所以 $-\dfrac{1}{\pi^2}\left(\dfrac{1}{1^2} + \dfrac{1}{2^2} + \dfrac{1}{3^2} + \cdots + \dfrac{1}{n^2}\right) = -\dfrac{1}{3!}$，

所以 $\dfrac{1}{1^2} + \dfrac{1}{2^2} + \dfrac{1}{3^2} + \cdots + \dfrac{1}{n^2} = \dfrac{\pi^2}{6}$.

故选：A.

例 2：设 $a = 0.1\mathrm{e}^{0.1}$，$b = \dfrac{1}{9}$，$c = -\ln 0.9$，则（　　）

A. $a < b < c$ B. $c < b < a$

C. $c < a < b$ D. $a < c < b$

答案：C.

解析：

方法一：泰勒公式法

因为 $\mathrm{e}^{0.1} \approx 1 + 0.1 + \dfrac{0.1^2}{2} = 1.105$，所以 $0.1\mathrm{e}^{0.1} \approx 0.1105 < \dfrac{1}{9} = 0.11111$

$= b$，所以 $a < b$.

因为 $c = -\ln 0.9 = \ln\dfrac{10}{9} = \ln\left(\dfrac{1}{9} + 1\right) \approx \dfrac{1}{9} - \dfrac{\left(\dfrac{1}{9}\right)^2}{2} + \dfrac{\left(\dfrac{1}{9}\right)^3}{3}$

$= \dfrac{1}{9} - \dfrac{1}{162} + \dfrac{1}{2\,187} \approx \dfrac{1}{9} - 0.006 = 0.105 < a$ ，所以 $c < a$.

综上所述，$c < a < b$.

故选：C.

方法二：放缩法

因为 $x + 1 < \mathrm{e}^x < \dfrac{1}{1-x}, x < 1$，

所以 $1.1 < \mathrm{e}^{0.1} < \dfrac{1}{1-0.1} \Rightarrow 0.11 < a = 0.1\mathrm{e}^{0.1} < 0.1 \times \dfrac{1}{1-0.1} = \dfrac{1}{9} = b$，

即 $a < b$.

因为 $\ln x < \dfrac{1}{2}\left(x - \dfrac{1}{x}\right), x > 1$，

所以 $c = -\ln 0.9 = \ln\dfrac{10}{9} < \dfrac{1}{2}\left(\dfrac{10}{9} - \dfrac{9}{10}\right) = \dfrac{19}{180} < 0.11 < a$，即 $c < a$.

综上所述，$c < a < b$. 故选：C.

方法三：构造函数法

假设 $a < b$ 成立，即 $0.1\mathrm{e}^{0.1} < \dfrac{1}{9} \Leftrightarrow 0.9\mathrm{e}^{0.1} < 1 \Leftrightarrow \ln 0.9 + 0.1 < 0$.

令 $x = 0.9$，则等价证明 $\ln x + (1 - x) < 0$，即证 $\ln x < x - 1$（原式得证，略）.

假设 $a < c$ 成立，即 $0.1\mathrm{e}^{0.1} < -\ln 0.9 \Leftrightarrow 0.1\mathrm{e}^{0.1} + \ln 0.9 < 0$.

令 $x = 0.1$，则等价证明 $x\mathrm{e}^x + \ln(1 - x) < 0$，$x \in (0, 1)$.

设 $g(x) = x\mathrm{e}^x + \ln(1 - x)(0 < x < 1)$，

则 $g'(x) = (x + 1)\mathrm{e}^x + \dfrac{1}{x - 1} = \dfrac{(x^2 - 1)\mathrm{e}^x + 1}{x - 1}$，

令 $h(x) = \mathrm{e}^x(x^2 - 1) + 1$，$h'(x) = \mathrm{e}^x(x^2 + 2x - 1)$.

当 $0 < x < \sqrt{2} - 1$ 时，$h'(x) < 0$，函数 $h(x) = \mathrm{e}^x(x^2 - 1) + 1$ 单调递减.

当 $\sqrt{2} - 1 < x < 1$ 时，$h'(x) > 0$，函数 $h(x) = \mathrm{e}^x(x^2 - 1) + 1$ 单调递增.

又 $h(0) = 0$，

所以当 $0 < x < \sqrt{2} - 1$ 时, $h(x) < 0$,

所以当 $0 < x < \sqrt{2} - 1$ 时, $g'(x) > 0$,

函数 $g(x) = xe^x + \ln(1 - x)$ 单调递增,

所以函数 $g(x) = xe^x + \ln(1 - x)$ 在 $x \in (0, \sqrt{2} - 1)$ 单调递增,

所以 $g(0.1) > g(0)$, 即 $0.1e^{0.1} + \ln 0.9 > 0$,

所以假设 $a < c$ 不成立, 即 $a > c$,

综上所述: $c < a < b$. 故选: C.

例 3: 设函数 $f(x) = ax - 2 - \ln x, a \in \mathbf{R}$.

(1) 若 $f(x)$ 在点 (e, f (e)) 处的切线斜率为 $\dfrac{1}{e}$, 求 a 的值;

(2) 当 $a > 0$ 时, 求 $f(x)$ 的单调区间;

(3) 若 $g(x) = ax - e^x$, 求证: 在 $x > 0$ 时, $f(x) > g(x)$.

解: (1) 函数 $f(x) = ax - 2 - \ln x (a \in \mathbf{R})$, 则 $f'(x) = a - \dfrac{1}{x}$,

因为 $f(x)$ 在点 (e, f (e)) 处的切线斜率为 $\dfrac{1}{e}$,

所以 f' (e) $= a - \dfrac{1}{e} = \dfrac{1}{e}$, 解得 $a = \dfrac{2}{e}$.

(2) 由 (1) 知, $f'(x) = \dfrac{ax - 1}{x}$, $x > 0$,

当 $a \leqslant 0$ 时, $f'(x) < 0$ 恒成立, 所以 $f(x)$ 在 $(0, +\infty)$ 上单调递减;

当 $a > 0$ 时, 令 $f'(x) < 0$, 得 $x \in \left(0, \dfrac{1}{a}\right)$.

令 $f'(x) > 0$, 得 $x \in \left(\dfrac{1}{a}, +\infty\right)$.

所以 $f(x)$ 在 $\left(0, \dfrac{1}{a}\right)$ 上单调递减, 在 $\left(\dfrac{1}{a}, +\infty\right)$ 上单调递增.

综上所述, 当 $a \leqslant 0$ 时, $f(x)$ 在 $(0, +\infty)$ 上单调递减; 当 $a > 0$ 时, $f(x)$ 在 $\left(0, \dfrac{1}{a}\right)$ 上单调递减, 在 $\left(\dfrac{1}{a}, +\infty\right)$ 上单调递增.

（3）证明：$f(x) - g(x) = ax - 2 - \ln x - (ax - e^x) = e^x - \ln x - 2$.

令 $h(x) = e^x - x - 1$，则 $h'(x) = e^x - 1$.

因为 $x > 0$，所以 $h'(x) > 0$，

则 $h(x)$ 在 $(0, +\infty)$ 上单调递增.

又 $h(0) = 0$，所以 $h(x) > 0$ 恒成立，即 $e^x > x + 1$；

令 $H(x) = \ln x - x + 1$，$H'(x) = \dfrac{1}{x} - 1$，$x \in (0, 1)$ 时，$H'(x) > 0$；$x \in$

$(1, +\infty)$ 时，$H'(x) < 0$，所以 $H(x)$ 在 $(0, 1)$ 上单调递增，在 $(1, +\infty)$ 上单调递减，$H(x)_{\max} = H(1) = 0$，$H(x) \le 0$ 恒成立，即 $\ln x \le x - 1$，

所以 $f(x) - g(x) = e^x - \ln x - 2 > (x + 1) - (x - 1) - 2 = 0$，得证.

第❹讲 圆锥曲线中的阿基米德三角形

一、常用结论与方法

（一）椭圆中的阿基米德三角形

设椭圆 C：$\dfrac{x^2}{a^2}+\dfrac{y^2}{b^2}=1$（$a>b>0$）的弦为 AB，过 A，B 两点作椭圆的切线，交于 Q 点，称 $\triangle ABQ$ 为阿基米德三角形，则有：

性质 1：弦 AB 绕着定点 $P(m,0)$ 转动时，则其所对顶点 Q 落在直线 $x=\dfrac{a^2}{m}$ 上.

其中，当 P 点为左（右）焦点时，Q 点位于左（右）准线上.

性质 2：直线 AQ，PQ，BQ 的斜率成等差数列，即 $k_{PQ}=k_{AQ}+k_{BQ}$.

性质 3：当 P 点为焦点时，$PQ\perp AB$.

（二）双曲线中的阿基米德三角形

设双曲线 C：$\dfrac{x^2}{a^2}-\dfrac{y^2}{b^2}=1$（$a$，$b>0$）的弦为 AB，过 A，B 两点做双曲线的切线，交于 Q 点，称 $\triangle ABQ$ 为阿基米德三角形，则有：

性质 1：弦 AB 绕着定点 $P(m,0)$ 转动时，则其所对顶点 Q 落在直线 $x=\dfrac{a^2}{m}$ 上.

其中，当 P 点为左（右）焦点时，Q 点位于左（右）准线上.

性质 2：直线 AQ，PQ，BQ 的斜率成等差数列，即 $k_{PQ}=k_{AQ}+k_{BQ}$.

性质 3：当 P 点为焦点时，$PQ\perp AB$.

（三）抛物线中的阿基米德三角形

如图 1，抛物线的弦为 AB，过 A，B 两点作抛物线的切线，交于 Q 点，称

$\triangle ABQ$为阿基米德三角形，则有：

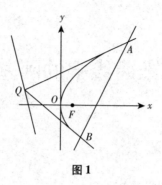

图1

（1）阿基米德三角形底边上的中线平行于抛物线的轴.

（2）若阿基米德三角形的底边即弦 AB 过抛物线内的定点 C，则另一顶点 Q 的轨迹为一条直线.

（3）若直线 l 与抛物线没有公共点，以 l 上的点为顶点的阿基米德三角形的底边过定点$\left(\text{若直线 } l \text{ 方程为 } ax+by+c=0,\text{ 则定点的坐标为 } C\left(\dfrac{c}{a},\ -\dfrac{bp}{a}\right)\right)$.

（4）底边为 a 的阿基米德三角形的面积最大值为$\dfrac{a^3}{8p}$.

（5）若阿基米德三角形的底边过焦点，顶点 Q 的轨迹为准线，且阿基米德三角形的面积最小值为p^2.

（6）在阿基米德三角形中，$\angle QFA=\angle QFB$.

（7）$|AF|\cdot|BF|=|QF|^2$.

（8）抛物线上任取一点 I（不与 A，B 重合），过 I 作抛物线的切线交 QA，QB 于 S，T，连接 AI，BI，则$\triangle ABI$ 的面积是$\triangle QST$ 面积的 2 倍.

二、典型例题

例1：过抛物线 $y^2=2px(p>0)$ 的焦点 F 作抛物线的弦，与抛物线交于 A，B 两点，分别过 A，B 两点作抛物线的切线 l_1，l_2 相交于点 P，$\triangle PAB$ 常被称作阿基米德三角形. $\triangle PAB$ 的面积 S 的最小值为（　　　　）

A. $\dfrac{p^2}{3}$

B. $\dfrac{p^2}{2}$

C. p^2

D. $\sqrt{2}p^2$

答案：C.

解析：设 $A(x_1, y_1)$，$B(x_2, y_2)$，由题意可得直线 AB 的斜率不为 0.

因为直线 AB 过焦点 $\left(\dfrac{p}{2}, 0\right)$，所以设直线 AB 的方程为 $x = my + \dfrac{p}{2}$，

联立 $\begin{cases} y^2 = 4x, \\ x = my + \dfrac{p}{2}, \end{cases}$ 得 $y^2 - 2mpy - p^2 = 0$，

所以 $y_1 + y_2 = 2mp$，$y_1 y_2 = -p^2$，

$|AB| = \sqrt{1 + m^2} \sqrt{(y_1 + y_2)^2 - 4y_1 y_2} = 2p(1 + m^2)$.

由抛物线的性质可得过点 $A(x_1, y_1)$，$B(x_2, y_2)$ 的抛物线的切线方程：

$yy_1 = p(x + x_1)$，$yy_2 = p(x + x_2)$，

联立 $\begin{cases} yy_1 = p(x + x_1), \\ yy_2 = p(x + x_2), \end{cases}$ 得 $x = \dfrac{y_1 y_2}{2p} = -\dfrac{p}{2}$，$y = \dfrac{y_1 + y_2}{2} = mp$，即 $P\left(-\dfrac{p}{2}, mp\right)$.

点 P 到直线的距离 $d = \dfrac{|p(1 + m^2)|}{\sqrt{1 + m^2}}$，

$S_{\triangle PAB} = \dfrac{1}{2}|AB|d = p^2(1 + m^2)^{\frac{3}{2}} \geqslant p^2$，

当且仅当 $m = 0$ 时取到最小值.

故选：C.

例 2：抛物线上任意两点 A，B 处的切线交于点 P，称 $\triangle PAB$ 为"阿基米德三角形"，当线段 AB 经过抛物线的焦点 F 时，$\triangle PAB$ 具有以下特征：① P 点必在抛物线的准线上；② $PF \perp AB$. 若经过抛物线 $y^2 = 4x$ 的焦点的一条弦为 AB，"阿基米德三角形"为 $\triangle PAB$，且点 P 的纵坐标为 4，则直线 AB 的方程为（　　）

A. $x - 2y - 1 = 0$

B. $2x + y - 2 = 0$

C. $x + 2y - 1 = 0$

D. $2x - y - 2 = 0$

答案：A.

解析：设抛物线的焦点为 F，

由题意可知，抛物线 $y^2 = 4x$ 的焦点坐标为 $F(1，0)$，准线方程为 $x = -1$.

因为 $\triangle PAB$ 为"阿基米德三角形"，且线段 AB 经过抛物线 $y^2 = 4x$ 的焦点，

所以点 P 必在抛物线的准线上，

所以点 $P(-1，4)$，

所以直线 PF 的斜率为 $\dfrac{4-0}{-1-1} = -2$.

又因为 $PF \perp AB$，

所以直线 AB 的斜率为 $\dfrac{1}{2}$，

所以直线 AB 的方程为 $y - 0 = \dfrac{1}{2}(x - 1)$，即 $x - 2y - 1 = 0$.

故选：A.

例3：阿基米德出生于古希腊西西里岛叙拉古（今意大利西西里岛上），是古希腊数学家、物理学家. 有一类三角形叫作阿基米德三角形（过抛物线的弦与过弦端点的两切线所围成的三角形），他利用"逼近法"得到抛物线的弦与抛物线所围成的封闭图形的面积等于阿基米德三角形面积的 $\dfrac{2}{3}$（即图2中阴影部分面积等于 $\triangle PAB$ 面积的 $\dfrac{2}{3}$）. 若抛物线方程为 $y^2 = 2px$（$p > 0$），且直线 $x = \dfrac{p}{2}$ 与抛物线围成的封闭图形的面积为6，则 $p = ($　　　$)$

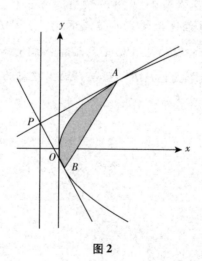

图2

A. 1　　　　　　　　　　　　　B. 2

C. $\dfrac{3}{2}$　　　　　　　　　　　　D. 3

答案：D.

解析：由题意可知，当过焦点的弦垂直于 x 轴时，即 $x = \dfrac{p}{2}$ 时，

$\dfrac{2}{3}S_{\triangle PAB} = \dfrac{2}{3}\left(\dfrac{1}{2} \cdot p \cdot 2p\right) = \dfrac{2}{3}p^2 = 6$，即 $p = 3$．

故选：D.

例 4： 我们把圆锥曲线的弦 AB 与过弦的端点 A，B 处的两条切线所围成的 $\triangle PAB$（P 为两切线的交点）叫作"阿基米德三角形"．抛物线有一类特殊的"阿基米德三角形"，当线段 AB 经过抛物线的焦点 F 时，$\triangle PAB$ 具有以下性质：

① P 点必在抛物线的准线上；

② $PA \perp PB$；

③ $PF \perp AB$．

已知直线 $l : y = k(x - 1)$ 与抛物线 $y^2 = 4x$ 交于 A，B 点，若 $|AB| = 8$，则抛物线的"阿基米德三角形" $\triangle PAB$ 的面积为（　　　）

A. $8\sqrt{2}$　　　　　　　　　　　B. $4\sqrt{2}$

C. $2\sqrt{2}$　　　　　　　　　　　D. $\sqrt{2}$

答案：A.

解析：抛物线的焦点为 $F(1, 0)$，准线方程为 $x = -1$，

直线 l：$y = k(x - 1)$ 经过抛物线的焦点．

依题意，$k \neq 0$，设 $A(x_1, y_1)$，$B(x_2, y_2)$，

由 $\begin{cases} y^2 = 4x, \\ y = k(x-1), \end{cases}$ 消去 y 并整理得，$k^2x^2 - (2k^2 + 4)x + k^2 = 0$，

则 $x_1 + x_2 = \dfrac{2k^2 + 4}{k^2}$，$x_1 x_2 = 1$，

$|AB| = x_1 + x_2 + 2 = \dfrac{2k^2 + 4}{k^2} + 2 = 8$，解得 $k^2 = 1$，即 $k = \pm 1$．

当 $k = 1$ 时，因 $\triangle PAB$ 为"阿基米德三角形"，则直线 PF 的斜率 $k_{PF} = -1$，

直线 PF 的方程为 $y = -x + 1$．

点 P 必在抛物线的准线 $x = -1$ 上，点 $P(-1, 2)$，$|PF| = 2\sqrt{2}$.

又 $PF \perp AB$，可得 $S_{\triangle PAB} = \dfrac{1}{2}|AB| \cdot |PF| = \dfrac{1}{2} \times 8 \times 2\sqrt{2} = 8\sqrt{2}$.

由对称性可知，当 $k = -1$ 时，同理，有 $S_{\triangle PAB} = 8\sqrt{2}$，

所以 $\triangle PAB$ 的面积是 $8\sqrt{2}$. 故选：A.

第④讲 全概率公式与贝叶斯公式

一、常用结论与方法

（一）全概率公式

在全概率的实际问题中我们经常会碰到一些较为复杂的概率计算，这时，我们可以用"化整为零"的思想将它们分解为一些较为容易的情况分别进行考虑.

一般地，设 A_1，A_2，$\cdots$，A_n 是一组两两互斥的事件，$A_1 \cup A_2 \cup \cdots \cup A_n = \Omega$，且 $P(A_i) > 0$，$i = 1$，2，$\cdots$，n，则对任意的事件 $B \subseteq \Omega$，有 $P(B) = \sum_{i=1}^{n} P(A_i)P(B \mid A_i)$.

我们称上面的公式为全概率公式，全概率公式是概率论中最基本的公式之一.

（二）贝叶斯公式

设 A_1，A_2，$\cdots$，A_n 是一组两两互斥的事件，$A_1 \cup A_2 \cup \cdots \cup A_n = \Omega$，且 $P(A_i) > 0$，$i = 1$，2，$\cdots$，n，则对任意事件 $B \subseteq \Omega$，$P(B) > 0$，

有 $P(A_i \mid B) = \dfrac{P(A_i)P(B \mid A_i)}{P(B)} = \dfrac{P(A_i)P(B \mid A_i)}{\sum\limits_{k=1}^{n} P(A_k)P(B \mid A_k)}$，$i = 1,2,\cdots,n$. 在贝叶斯公式中，$P(A_i)$ 和 $P(A_i \mid B)$ 分别称为先验概率和后验概率.

二、典例例题

例1： 为了调动大家积极学习党的二十大精神，某市举办了党史知识的竞赛. 初赛采用"两轮制"方式进行，要求每个单位派出两个小组，且每个小组都要参加两轮比赛，两轮比赛都通过的小组才具备参与决赛的资格. 某单位派

出甲、乙两个小组参赛，在初赛中，若甲小组通过第一轮与第二轮比赛的概率分别是 $\dfrac{3}{4}$，$\dfrac{4}{5}$，乙小组通过第一轮与第二轮比赛的概率分别是 $\dfrac{3}{5}$，$\dfrac{2}{3}$，且各个小组所有轮次比赛的结果互不影响.

（1）若该单位获得决赛资格的小组个数为 X，求 X 的数学期望；

（2）已知甲、乙两个小组都获得了决赛资格，决赛以抢答题形式进行．假设这两组在决赛中对每个问题回答正确的概率恰好是各自获得决赛资格的概率．若最后一道题被该单位的某小组抢到，且甲、乙两个小组抢到该题的可能性分别是 45%，55%，该题如果被答对，计算恰好是甲小组答对的概率．

解：（1）设甲、乙通过两轮制的初赛分别为事件 A_1，A_2，则

$$P(A_1) = \dfrac{3}{4} \times \dfrac{4}{5} = \dfrac{3}{5}, \quad P(A_2) = \dfrac{3}{5} \times \dfrac{2}{3} = \dfrac{2}{5},$$

由题意可得，X 的取值有 0，1，2.

$$P(X = 0) = \left(1 - \dfrac{3}{5}\right) \times \left(1 - \dfrac{2}{5}\right) = \dfrac{6}{25},$$

$$P(X = 1) = \left(1 - \dfrac{3}{5}\right) \times \dfrac{2}{5} + \dfrac{3}{5} \times \left(1 - \dfrac{2}{5}\right) = \dfrac{13}{25},$$

$$P(X = 2) = \dfrac{3}{5} \times \dfrac{2}{5} = \dfrac{6}{25}, \quad 所以 E(X) = 0 \times \dfrac{6}{25} + 1 \times \dfrac{13}{25} + 2 \times \dfrac{6}{25} = 1.$$

（2）设 B 表示事件"该单位的某小组对最后一道题回答正确"，A_1 表示事件"甲小组抢到最后一道题"，A_2 表示事件"乙小组抢到最后一道题"，则有：

$$P(A_1) = 45\% = \dfrac{9}{20}, \quad P(A_2) = 55\% = \dfrac{11}{20}, \quad P(B \mid A_1) = \dfrac{3}{5}, \quad P(B \mid A_2) = \dfrac{2}{5},$$

则 $P(B) = P(A_1)P(B \mid A_1) + P(A_2)P(B \mid A_2) = \dfrac{49}{100}.$

该题如果被答对，恰好是甲小组答对的概率为

$$P(A_1 \mid B) = \dfrac{P(A_1)P(B \mid A_1)}{P(B)} = \dfrac{27}{49}.$$

例2：某人从甲地到乙地，乘火车、轮船、飞机的概率分别为 0.2，0.4，0.4，乘火车迟到的概率为 0.4，乘轮船迟到的概率为 0.3，乘飞机迟到的概率为 0.5，则这个人迟到的概率是_____；如果这个人迟到了，他乘船迟到的概率是_____．

答案：0.4；0.3.

解析：设事件 A 表示"乘火车"，事件 B 表示"乘轮船"，事件 C 表示"乘飞机"，事件 D 表示"迟到"，则 $P(A)=0.2$，$P(D\mid A)=0.4$，$P(B)=0.4$，

$P(D\mid B)=0.3$，$P(C)=0.4$，$P(D\mid C)=0.5$，

$D=(D\cap A)\cup(D\cap B)\cup(D\cap C)$.

由全概率公式得，$P(D)=P(A)P(D\mid A)+P(B)P(D\mid B)+P(C)P(D\mid C)$

$=0.2\times0.4+0.4\times0.3+0.4\times0.5=0.4$；

如果这个人迟到了，由贝叶斯公式得到他乘船迟到的概率为

$$P(B\mid D)=\frac{P(D\cap B)}{P(D)}=\frac{P(B)P(D\mid B)}{P(D)}=\frac{0.4\times0.3}{0.4}=0.3.$$

故答案为：0.4；0.3.

例3：（2019 年全国高考 Ⅰ 卷）为了治疗某种疾病，研制了甲、乙两种新药，希望知道哪种新药更有效，为此进行动物试验. 试验方案如下：每一轮选取两只白鼠对药效进行对比试验. 对于两只白鼠，随机选一只施以甲药，另一只施以乙药. 一轮的治疗结果得出后，再安排下一轮试验. 当其中一种药治愈的白鼠比另一种药治愈的白鼠多 4 只时，就停止试验，并认为治愈只数多的药更有效. 为了方便描述问题，约定：对于每轮试验，若施以甲药的白鼠治愈且施以乙药的白鼠未治愈，则甲药得 1 分，乙药得 −1 分；若施以乙药的白鼠治愈且施以甲药的白鼠未治愈，则乙药得 1 分，甲药得 −1 分；若都治愈或都未治愈，则两种药均得 0 分. 甲、乙两种药的治愈率分别记为 α 和 β，一轮试验中甲药的得分记为 X.

（1）求 X 的分布列；

（2）若甲药、乙药在试验开始时都赋予 4 分，p_i $(i=0,1,\cdots,8)$ 表示"甲药的累计得分为 i 时，最终认为甲药比乙药更有效"的概率，则 $p_0=0$，$p_8=1$，$p_i=ap_{i-1}+bp_i+cp_{i+1}$ $(i=1,2,\cdots,7)$，其中 $a=P(X=-1)$，$b=P(X=0)$，$c=P(X=1)$. 假设 $\alpha=0.5$，$\beta=0.8$.

① 证明：$\{p_{i+1}-p_i\}$ $(i=0,1,2,\cdots,7)$ 为等比数列；

② 求 p_4，并根据 p_4 的值解释这种试验方案的合理性.

解：（1）由题意可知，X 所有可能的取值：$-1,0,1$，

$\therefore P(X=-1)=(1-\alpha)\beta$；$P(X=0)=\alpha\beta+(1-\alpha)(1-\beta)$；$P(X=1)$

$= \alpha(1-\beta)$,

则 X 的分布列如下：

表1

X	-1	0	1
P	$(1-\alpha)\beta$	$\alpha\beta + (1-\alpha)(1-\beta)$	$\alpha(1-\beta)$

(2) $\because \alpha = 0.5$, $\beta = 0.8$,

$\therefore a = 0.5 \times 0.8 = 0.4$, $b = 0.5 \times 0.8 + 0.5 \times 0.2 = 0.5$, $c = 0.5 \times 0.2 = 0.1$.

① $\because p_i = ap_{i-1} + bp_i + cp_{i+1}$ $(i = 1, 2, \cdots, 7)$,

即 $p_i = 0.4p_{i-1} + 0.5p_i + 0.1p_{i+1}$ $(i = 1, 2, \cdots, 7)$,

整理可得，$5p_i = 4p_{i-1} + p_{i+1}$ $(i = 1, 2, \cdots, 7)$,

$\therefore p_{i+1} - p_i = 4(p_i - p_{i-1})$ $(i = 1, 2, \cdots, 7)$,

$\therefore \{p_{i+1} - p_i\}$ $(i = 1, 2, \cdots, 7)$ 是以 $p_1 - p_0$ 为首项，4 为公比的等比数列.

②由①知，$p_{i+1} - p_i = (p_1 - p_0) \cdot 4^i = p_1 \cdot 4^i$,

$\therefore p_8 - p_7 = p_1 \cdot 4^7$, $p_7 - p_6 = p_1 \cdot 4^6$, $\cdots$, $p_1 - p_0 = p_1 \cdot 4^0$,

作和可得，$p_8 - p_0 = p_1 \cdot (4^0 + 4^1 + \cdots + 4^7) = \dfrac{1 - 4^8}{1 - 4}p_1 = \dfrac{4^8 - 1}{3}p_1 = 1$,

$\therefore p_1 = \dfrac{3}{4^8 - 1}$,

$\therefore p_4 = p_4 - p_0 = p_1 \cdot (4^0 + 4^1 + 4^2 + 4^3) = \dfrac{1 - 4^4}{1 - 4}p_1$

$= \dfrac{4^4 - 1}{3} \times \dfrac{3}{4^8 - 1} = \dfrac{1}{4^4 + 1} = \dfrac{1}{257}$.

p_4 表示最终认为甲药更有效的概率. 由计算结果可以看出，在甲药治愈率为 0.5，乙药治愈率为 0.8 时，认为甲药更有效的概率为 $p_4 = \dfrac{1}{257} \approx 0.003\,9$，此时得出错误结论的概率非常小，说明这种实验方案合理.

例4：足球是一项大众喜爱的运动. 校足球队中的甲、乙、丙、丁四名球员将进行传球训练，第 1 次由甲将球传出，每次传球时，传球者都等可能的将球传给另外三个人中的任何一人，如此不停地传下去，且假定每次传球都能被接到．记开始传球的人为第 1 次触球者，第 n 次触球者是甲的概率记为 P_n，即 $P_1 = 1$．

（1）求 P_3（直接写出结果即可）；

（2）请证明：数列 $\left\{ P_n - \dfrac{1}{4} \right\}$ 为等比数列，并判断第 19 次与第 20 次触球者是甲的概率的大小．

（1）解：由题意得，第二次触球者为乙，丙，丁中的一个，第二次触球者传给包括甲的三人中的一人，故传给甲的概率为 $\dfrac{1}{3}$，故 $P_3 = \dfrac{1}{3}$．

（2）证明：第 n 次触球者是甲的概率记为 P_n，

则当 $n \geqslant 2$ 时，第 $n-1$ 次触球者是甲的概率为 P_{n-1}，

第 $n-1$ 次触球者不是甲的概率为 $1 - P_{n-1}$，

则 $P_n = P_{n-1} \cdot 0 + (1 - P_{n-1}) \cdot \dfrac{1}{3} = \dfrac{1}{3}(1 - P_{n-1})$，

从而 $P_n - \dfrac{1}{4} = -\dfrac{1}{3}\left(P_{n-1} - \dfrac{1}{4} \right)$．

又 $P_1 - \dfrac{1}{4} = \dfrac{3}{4}$，$\therefore \left\{ P_n - \dfrac{1}{4} \right\}$ 是以 $\dfrac{3}{4}$ 为首项，公比为 $-\dfrac{1}{3}$ 的等比数列．

则 $P_n = \dfrac{3}{4} \times \left(-\dfrac{1}{3} \right)^{n-1} + \dfrac{1}{4}$，

$\therefore P_{19} = \dfrac{3}{4} \times \left(-\dfrac{1}{3} \right)^{18} + \dfrac{1}{4} > \dfrac{1}{4}$，$P_{20} = \dfrac{3}{4} \times \left(-\dfrac{1}{3} \right)^{19} + \dfrac{1}{4} < \dfrac{1}{4}$，

$\therefore P_{19} > P_{20}$，故第 19 次触球者是甲的概率大．